中国—中东欧研究院丛书
CHINA-CEE INSTITUTE

中国与匈牙利：
变化世界中的双边关系70年

China and Hungary:
70 Years of Bilateral Relations in a Changing World

陈新　[匈]乌格罗什迪·马尔通◎主编

中国社会科学出版社

图书在版编目（CIP）数据

中国与匈牙利：变化世界中的双边关系 70 年 / 陈新，（匈）乌格罗什迪·马尔通主编 . —北京：中国社会科学出版社，2019.12
（中国—中东欧研究院丛书）
ISBN 978 - 7 - 5203 - 5792 - 0

Ⅰ.①中… Ⅱ.①陈…②乌… Ⅲ.①中外关系—国际关系史—匈牙利—现代 Ⅳ.①D829.515

中国版本图书馆 CIP 数据核字（2020）第 260951 号

出 版 人	赵剑英
责任编辑	范晨星
责任校对	白天舒
责任印制	王 超

出　　版	中国社会科学出版社
社　　址	北京鼓楼西大街甲 158 号
邮　　编	100720
网　　址	http://www.csspw.cn
发 行 部	010 - 84083685
门 市 部	010 - 84029450
经　　销	新华书店及其他书店

印　　刷	北京明恒达印务有限公司
装　　订	廊坊市广阳区广增装订厂
版　　次	2019 年 12 月第 1 版
印　　次	2019 年 12 月第 1 次印刷

开　　本	710×1000　1/16
印　　张	18.75
字　　数	222 千字
定　　价	89.00 元

凡购买中国社会科学出版社图书，如有质量问题请与本社营销中心联系调换
电话：010 - 84083683
版权所有　侵权必究

序 一

2019年是中华人民共和国成立70周年，同时也是中国与匈牙利建交70周年。70年来，两国携手，走出了一条丰富多彩之路。

两国关系70年，走的是一条探索之路。20世纪50年代，匈牙利生产的切佩尔卡车行驶在青藏高原上，探索高海拔环境下的卡车性能，这是双方在工程技术领域开展探索的一个很好的案例。1980年代，中国学习匈牙利经验，与匈牙利就经济改革进行交流和探索，寻找发展之路，这是在经济发展领域进行探索的很好尝试。进入21世纪，匈牙利成为最早与中国签署《"一带一路"合作谅解备忘录》的欧洲国家，两国互利、合作、共赢，探索建设人类命运共同体的崭新道路。

两国关系70年，走的是一条友谊之路。新中国成立之初，一穷二白。中国的经济复苏和发展，有匈牙利的贡献。中国人民对一点一滴的帮助，都铭记在心。2008年春季，中国汶川大地震，匈牙利政府邀请来自地震灾区的50名中国青少年于当年夏季到匈牙利修养，进行心理康复，展示了匈牙利政府和人民的友谊。近年来，两国的人文交往不断加深。匈牙利成立了中匈双语学校，从小学一直到中学，加上孔子学院开设的中文课程，越来越多的匈牙利人在学习中文。与此同时，近年来不断有中国的大学开设匈牙利语课程。我在1984年上学时，是新中国招收的第3批匈牙利语专业的学生，而现在中国约有 10 所大学开设了匈牙利语专业，遍及北京、上海、天津、重庆、西安等城市。

两国关系 70 年，正在走向繁荣之路。70 年前，两国经贸往来从零起步。1984 年，中匈贸易只有 1.86 亿美元，到 2018 年已达到 108.8 亿美元，其中中国对匈出口 65.4 亿美元，自匈进口 43.4 亿美元。中国已经成为匈牙利在欧盟之外的最大贸易伙伴。中国在匈牙利的投资也在不断增长，匈牙利成为中国在中东欧地区最大投资目的地之一。

本书是中国—中东欧研究院与匈牙利国际事务与对外贸易研究所共同合作的成果。在中国社会科学院欧洲研究所和匈牙利驻华使馆的共同推动下，在布达佩斯的两家智库于 2019 年春季发起了中匈双边关系 70 年的征文活动，并引起了两国学术界和智库的关注。通过对论文进行筛选，我们于 2019 年 9 月 23 日在布达佩斯举办了相关研讨会，本书是研讨会的最终成果。在此，向支持本书出版的匈牙利各方，尤其是匈牙利驻华大使白思谛以及匈牙利国际事务与对外贸易研究所所长乌格罗什迪·马尔通表示感谢！最后，特别感谢中国驻匈牙利大使段洁龙先生以及中国驻匈牙利大使馆对中国—中东欧研究院工作的大力支持。

陈　新
中国社会科学院欧洲研究所副所长
中国—中东欧研究院执行院长
2019 年 11 月，北京

序　二

亲爱的读者，

我们很荣幸可以呈现这卷展现中匈关系70年的文集，中匈两国社科领域的专家们在本书中分享了他们对两国历史和现状的看法。筹备这本书的时候，我们就希望尽量做到广泛而全面，不仅要总结在出版物、广播、电视节目上常见的政策、经济和外交数据信息，更要聚焦那些关注度较低却又切实增进和丰富中匈关系的内容。

我们的作品自然无法包罗中匈关系的各方各面，但是我们希望可以通过人文交流的章节来增进双方的互相理解，原来是不可能有这种机会的。本书中有两篇论文给读者展现了平时关注度较低的领域，其中一篇聚焦在匈牙利的华人华侨，另一篇则是分析高等教育合作，这些领域常常被高层政治新闻或信息所淹没。然而，正是这些日常的交流让中匈两国关系更显生动。

当然，我们十分感谢以不同形式支持本书出版的合作伙伴。首先，要感谢匈牙利外交与贸易部和匈牙利驻北京大使馆，在经费资助、专业知识和沟通联络上对我们的大力支持。其次，要感谢中国社会科学院欧洲研究所，尤其是陈新副所长，以及中国—中东欧研究院多年来与我们的深入合作，让本书的出版成为可能。最后，还要感谢各位作者为本书的出版贡献颇多见解，付出大量工

序 二

作。最初发布征文公告时，匈牙利科研机构就展现出非常大的参与兴趣，着实令我们大吃一惊。不过这也让我们可以在众多作品中优中选优，最终将其呈现在各位读者手中。

我们希望在中匈关系下一个纪年到来之时，还能有机会完成这样一部对中匈关系现状和未来进行评估的作品。

乌格罗什迪·马尔通

匈牙利国际事务与对外贸易研究所所长

2019年11月，布达佩斯

序三　弘扬传统友谊，树立合作典范

2019年是新中国成立70周年，也是中国同匈牙利建立外交关系70周年。匈牙利是最早同中国建交的国家之一，也是最早对华伸出援手的国家之一。近年来，在继承和发扬中匈传统友好的基础上，在相互尊重、真诚相待、合作共赢精神指引下，依托于"一带一路"倡议与"中国—中东欧国家合作"平台，中匈关系进入历史最好时期，两国高层交往日益密切，政治互信不断提升。2015年，中匈签署推进"一带一路"建设的政府间谅解备忘录，匈牙利是首个同我们签署此类文件的欧洲国家，标志着"向东开放"政策和"一带一路"倡议的进一步对接。2017年，欧尔班总理应邀赴华出席"一带一路"国际合作高峰论坛期间，同习近平主席共同宣布将两国关系进一步提升至全面战略伙伴关系，使中匈关系发展迈上了新台阶。中匈两国为不同地域幅员、不同人口规模、不同政治制度的国家开展友好合作树立了典范。

2019年年初以来，中匈双方以建交70周年为契机，举办了一系列庆祝活动，不断挖掘彼此历史文化积淀，为激发未来关系与合作注入新的动力，进一步夯实了中匈友好合作的民意基础。如今，北京、上海均开通了到布达佩斯的直航，中欧班列也频繁往来于两国之间，来匈牙利旅游、学习的中国游客、留学生也持续快速增长。双方各层级友好交流，拓展务实合作，极大助力了两国经济发展，更好惠及两国人民。

为纪念中匈建交70周年，中国—中东欧研究院将中匈相关部门、智库学者等为中匈关系发展建言献策的论文集结成册，既是对两国建交70周年的一份宝贵献礼，也为双边关系未来发展提供了重要智力支持。70年弹指一挥间，在总结历史经验的基础上，我们更要面向未来，站在新的历史起点上。我深信，在中匈两国政府和社会各界共同努力下，中匈两国全面战略伙伴关系必将迎来新的发展机遇。让我们共同把握这一机遇，共同书写中匈全面战略伙伴关系新篇章，推动中匈关系不断迈向新高度。

段洁龙
中国驻匈牙利特命全权大使
2019年11月

序 四

亲爱的读者！

匈牙利和中华人民共和国的关系已有70年的历史，匈牙利在1949年10月3日就承认了中华人民共和国，是最早承认新中国的国家之一，三天后，即10月6日，两国旋即建立了外交关系。匈中两国之间的纽带在这70年间本着相互尊重和相互理解的精神不断加强。在中欧地区，匈牙利在对华关系的发展中也是一直走在最前沿的，因为中国—中东欧国家合作机制就是2011年在布达佩斯诞生的，而且在2015年，我们在欧洲国家中率先加入了"一带一路"倡议，其重要前提就是匈牙利在2012年宣布了向东开放政策，这一政策的目的就是全面发展同东方的国家，其中最重要的是同中国的关系，这一政策在很多方面都同中国的"一带一路"倡议相契合。这一发展进程的结果就是两国关系在2017年5月提升到了全面战略伙伴关系的层面，这为两国合作注入了新的动力。

近年来，双边关系的特点是合作力度越来越大，这对贸易关系和投资者的情绪也产生了积极的影响。当然，这种不断发展的态势不仅体现在政治或者经贸领域，科学、教育、文化和旅游也在均衡合作的形成中发挥了重要作用，我们的目标是这些领域今后也能成为匈中关系的重要助推器。匈牙利目前有四所孔子学院，中国则有12所大学提供掌握匈牙利语的机会。北京匈牙利文化中

◆ 序　四

心于2013年秋季正式揭牌，中国文化中心也将很快在布达佩斯开设。布达佩斯的匈中双语小学自2016学年起扩展到中学教育。高等教育领域的一个密切合作点则是名为"Stipendium Hungaricum"的匈牙利政府奖学金项目，根据这个奖学金项目，匈牙利政府每年为200名中国学生提供接受匈牙利高等教育的机会。2018年有超过25万中国游客到访匈牙利，并且随着两国间直达航线数量的不断增加，这一数字今后有望继续走高。

  在过去70年中，匈牙利和中华人民共和国共同取得了诸多重大成果，为我们两国的福祉和两国友谊做出了巨大贡献。我相信，读者手中的这份研究读物将令感兴趣的人们得以通过其中匈牙利和中国研究人员的作品深入了解两国各领域的深层关系。看到过去70年的成果，我相信，了解彼此的文化和思想也将是未来成功的保障。

白思谛

匈牙利驻华特命全权大使

2019年11月

目　录

上篇　经济与合作

匈牙利经济改革经验与中国经济改革（1979—1989年）：
　　知识史视角 …………………………………………（3）
"中国模式"与匈牙利的未来 ………………………………（17）
"一带一路"倡议与匈牙利发展战略对接：现状与前景 ……（26）
"一带一路"倡议下的中匈经济关系…………………………（44）
20世纪90年代初期以来匈牙利与中国的经济关系 …………（70）
中国与匈牙利之间的技术转让：新地缘政治环境下的
　　机遇与现实 ………………………………………（100）
匈牙利的中国旅游业及其动态发展前景……………………（115）

下篇　人文和社会

1949—2018年匈牙利对华研究的不同阶段 ………………（133）
中匈两国建交后中国文学在匈牙利的传播 ………………（150）
中国—匈牙利的高等教育与科研合作：两国建交
　　70周年概览 ………………………………………（165）
中匈高等教育交流合作视域下的孔子学院发展研究 ………（182）

目录

中国学界对匈牙利人起源与迁移的思考……………………（198）

未来愿景：匈牙利的中国儿童和成年人生活情况
　　调查报告 ……………………………………………（214）

北京—布达佩斯，布达佩斯—北京：2019年我们
　　将如何看待彼此？ …………………………………（238）

附录　圆桌会议讨论：我所经历的中匈交往岁月 …………（254）

上 篇

经济与合作

匈牙利经济改革经验与中国经济改革（1979—1989年）：知识史视角

孔田平[*]

自1970年代末到整个1980年代，匈牙利经济改革曾引起中国经济学家和决策者的高度关注。1980年代，中国出现了匈牙利热，位于欧洲中部的社会主义小国的改革经验引发了学者和官员的热烈讨论。本文将从知识史的视角探讨匈牙利经济改革知识在中国的传播，并分析匈牙利经济改革对中国经济改革的影响。

经济改革知识的需求

1976年"文化大革命"结束之时，中国国民经济到了崩溃的边缘。数亿农民温饱问题未解决，一些农民处在赤贫状态。城市居民虽有国家保障，但20年没有涨过工资，消费品短缺现象严重，住房相当紧张。国民经济不仅与发达的西方国家的差距扩大，而且与亚洲四小龙和邻国的差距也在扩大。中国的人均国内生产总值落后于周边的国家和地区，1976年中国的人均国内生产总值只有165美元，而韩国为830美元，中国台湾地区为1159美元，新

---

[*] 孔田平，中国社会科学院欧洲研究所研究员。

加坡为2758美元，中国香港地区为2850美元，日本为5197美元。1978年9月，邓小平对地方领导人说："我们太穷了，太落后了，老实说对不起人民"，"外国人议论中国人究竟能够忍耐多久，我们要注意这个话。我们要想一想，我们给人民究竟做了多少事情呢？"[①] 此时的中国迫切需要恢复国民经济，实现经济的现代化。华国锋等中共领导人开始关注国内经济问题，关注外部世界的变化，派出高级官员代表团到国外进行经济考察[②]。

1977年邓小平重申了已故周恩来总理1975年提出的现代化计划。1978年5月11日，《光明日报》发表特约评论员文章《实践是检验真理的唯一标准》，该文成为中国思想解放的先声。由此引发的"真理标准问题大讨论，形成了一场广泛而深刻的思想解放运动，冲破了'两个凡是'的禁区，打碎了个人崇拜的精神枷锁，使长期以来禁锢人们思想的僵化局面被冲破，极大地促进了人们的思想解放"。"这次大讨论为全面实现拨乱反正、顺利实现党和国家工作重点的转移，创造了重要条件。"[③] 1978年12月18—22日举行的中国共产党十一届三中全会实现了政治路线的拨乱反正，决定将工作重点转移到经济建设上来，中国的改革开放正式启动。"全会举起了改革开放的旗帜，开始了以改革开放为鲜明特征的新时期。"[④]

1970年代末中国不仅面临着经济的短缺，而且也面临思想的短缺，特别是现代经济思想的短缺、现代市场经济知识的短缺、

[①] 中共中央文献研究室编：《邓小平思想年谱（1975—1997）》，中央文献出版社1998年版，第80—81页。

[②] 1978年中共中央派出4个代表团，分别访问南斯拉夫和罗马尼亚、日本、港澳地区和西欧。

[③] 当代中国研究所：《中华人民共和国史稿》第四卷（1976—1984），人民出版社、当代中国出版社2012年版，第42页。

[④] 当代中国研究所：《中华人民共和国史稿》第四卷（1976—1984），人民出版社、当代中国出版社2012年版，第55页。

匈牙利经济改革经验与中国经济改革（1979—1989年）：知识史视角

现代经济管理知识的短缺以及经济体制改革经验的短缺。要建立可行的有效的经济体制，需要对僵化的中央计划经济体制进行改革，而经济体制改革则需要现代经济思想、现代市场经济的知识、现代经济管理知识和经济改革的经验。在中国知识界与外界隔绝近30年的背景下，经济改革所需的知识与经验只能来自国外。而东欧国家则成为改革经验的独特的供给方，其中匈牙利成为改革经验主要的供给者。最初，中国的经济学家和决策者首先将目光转向南斯拉夫和罗马尼亚。吴敬琏认为，"经济学家最初的学习对象，则是东欧那些比较早地踏上了改革之路的社会主义国家。孙冶方、于光远等具有改革思想的中国经济学家访问了南斯拉夫、匈牙利等东欧国家"。[①] 1978年3月31日—4月10日，以李一氓为团长，于光远、乔石为副团长的工作者访问团访问了南斯拉夫和罗马尼亚。据于光远回忆，这次考察形成了一个概念，那就是社会主义国家的经济模式可以是多种多样的。[②] 同年9月7日—10月8日，以财政部部长张劲夫为团长的中国财政经济考察团赴南斯拉夫、罗马尼亚进行访问，主要考察了解两国财政经济管理工作。同年11月15日—29日，国家计委代表团应邀访问南斯拉夫，重点考察计划工作。代表团回国后，汇报了南斯拉夫把市场经济同社会计划结合起来的情况，并提出了一些改革中国经济管理体制的看法。1978年11月23日—1979年1月20日，时任中国社会科学院副院长的宦乡率领中国社会科学院经济学家考察团对南斯拉夫和罗马尼亚进行了为期2个月的考察。中国一度出现了南斯拉夫热，对南斯拉夫自治社会主义的研究迅速升温，并成立了中国南斯拉夫研究会。

[①] 吴敬琏：《经济学与中国经济的崛起》，《中国改革》2011年第8期。
[②] 于光远：《若干经济理论问题讨论的背景回顾》，2009年1月11日，爱思想，http://www.aisixiang.com/data/24135.html。

自1979年年底起，中国的学界和政界出现了匈牙利热。比较起来，匈牙利热比南斯拉夫热更加持久。匈方的分析认为中国领导层对南斯拉夫的高通货膨胀率和宏观管理缺乏效率感到担忧，因此将关注点转向罗马尼亚和匈牙利。[①] 如果我们观察一下中国决策者考察的行程安排，可以发现代表团通常访问南斯拉夫和罗马尼亚。南斯拉夫有独特的改革经验，而罗马尼亚在经济体制改革上乏善可陈。因此，随着南斯拉夫热的消退，匈牙利成为决策者关注的重点。

中国对匈牙利的兴趣也与当时决策者和学者对苏联东欧国家经济体制的分类有关。苏联东欧国家的经济体制分为三种模式：一是传统的苏联模式，实行高度集中的计划经济模式。苏联、波兰、罗马尼亚、捷克斯洛伐克、保加利亚和民主德国的经济体制属于苏联模式。二是南斯拉夫模式，即自治社会主义模式。三是匈牙利模式，即新经济体制。中国在1950年代仿效苏联建立了计划经济模式，经济改革就是要摆脱苏联模式，苏联模式是改革的对象。而南斯拉夫在1965年之后走向市场社会主义，到1980年代初面临严重的宏观经济问题。中国的决策者可能认为南斯拉夫的改革走得过远。而匈牙利1968年1月1日实行的新经济体制将中央计划与市场调节相结合，其中庸平衡的改革做法在中国的决策者和学者中产生了共鸣。从某种程度上看，匈牙利的新经济体制成为了中国经济改革的一个重要参照系。尽管匈牙利经济研究会未能成立，但是这并不妨碍学界和政界对匈牙利的关注[②]。

---

① "Chinese Views on Hungarian Economic Reforms and Sino-Hungarian Trade Relations", December, 1987, History and Public Policy Program Digital Archive, Historical Archives of the Hungarian State Security (ÁBTL), 1.11.4. S – II/2/87, pp. 32 – 42, http://digitalarchive.wilsoncenter.org/document/119357.

② 匈方的报告认为匈牙利经济研究会未获批准，这阻碍了对匈牙利问题进行更加全面系统的研究。事实上，在1980年代对匈牙利的研究并未受到影响。

经济改革知识的供给

匈牙利在冷战时期其知识界与西方的联系并未中断，匈牙利经济学家熟稔西方现代经济学理论，并能用现代经济学的概念和方法分析社会主义经济问题，他们的研究成果获得了国际承认。匈牙利经济学家科尔奈（又译科尔内）对社会主义经济的分析独树一帜，享誉国际。1980年代匈牙利经济改革的知识在中国得到广泛传播，中国的决策者与经济学家对匈牙利经济改革经验有了深入了解。

匈牙利经济改革知识在华的传播有如下四种方式。

1. 图书出版

1980年代中国翻译了许多匈牙利经济学家的著作，亚诺什·科尔奈的几乎所有著作被译成汉语，同时中国学者包括中国社会科学院学者撰写了关于匈牙利经济改革的著作。除了公开出版物之外，还有一些研究机构编撰了匈牙利经济改革的资料，如中国社会科学院苏联东欧研究所内部编撰了《匈牙利政治经济改革文献选编》和《匈牙利政治经济改革大事记》。

表1　　　　1980—1988年中国出版的关于匈牙利的著作

1980年
马蒂雅斯：《匈牙利的经济改革》，生活·读书·新知三联书店
《匈牙利经济改革原则和管理体制》，中国财政经济出版社
1981年
刘国平、伍宇峰：《匈牙利经济》，北京出版社
于光远等：《匈牙利经济体制考察报告》，中国社会科学出版社
《世界经济》编辑部：《匈牙利的经济改革》，中国展望出版社
1983年
奇科什—纳吉·贝洛等：《价格政策》，机械工业出版社
巴拉沙：《匈牙利国民经济计划工作的基础》，中国社会科学出版社
《世界经济》编辑部：《匈牙利的经济改革》，中国展望出版社
1984年
中国社会科学院经济学家代表团：《匈牙利经济体制考察》，中国财政经济出版社

续表

中国财政考察团：《匈牙利财政体制和财政管理》，中国财政经济出版社
杨效农：《匈牙利的经济体制改革》，《参考资料》编辑部
鲁和光编著：《经济发展与经济改革：匈牙利经济改革简介》，江苏人民出版社
1985 年
周新城：《匈牙利经济体制研究》，福建科学技术出版社
1986 年
科尔纳：《短缺经济学》，经济科学出版社
亚诺什·科尔奈：《增长、短缺与效率》，四川人民出版社
卡尔曼等：《匈牙利经济法规概要》，法律出版社
库保·米哈依：《收入分配预算和经济过程》，中国财政经济出版社
张家炽等：《匈牙利经济体制改革见闻》，新华出版社
万典武：《匈牙利商业考察》，中国商业出版社
1987 年
亚诺什·卡达尔：《论社会主义建设》（1957—1985），人民出版社
世界银行经济代表团：《匈牙利经济发展与改革》，对外翻译出版社
王逸州：《匈牙利道路》，人民出版社
福尔代什·伊什特万：《匈牙利改革的道路》，人民出版社
中共中央党校科学社会主义问题研究室国外社会主义教研组：《匈牙利社会主义资料选编》，求实出版社
机械工业部科学技术情报研究所综合情报研究室：《匈牙利、南斯拉夫、罗马尼亚、波兰经济法规》，机械工业出版社
中国经济体制改革研究所：《艰难的探索》，经济管理出版社
亚诺什·科尔奈：《矛盾与困境——关于社会主义经济和社会的研究》，中国经济出版社
亚诺什·科尔奈：《理想与现实》，中国经济出版社
亚诺什·科尔奈：《科尔奈经济改革理论》，湖南人民出版社
科尔奈：《短缺与改革——科尔内经济论文选》，黑龙江人民出版社
1988 年
亚诺什·科尔奈：《反均衡》，中国社会科学出版社
亚诺什·科尔奈：《突进与和谐的增长——对经济增长理论和政策的思考》，经济科学出版社
孟传德：《匈牙利改革之路》，中国展望出版社

资料来源：根据国家图书馆相关信息整理。

2. 考察访问

中国官员和经济学家频繁到匈牙利访问，撰写并发表匈牙利经济改革的考察报告。在中苏关系紧张的背景之下，中国经济学家代表团的出访绝非小事。1979 年夏，中国询问匈牙利是否有意愿

接待中国社会科学院经济学家代表团访问匈牙利，得到匈方的积极回应。考虑到中苏关系紧张，中方行事谨慎，8月首先派出新华社代表团。负责接待的匈通社发现，中国代表团的兴趣在于匈牙利的改革和经济管理的现代化，而不在于通讯社的工作和技术发展。① 8月中方提议4名经济学家11月访匈。匈牙利外交部支持，但强调访问的组织和计划应当符合匈牙利社会主义工人党政治局3月通过的决议②。1979年11月25日—12月22日，作为中国驻匈牙利大使的客人，于光远率团考察匈牙利经济体制改革。中国经济学家代表团成员包括中国社会科学院兼马列所所长于光远、经济所副所长刘国光、马列所副所长苏绍智和经济所青年研究人员黄海。在为期3周的考察中，中国的经济学家与匈牙利经济学家、经济界人士进行了21次会谈，参观访问工业、农业合作社、合作百货商店和生产资料储存及流通公司。访问期间，代表团会见了匈牙利经济改革之父涅尔什·雷热（原匈牙利社会主义工人党中央委员会书记，1974年被解职，担任匈牙利科学院经济所所长）。代表团原计划访问三周，后延长一周，12月22日离匈。中国经济学家代表团的考察报告最后由中国社会科学出版社结集出版，题为《匈牙利经济体制考察报告》。该书包括三个部分和两个附录。第一部分为访谈记录，包括匈牙利经济学家和经济界人士谈话纪要；第二部分为出访报告，涉及匈牙利经济体制的介绍、匈牙利经济改革12年的评价以及匈牙利经济学界对经济改革若干问题的

---

① Péter Vámos, "A Hungarian model for China? Sino-Hungarian relations in the era of economic reforms, 1979 – 89", *Cold War History*, 2018, 18, p. 3, pp. 361 – 378, DOI: 10.1080/14682745.2017.1402887.

② 同上。匈牙利社会主义工人党的决议认为霸权主义和反苏主义是中国政策的关键因素，应当在对华政策上与苏联和兄弟社会主义国家密切协调。

看法；第三部分为政策建议，涉及关于中国进行经济体制改革的建议。① 于光远认为，"这次考察加深了对社会主义的多种模式的认识，同时使我们对改革过程的许多具体问题有了更多的了解"。② 参与考察的苏绍智认为，匈牙利自1968年开始实行经济改革，12年来取得了一定成就。在经济改革的准备过程和实行过程中，对于经济理论问题进行了一系列的讨论，这些讨论对于我们了解匈牙利的经济改革是很重要的。同时，他山之石，可以攻玉，也可以作为我们进行经济改革的参考③。匈牙利高度重视中国社会科学院代表团的访问，关注代表团对匈牙利改革的评价。匈方认为，代表团得出如下结论：第一，匈牙利改革的性质是社会主义的；第二，匈牙利改革取得显著成效；第三，匈牙利榜样增强了寻求新的社会主义道路的正确性；第四，匈牙利改革的根本弱点在于新经济体制实行之后市场机制只有限的影响④。

　　1983年5月26日—6月30日，中国社会科学院经济学家考察团访问匈牙利。匈方高度重视，副总理马尔亚伊亲自过问考察安排。科学院院士、议会计划与预算委员会主席波格纳尔主持接待，12位政府部门的国务秘书、副部长以及原党中央政治局委员、书记涅尔什（时任中央委员、经济研究所顾问）介绍情况和进行座谈。这次考察接触了15个政府部门、11个科研单位和院校、4个群众团体、5个城市、14个企业、农场、合作社，共49个单位，座谈七十多次。中国社会科学院经济学家考察团撰写了《匈牙利

---

① 于光远等：《匈牙利经济体制考察报告》，中国社会科学出版社1981年版。
② 于光远：《若干经济理论问题讨论的背景回顾》，2009年1月11日，爱思想，http://www.aisixiang.com/data/24135.html。
③ 苏绍智：《匈牙利经济体制改革中的若干理论问题》，《经济问题探索》1980年第2期。
④ "Chinese Views on Hungarian Economic Reforms and Sino-Hungarian Trade Relations", December, 1987, History and Public Policy Program Digital Archive, Historical Archives of the Hungarian StateSecurity (ÁBTL), 1.11.4.S－II/2/87, pp. 32－42, http://digitalarchive.wilsoncenter.org/document/119357.

经济体制考察报告》，报告描述了匈牙利经济体制改革的发展过程，就计划中引进经济调节手段、综合和灵活地运用经济调节手段、所有制和经营方式、国家与企业以及中央与地方的关系等问题对匈牙利的经验进行了阐述。① 此次考察的成果《匈牙利经济体制考察》于1984年结集出版，考察报告分为总报告和分报告，分报告涉及匈牙利计划体制改革、财政体制改革、价格制度改革、工资制度改革、产品流通体制改革、经济组织体制改革、农业体制改革、所有制形式和经营方式②。

国家经济体制改革委员会的廖季立于1983年和1985年两次率团访问匈牙利。以廖季立为团长的国家体改委考察团，从1985年2月28日到3月20日对匈牙利经济体制进行了第二次考察，与涅尔什、奇柯什等人进行了会谈。涅尔什、奇柯什就匈牙利经济体制改革的经验教训、经济决策与改革的关系以及匈牙利进一步改革的方向等问题发表看法③。此次考察的重点，是1983年以来匈牙利经济体制改革的新进展，以及如何综合运用经济调节手段，以保证经济发展目标的实现问题④。1984年10月，中共十二届三中全会通过了了《中共中央关于经济体制改革的决议》。匈方的分析认为，廖季立的首次访问是为了制定经济改革决议而来，第二次访问则为落实经济改革决议而来⑤。

1986年5月初到6月上旬，国家经济体制改革委员会副主任

---

① 中国社会科学院经济学家代表团：《匈牙利经济体制考察报告》，《经济研究》1984年第2期。
② 中国社会科学院经济学家代表团：《匈牙利经济体制考察》，中国财政经济出版社1984年版。
③ 李峻：《涅尔什、奇柯什谈匈牙利改革》，《经济学动态》1985年第7期。
④ 丁华：《匈牙利的经济体制改革》，《经济学动态》1985年第8期。
⑤ "Chinese Views on Hungarian Economic Reforms and Sino-Hungarian Trade Relations", December, 1987, History and Public Policy Program Digital Archive, Historical Archives of the Hungarian StateSecurity (ÁBTL), 1.11.4. S – II/2/87, pp. 32 – 42, http：//digitalarchive.wilsoncenter.org/document/119357.

高尚全率领中国经济体制改革研究所代表团访问匈牙利和南斯拉夫，考察两国的经济改革。这次考察的目的是为1987年、1988年改革方案的设计工作提供借鉴经验。考察的重点是两国在新旧体制交替工程中的摩擦、矛盾、发展趋势和解决问题的方向。① 这次考察的成果《艰难的探索——匈牙利、南斯拉夫改革考察》由经济管理出版社结集出版。

3. 学术研究

自1979年起，学术期刊陆续发表与匈牙利经济体制改革相关的学术论文。根据中国知网的检索结果，1979—1989年中国期刊上共发表论文或文章92篇。最早的一篇关于匈牙利经济体制改革的论文发表在《经济管理》1979年第6期。② 从发表的论文看，大多数论文为对匈牙利经济改革情况的介绍，③ 部分论文为匈牙利经济学家观点的介绍，④ 少数论文讨论匈牙利经验与中国改革。⑤

4. 学术会议

匈牙利经济学家参加的学术会议也是匈牙利经济改革经验传播

---

① 高尚全：《匈牙利、南斯拉夫经济改革给我们的启示》，载中国经济体制改革研究所编《艰难的探索——匈牙利、南斯拉夫改革考察》，经济管理出版社1987年版，第1页。
② 纪经：《匈牙利经济管理体制的改革》，《经济管理》1979年第6期。
③ 董拜南：《匈牙利的经济体制改革》，《外国经济参考资料》1980年第4期；刘国光：《匈牙利经济体制改革的一些情况和问题》，《经济学动态》1980年第7期；金池生：《匈牙利经济体制改革的基本经验》，《苏联东欧问题》1982年第5期；张德修：《论匈牙利现行经济体制的理论基础》，《苏联东欧问题》1983年第3期；林青松：《匈牙利经济体制改革述评》，《经济体制改革》1984年第2期；孟传德：《匈牙利经济体制改革与国家经济职能》，《世界经济》1985年第2期；丁华：《匈牙利的经济体制改革》，《经济学动态》1985年第8期；周新城：《匈牙利在经济体制改革后对宏观经济的控制》，《学习与研究》1985年第9期；廖同舟：《匈牙利经济体制改革新动向》，《经济体制改革》1985年第3期；周新城：《匈牙利经济体制改革的经验教训》，《经济学动态》1987年第1期；刘夏平：《匈牙利经济体制改革的四大教训和启示》，《计划经济研究》1989年第10期。
④ 苏绍智：《匈牙利经济学家对经济体制改革中若干理论问题的看法》，《经济学动态》1980年第4期；林青松：《涅尔什谈匈牙利经济体制改革的经验》，《经济学动态》1984年第1期；[匈]雷热·涅尔什：《匈牙利经济体制改革的经验》，《经济研究》1984年第2期；向阳：《匈牙利部长会议副主席马尔亚伊谈匈牙利经济体制改革》，《苏联东欧问题》1985年第1期。
⑤ 吴敬琏：《从匈牙利的经验看我国当前的改革》，《经济社会体制比较》1985年第3期。

的重要方式。在中国经济改革史上享有特别地位的两次学术会议均有匈牙利经济学家参加。1982年，应中国经济学家请求，世界银行驻华首任代表林重庚邀请一些既懂改革理论又有实际改革经验的东欧经济学家参加在浙江莫干山举行的莫干山会议，东欧经济学家由布鲁斯带队，包括波兰国家物价委员会前主任斯特鲁明斯基、捷克斯洛伐克前副总理奥塔·锡克的工作搭档考斯塔和匈牙利改革经济学家彼得·肯德。[①] 1985年9月2—7日在重庆到武汉的"巴山号"轮船上举办的宏观经济管理国际讨论会（亦称"巴山轮会议"）对中国的经济改革产生了深远影响。参加巴山轮会议的外宾有诺贝尔经济学奖获得者、美国耶鲁大学教授詹姆斯·托宾，曾任职法国国家计划总署的法国保险公司首席执行官米歇尔·阿尔伯特、联邦德国中央银行前行长奥特玛·埃明格尔、牛津大学弗拉基米尔·布鲁斯、南斯拉夫联邦经济改革委员会成员亚历山大·巴伊特、匈牙利科学院经济所亚诺什·科尔奈等。科尔奈从经济协调机制角度对经济模式的分类以及对社会主义经济改革目标模式的看法引起与会的中国经济学家的高度关注。[②] 中国官方高度重视巴山轮会议，在巴山轮会议举行之前，时任国务院总理赵紫阳会见与会的七位经济学家，会见时间长达2个小时。科尔奈在其自传中专门谈及1985年的中国之行和巴山轮会议。[③]

匈牙利经济改革经验对中国的影响

从1970年代末到1980年代，中国的决策者和学者为推动中国

---

① 林重庚：《亲历中国经济思想的对外开放》，《中共党史研究》2018年第4期。
② 中国社会科学院经济研究所发展室：《中国的经济体制改革——巴山轮"宏观经济管理国际讨论会"文集》，中国经济出版社1987年版。
③ ［匈］亚诺什·科尔奈：《思想的力量——智识之旅的非常规自传》，上海人民出版社2013年版，第330—333页。

的经济体制改革，特别注重研究和借鉴国外经验。中国的经济改革一开始并没有明确的蓝图，用邓小平的话就是摸着石头过河。中国经济改革目标模式的确立经历了长期的探索，直至1992年党的十四大确定建立社会主义市场经济，中国走出了一条独特的市场经济之路。1978年中国的GDP为1495亿美元，美国的GDP为2.35万亿美元，是中国的18倍。1992年中国的GDP为4269亿美元，美国的GDP为6.52万亿美元，是中国的15倍。2001年中国的GDP为1.33万亿美元，美国的GDP为10.58万亿美元，是中国的近8倍。2018年中国的GDP为13.6万亿美元，美国的GDP为20.49万亿美元，是中国的1.5倍。从人均国内生产总值的变化看，1978年中国人均国内生产总值仅有156美元，而美国的人均国内生产总值为10564美元，美国为中国的67倍多，2001年中国为1053美元，美国为37133美元，为中国的35倍多，2018年中国为9779美元，美国为62641美元，为中国的6.4倍。经过40年的改革，尽管中国与美国之间仍有相当差距，但中国与美国之间的发展差距已大大缩小。中国的经济改革取得了举世瞩目的成功，中国在走向市场经济的道路上得益于其他国家经验的借鉴。在1970年代末和1980年代，匈牙利的经济改革经验以及匈牙利经济学家的真知灼见对中国经济改革发挥了积极的作用。

匈牙利经济改革经验对中国经济改革产生了如下影响。

第一，匈牙利经济改革经验对中国的决策者的启迪在于传统社会主义经济体制不仅可以改革，而且可以取得成效。从计划经济向市场经济的转变没有先例可循，中国只能求助于东欧社会主义国家市场取向改革的经验。匈牙利1968年实行的新经济体制成为中国经济学家关注的热点。匈牙利经济改革的经验启发了中国的决策者和经济学家的思维，表明社会主义国家经济改革是一种可行的选择，社会主义国家可以有多种模式。于光远忆及1979年年底的匈牙利考察改革，认为"这次考察加深了对社会主义的多种模式的认识，同时使我们对改革过程的许多具体问题有了更多的了解"。①

第二，匈牙利经济改革的经验特别是具体领域的改革作法为中国的经济改革提供了借鉴。匈牙利经济改革之父涅尔什·雷热对匈牙利经济管理体制原则的阐述（中央计划与市场机制有机结合；承认企业集体利益，并通过企业集体利益的实现来促进社会目标的实现；多种经济成分同时并举和共同发展）有助于中国决策者思考中国的经济体制改革方案。他对匈牙利经济改革成效和问题的分析有助于中国的决策者深入了解改革的复杂性。② 匈牙利学者认为，匈牙利新经济体制的运行可概括为"国家控制市场，市场引导公司"。③ 党的十三大提出，"社会主义有计划商品经济的体制，应该是计划与市场内在统一的体制"。并且确定，"新的经济运行机制，总体上来说应当是'国家调节市场，市场引导企业'的机制"。从这一表述中可以看到匈牙利新经济体制的影子。匈牙利计划体制改革、财政体制改革、价格制度改革、工资制度改革、产品流通体制改革、经济组织体制改革、农业体制改革的具体做法对于中国经济改革不无借鉴意义。

第三，匈牙利经济学家基于匈牙利经济改革经验的一些洞见对于中国深入思考经济改革的目标模式颇有助益。科尔奈教授将经济协调机制分为行政协调（直接行政协调、间接行政协调）与市

---

① 于光远：《若干经济理论问题讨论的背景回顾》，2009年1月11日，爱思想，http://www.aisixiang.com/data/24135.html。
② [匈]雷热·涅尔什：《匈牙利经济体制改革的经验》，《经济研究》1984年第2期。
③ Ferenc Bánhidi, "Investigation and study of the Hungarian economic reform by the Chinese experts in the period of 1979–1988", Working Paper, China—CEE Institute, 2019.

场协调（无宏观控制的市场协调、有宏观控制的市场协调），认为经济改革是从直接行政协调走向有宏观控制的市场协调，这对中国决策者深入思考经济改革的目标模式颇有帮助。中国经济学家认同科尔奈的分析和选择，把有宏观经济管理的市场看作中国经济改革的首选目标。① 科尔奈关于国有企业的双重依赖的思想对于深入思考国有企业改革颇有裨益。科尔奈关于市场有效发挥作用所需要的四个相互依赖的条件的看法有助于中国经济学家深入思考市场改革问题。

1970年代末，在中苏关系尚未解冻的背景下，中国与匈牙利因改革而接近，中国对匈牙利经济改革抱有兴趣，匈牙利则对中方的建议持开放态度。匈牙利历史学家王俊逸（Péter Vámos）认为，中国和匈牙利领导人渴望建立基于想象的改革共同体的双边关系，改革共同体是中国和匈牙利领导人争取支持，加强国内改革议程合法性的有效工具。② 当时，中国的改革者迫切需要建立可行的经济体制，迫切需要学习和借鉴国外经验，1968年匈牙利开启的改革成为中国决策者谋划改革蓝图的重要参考。匈牙利经济改革经验的知识部分满足了中国对经济改革经验的需求，匈牙利的经验与知识在特定的时间内对中国的经济改革产生了积极影响。1979—1988年中国和匈牙利围绕匈牙利经济改革经验的交流与互动不仅是中匈关系史中的佳话，而且在中国的改革史中享有独特的地位。

---

① 吴敬琏：《经济学与中国经济的崛起》，《中国改革》2011年第8期。
② Péter Vámos, "A Hungarian model for China? Sino-Hungarian relations in the era of economic reforms, 1979–89", Cold War History, 2018, 18, p. 3, pp. 361–378, DOI: 10.1080/14682745.2017.1402887.

"中国模式"与匈牙利的未来

史浩巍（Eszterhai Viktor）[*]

"中国模式"的兴起

近年来，有关"中国模式"还是西方模式的选择在学术界引起了空前的讨论。改革开放以来，在社会主义及共产主义的理论及意识形态的基础上，中国提出了"中国特色社会主义"。但随着苏联解体，西方学界仍然更为相信中国特色社会主义会被"华盛顿共识"所倡导的理念所替代。

"华盛顿共识"的政策主张，曾由国际货币基金组织、世界银行等国际组织在发展中国家推动，其后果引起极大争议。"华盛顿共识"提出后，拉美地区首当其冲，俄罗斯以及东亚、非洲和中东欧等地区的转型国家也逐渐受到剧烈冲击和深度影响。但中国和大多数发展中国家成功避免了经济衰退，这主要是因为对原材料的需求主要来自中国强劲的经济增长。

2007年，尽管面临出口市场萎缩，中国经济仍然持续两位数的增长，2010年，政府的刺激计划又一次将经济增长率提高到10%以上。因此，随着"华盛顿共识"的可信度下降，一些学者

---

[*] 史浩巍（Eszterhai Viktor），匈牙利雅典娜创新和地缘政治基金会高级研究员，考文纽斯大学助理教授。

提出的"北京共识"不胫而走。一方面，美国正在推行旨在保护美国利益的单边主义政策，另一方面，中国正在国际事务的许多领域调动资源，营造将使美国更难采取霸权行径的环境。更重要的是，中国的新思想产生了重大影响。中国正在指引世界其他一些国家在有一个强大重心的世界上保护自己的生活方式和政治选择。这些国家不仅在设法弄清如何发展自己的国家，而且还想知道如何与国际秩序接轨，同时使他们能够真正实现独立。

但2010年以来，中国的经济增速出现了放缓的迹象，随之而来有关"中国模式"讨论也逐步减少。但近年来关于这一模式的辩论再次出现。国际上关于"北京共识""中国模式""中国道路"等议论和研究也多了起来，其中不乏赞扬者。一些外国学者认为，中国的快速发展，导致一些西方理论正在被质疑，一种新版的马克思主义理论正在颠覆西方的传统理论。我们始终认为，各国的发展道路应由各国人民选择。

匈牙利是第一个同中国签署关于共同推进"一带一路"建设政府间合作文件的欧洲国家。近年来，在"一带一路"倡议推动下，中匈两国经贸合作驶入快车道，合作水平不断提高。因此，匈牙利可以作为一个典型案例，进而考察"中国模式"对危机后中东欧国家的政治与经济发展的影响。

"中国模式"和关于"北京共识"的辩论在匈牙利引起的关注相对较少。20世纪80年代、90年代，匈牙利开始转型，当时认为，在转型前经济效益不好是因为政府对市场干预太多，没有建立与发达国家一样完善的现代市场经济体系。当时国际学术界的主流观点认为，实现经济转型必须实施"休克疗法"，按照"华盛顿共识"的主张，把政府的干预全部取消，推行私有化、市场化、自由化。在进行了大刀阔斧的改革之后，休克疗法的成功一直备受争议。相比之下，亚诺什·科尔奈认为，"中国模式"是中国独特的发展道路，不应被视为其他国家采用的模式。基于科尔奈的理论，伊万·塞莱尼还指出，中国最大的特点是不同发展道路的混合模式。在他们的分析中，久拉·佐尔坦、拜尔娜·塔拉斯（戴博纳）和费伦茨·邦希迪曾试图找出中国经济奇迹的核心因素，但仍没有找出匈牙利可以借鉴的结论。

有趣的是，近年来，正是在西方政治话语中，"中国模式"对中东欧国家，尤其是匈牙利的相关性才显现出来。特别是在金融危机之后，中国在该地区变得愈发活跃，最突出的特点是"中国—中东欧国家合作"机制的启动。该机制旨在与16个中东欧国家深化合作关系，随着中国在该地区日益增长的地区影响力，"中国—中东欧国家合作"逐渐受到欧盟等西方国家及组织的关注和批评，认为中国正在利用其经济实力对该地区的国家施加政治影响。

因此，本研究旨在通过实证的方法调查"中国模式"的要素是否出现在匈牙利政府的政策中，如果存在，那么影响的程度如何。为了回答这个问题，笔者将首先确定既有文献中的"中国模式"和"北京共识"的内容。然后，笔者将通过定性分析对匈牙利总理维克托·欧尔班关于中国的讲话进行实证分析。最后，笔者将从研究中得出结论并提供解释。

何为"中国模式"

至今，学界对于何为"中国模式"并未达成相对统一的概念。现有文献认为，"中国模式"最重要的特征是政府在经济增长中的决定性作用，同时执政党在社会中起到主导作用。大多数西方学者认为中国希望这种模式可以被其他国家所采用，并希望传播这种模式。

中国政府一直拒绝接受"北京共识"这一概念。长期以来，中国官方话语中完全没有提及"中国模式"。"中国特色社会主义"一词反映了中国领导层正在尝试构建替代发展模式。经济成功导致中国精英采用了"中国模式"的表述。现有中国学者的文献主要强调以下几个概念："补充改革不是休克疗法""摸着石头过河""先实施最容易的，后实施最困难的改革步骤""政治和经济改革脱钩""注重实效的务实方法""反馈机制""选择性地采用知识与技术"等。尽管争论仍在继续，但可以明显看出，与西方不同，中国学者主要关注经济成功。

因此，有关"中国模式"的定义现有文献几乎没有一致的意见。此外，"中国模式"的独特性有许多利弊。考虑到它的文化根源和历史，中国当然可以说是走了一条独特的发展道路，尽管其他东亚和西方国家的现代化显然也影响了它的发展。然而，应该避免使用"北京共识"一词，中国政府并不想挑战"华盛顿共识"，尽管中国发展的某些关键要素与"华盛顿共识"的要素相同。

研究假设

本研究的主要假设是，"中国模式"是匈牙利政府的一种替代方案，也是对欧洲自由主义思想和"华盛顿共识"的一种挑战。这项研究还提出了一个反事实分析来探索其他可能的解释，即中国的经济现代化和日益增长的全球影响力正在激励包括匈牙利在内的其他国家选择自己的发展道路。这一主张基于中国领导人近年来强调的一种方法，这种方法吸引了其他国家的注意力，让他们学习而不是采用"中国模式"。

研究方法

内容分析法是自20世纪40年代以来社会科学中一种定义性的理论和方法，来检查所选的文本。内容分析包括开发分析类别，用于构建编码框架，然后将其应用于文本数据，以便根据经验检查文本。定性内容分析是通过编码和识别主题或模式的系统分类过程，对文本数据内容进行主观解释的研究方法。

本研究旨在通过对匈牙利政府的文件进行分析，进而论证匈牙利领导层是否积极致力于"中国模式"。在选择文本时，笔者把重点放在欧尔班政府时期，因为2010年宣布的"向东开放"政策恰当地标志着中匈关系的紧密时期。虽然匈牙利前政府也看到了中国崛起带来的重大经济机遇，并寻求加强两国关系，但正是欧尔班政府公开改变了该国曾经以大西洋为中心的外交政策的方向。相关文本是在匈牙利政府的官方网站上查阅。鉴于对匈牙利外交政策战略方向影响最大的是总理，笔者的分析重点是与维克多·欧尔班总理有关的文本。笔者将他的讲话、参加的首脑会议摘要和对他的采访作为分析的主题。文本的涵盖期限是从2014年7月起，至第二届"一带一路"国际合作高峰论坛，即2019年4月25日—27日为止，将"中国"一词进行提炼，并删除了重复的内容，经搜索筛选，共涵盖86篇文章。

定义适当的类别是检验假设的关键。笔者将重点放在了两组主要问题上。第一个问题，是否将中国作为一个可以效仿的模式，或者，在相反的假设下，它是否宣称需要一个自己的模式，以中国成功的现代化作为参考。另一个问题是，匈牙利是从积极、消极还是中性的角度来描述中国。针对第一个问题，笔者考察了文献中"中国模式"的主要特征，即政府在经济增长中的决定性作用和执政党在社会中的主导作用。

通过类比，第二个假设检验了文本中是否宣称需要一个参照中国这样的模式。第二个问题，笔者侧重于检验匈牙利是从积极、消极还是中立的角度介绍中国。当然，分类的必然结果是仍有一定程度的主观性。例如，"正面"和"负面"是给读者留下正面印象还是负面印象，而"中性"意味着不可能进行精确分类。定性内容分析的优势在于根据价值类别对文本进行分类，而不是依赖软件对文本进行编码的内容分析方法。为此，笔者阅读并单独编码了每个解析的文本。

研究结果

研究表明，尽管中国施行改革开放政策的意义重大，但讨论中国的文献来源相对较少。在86篇文章中，只有28篇将中国作为主题进行了讨论，且大多数是与其他主题相关的文章。总体而言，可以清楚地看出匈牙利政府对中国的态度是积极的，两国关系是友好的。没有一篇文章采取消极或批评的态度，大多数文本（49个）是正面的，而中性的文本（37个）则少得多。从消息来源来看，主要是在双边会议和活动中，描述的语言也是积极的，但当总理的讲话讨论世界政治时，语气则是中性，中国通常被描绘成一个类似于美国和俄罗斯的大国，因此匈牙利必须像总理强调的那样奉行务实的外交政策。

同时，总理从未提到"中国模式"是匈牙利应该遵循的模式，这与主要假设相矛盾。然而，文本中三次直接提及"中国模式"，

"中国模式"与匈牙利的未来

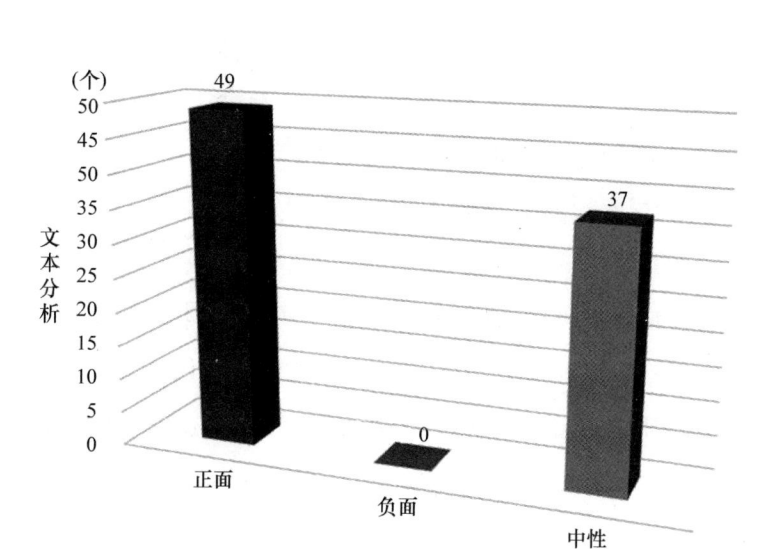

图1 按类别对中国相关文本的分类

即2014年下半年（2014年8月22日、2014年10月17日和2014年11月24日）。在这三种情况下，尽管总理认为中国的成就值得称赞，但每次都补充说，这种模式不能转移到匈牙利，并有必要建立自己的发展道路。总理在2014年8月22日就这一问题做了如

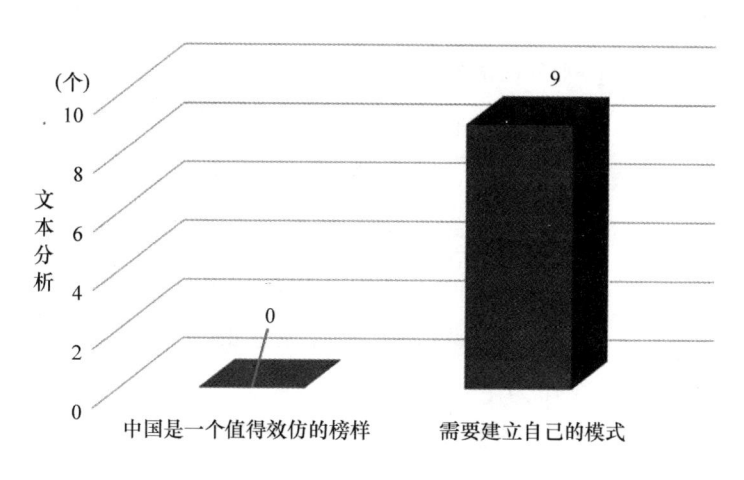

图2 相关的文本数量

下回应:"中国的制度适合于中国人民,我们不是中国人。……我们是匈牙利人……我们需要在经济和政治上建立另一个体系。"此外,欧尔班在2015年2月24日、2017年1月24日和2017年1月26日,均向其他欧洲国家推荐了这一模式。

总体来看,讨论"中国模式"的案例并不多。匈牙利政府的态度也是偏向于需要采取务实的办法。而在具体的议题上,也认为经济合作(43个)是其中最重要的主题,仅在12个(约占14%)案例中指出意识形态和实用主义是匈牙利外交政策的指导原则。

结 论

这项研究的目的是对近年来有关中国崛起的问题进行实证调查,即"中国模式"与匈牙利政府的执政方式。虽然文献中对"中国模式"的精确定义没有达成共识,但本研究主要集中在文献中提到有关"中国模式"的普遍定义。基于对匈牙利政府网站上公布的匈牙利总理文本的定性内容分析,本文得出的结论是,"中国模式"对匈牙利的政治和经济发展并没有直接影响。但是,匈牙利政府认为有必要以中国崛起为榜样,建立自己的发展道路。这意味着,尽管在匈牙利,"中国模式"似乎不是一个可以效仿的榜样,但中国通过其经济崛起来激励其他国家寻求独立的道路,间接地挑战了"华盛顿共识"的普遍性。因此,务实和意识形态合作似乎是匈牙利政府的目标。值得注意的是,现有的文件中,大多数都以经济合作为主题。

因此,本文认为,"中国模式"本身并未对匈牙利的自由主义模式构成挑战。虽然在文献中关于中国希望出口其发展模式的程度仍有争议，但目前似乎并未被列入欧盟的讨论议程，尽管匈牙利等一些成员国承诺在外交政策领域与中国合作。因此，对"中国模式"在中东欧国家输出的担忧在一定程度上被夸大和政治化了。此外，多数文本中提到中国是非常积极的。这反映出匈牙利政府将中国的崛起视为机遇而非威胁，且合作的领域主要是经济合作，政府有意避免可能危及双边关系的政治问题。当然，这项研究有其局限性。首先，所选择的方法存在一定的主观因素，这在定性内容分析中是不可避免的。其次，该研究使用了相对有限的材料。虽然匈牙利总理对外交政策决策的影响是无可争议的，但在更多决策者的参与下，结果或许有所偏差。

（翻译：顾虹飞）

"一带一路"倡议与匈牙利发展战略对接：现状与前景

徐刚[*]

2019年既是新中国成立70周年，也是中国同部分中东欧国家建交70周年[①]。作为首批同中国建立外交关系的国家，匈牙利一直把对华关系视为外交的重要方向。同样，中国也始终将发展同匈牙利的关系（在多数时间里将其纳入东欧/中东欧集体）作为对外关系的重要组成部分之一。大体来说，中匈关系的70年经历了1949年至中国改革开放前的意识形态主导、20世纪80年代至2012年中国—中东欧国家合作倡议启动前后的正常化和重新定位以及2012年之后特别是2013年"一带一路"倡议提出以来的全面发展三大阶段。以"一带一路"倡议为统领的中国对外关系新实践同包括"向东开放"政策在内的匈牙利国家发展战略具有高度的契合性，为进一步发展两国关系提供了基石与前景。

---

[*] 徐刚，中国社会科学院俄罗斯东欧中亚研究所副研究员，中国社会科学院"一带一路"研究中心副秘书长。

[①] 继1949年10月2日苏联之后，保加利亚（10月4日）、罗马尼亚（10月5日）、捷克斯洛伐克（10月6日）、匈牙利（10月6日）、波兰（10月7日）、民主德国（10月27日）和阿尔巴尼亚（11月23日）相继与新中国建交。

一 "一带一路"倡议与匈牙利发展战略对接的背景

2010年5月,欧尔班·维克托领导的匈牙利青年民主主义者联盟(以下简称"青民盟")赢得议会选举,其本人继1998—2002年后再次出任总理。欧尔班上台后积极调整和改变匈牙利内外政策。其中,外交领域采取以国家利益为核心的务实外交,最大的亮点是推出"向东开放"政策①。制定该政策的初衷是减少匈牙利对欧盟的经济依赖,加大同东向国家的经贸往来。而在东向国家里,首先是中国,其次是印度和俄罗斯。②

事实上,"向东开放"政策迅即与中国外交实践找到了契合点。2011年6月25日,首届中国—中东欧国家经贸论坛在布达佩斯召开,正在匈牙利访问的时任中国总理温家宝与欧尔班总理共同出席论坛并发表演讲。论坛受到中东欧国家的积极响应,各国派出经贸部长、大使以及工商界共600余位代表出席。从形式上看,这次论坛的成功直接促成2012年华沙第一次中国—中东欧国家领导人会晤的举行,开启了中国与中东欧国家全面友好合作的新征程。③在这个意义上讲,中国—中东欧国家合作属于但先于"一带一路"倡议,中东欧地区成为共建"一带一路"的先行示范区。

---

① 欧尔班总理首次提及"向东开放"概念是在2010年9月5日。然而,欧尔班政府正式将"向东开放"纳入匈牙利对外贸易政策是在2011年春。"Eastern Opening", https://theorangefiles.hu/eastern-opening/.

② A KÖVETKEZŐ LÉPÉS SZÉLL KÁLMÁN TERV 2.0, 2012, Április, https://index.hu/assets/documents/belfold/szkt_2_0.pdf, p.190.

③ 参见《李克强总理在匈牙利媒体发表署名文章》,2017年11月26日,中国政府网,www.gov.cn/guowuyuan/2017-11/26/content_5242261.htm;Bogdan Góralczyk, "China's interests in Central and Eastern Europe: enter the dragon", *European View*, Volume 16, Issue 1, June 2017, p.155.

上篇　经济与合作

　　2013年9月，中国国家主席习近平访问哈萨克斯坦，提出共同建设"丝绸之路经济带"的倡议。同年10月，习近平主席访问印度尼西亚，提出共建"21世纪海上丝绸之路"的倡议。两大倡议合称"一带一路"。2015年3月底，为推进实施"一带一路"倡议，中国国家发展改革委、外交部、商务部联合发布《推动共建丝绸之路经济带和21世纪海上丝绸之路的愿景与行动》文件。文件前言开明宗义："'一带一路'建设是一项系统工程，要坚持共商、共建、共享原则，积极推进沿线国家发展战略的相互对接。"①2017年5月，首届"一带一路"国际合作高峰论坛在北京举行。习近平主席在题为《携手推进"一带一路"建设》的主旨演讲中明确指出："中国同老挝、柬埔寨、缅甸、匈牙利等国的规划对接工作也全面展开。"②在规划对接的欧洲国家中唯一提及的便是匈牙利。与此同时，匈牙利总理欧尔班在出席高峰论坛的同时对中国进行正式访问，同习近平主席共同宣布两国建立全面战略伙伴关系。在联合声明中，双方强调致力于在中国提出的"一带一路"和匈方提出的"向东开放"政策框架下共同推动双边合作。③习近平主席在会见欧尔班总理时，明确提出要加强"一带一路"倡议同匈方"向东开放"战略深度对接，加强全面合作顶层规划。欧尔班总理也表示，"一带一路"建设对各国都是重要机遇，匈方愿积极参与相关合作。④2017年11月底，李克强总理出

---

　　① 《推动共建丝绸之路经济带和21世纪海上丝绸之路的愿景与行动》，2015年3月28日，新华网，http：//www.xinhuanet.com/world/2015-03/28/c_127631962.htm。
　　② 《携手推进"一带一路"建设——在"一带一路"国际合作高峰论坛开幕式上的演讲》，2017年5月14日，新华网，http：//www.xinhuanet.com/politics/2017-05/14/c_1120969677.htm。
　　③ 《中华人民共和国和匈牙利关于建立全面战略伙伴关系的联合声明（全文）》，2017年5月13日，中华人民共和国外交部网站，https：//www.fmprc.gov.cn/web/ziliao_674904/1179_674909/t1461257.shtml。
　　④ 《习近平会见匈牙利总理欧尔班》，2017年5月13日，新华网，http：//www.xinhuanet.com//world/2017-05/13/c_1120966634.htm。

· 28 ·

席在布达佩斯举行的第六次中国—中东欧国家领导人会晤并对匈牙利进行正式访问，在同欧尔班总理会谈时双方都提到将推动"一带一路"倡议同匈方发展战略更好对接。①

2019年4月，第二届"一带一路"国际合作高峰论坛在北京举行。习近平主席在题为《齐心开创共建"一带一路"美好未来》的主旨演讲的开篇中再次提到：共建"一带一路"倡议同联合国、东盟、非盟、欧盟、欧亚经济联盟等国际和地区组织的发展和合作规划对接，同各国发展战略对接。②习近平主席和李克强总理分别在同来华出席高峰论坛的欧尔班总理会谈时，重申"一带一路"倡议同匈牙利发展战略对接、匈方积极参与共建"一带一路"。③

可见，在中方发布的各种文件、国家领导人的讲话以及中匈双方领导人会谈与有关文件中，坚持共商、共建、共享原则以及积极推进"一带一路"倡议与匈牙利发展战略特别是"向东开放"政策对接已经成为广泛共识。需要强调的一点是，匈牙利欧尔班政府保持较强的稳定性和连续性，为实现战略对接夯实了基础。还应指出的是，目前全球有超过160个国家和国际组织积极支持和参与共建"一带一路"，联合国大会、联合国安理会等机构的重要决议也纳入共建"一带一路"倡议内容。共建"一带一路"成为包括匈牙利在内的世界各国和国际组织的现实需求和美好愿望。

---

① 《李克强同匈牙利总理欧尔班举行会谈时强调 将中匈传统友好与互利合作推向新的水平》，2017年11月29日，新华网，http：//www.xinhuanet.com/politics/2017-11/29/c_1122032072.htm。

② 《齐心开创共建"一带一路"美好未来——在第二届"一带一路"国际合作高峰论坛开幕式上的主旨演讲》，2019年4月26日，新华网，http：//www.xinhuanet.com/2019-04/26/c_1124420187.htm。

③ 《习近平会见匈牙利总理欧尔班》，2019年4月25日，新华网，http：//www.xinhuanet.com//world/2019-04/25/c_1124416683.htm；《李克强会见匈牙利总理欧尔班》，2019年4月25日，新华网，http：//www.xinhuanet.com/world/2019-04/25/c_1124416399.htm。

二 "一带一路"倡议与匈牙利发展战略对接的现状

政策沟通、设施联通、贸易畅通、资金融通、民心相通既是"一带一路"倡议的主要内容，也是"一带一路"倡议的评估指标。因此，考察"一带一路"倡议与匈牙利发展战略对接的现状可通过"五通"状况来进行评估。

第一，政策沟通有保障。建交70年来，中匈关系经历了国际风云变幻的考验，两国和两国人民之间保持了传统友谊，友好与合作始终是双边关系的主旋律。冷战结束后，匈牙利在中国与中东欧国家外交中占有重要地位。经过短期的"接触空白"后，中国领导人对中东欧国家的认知及发展双方关系的指针同匈牙利密切相关。1995年7月，时任中国国家主席江泽民访问匈牙利所阐述的中国同中东欧国家发展双边关系的四项基本原则[①]，成为此后一段时期内双方交往的指导。也正是在这次访问时，中国领导人首次改称东欧为中东欧。[②] 2004年6月，时任中国国家主席胡锦涛访问匈牙利，两国元首签署《中华人民共和国与匈牙利共和国联

[①] 第一，尊重中东欧国家人民的制度选择；第二，希望在和平共处五项原则基础上发展同中东欧国家关系；第三，中国和中东欧国家之间没有根本的利害冲突，双方的合作遵守双边原则；第四，支持中东欧国家和平解决纠纷，以及提升地区合作的努力。参见《中国剧变后的中东欧国家发展双边关系》，外交部网站，http://www.fmcoprc.gov.hk/chn/topic/zgwj/wjlshk/t8994.htm。

[②] 中国官方媒体第一次使用中东欧是1992年6月29日《人民日报》第6版刊发署名新华社报道的《匈牙利总统说 中东欧面临种族大问题》。不过很显然，这只是报道上的转引。此后，《人民日报》1993年6月23日第6版刊发的新华社记者孙维佳的《欧共体将加强同俄及中东欧关系 重申力促乌拉圭回合谈判年底前结束》和1994年8月26日第7版李钟发的《德在中东欧经济影响增强》都是记者的叙述。而中国官方、领导人第一次明确使用中东欧称谓是1995年7月12日《人民日报》第1版刊发的《江泽民主席在匈牙利全面阐述中国与中东欧国家发展关系五原则》。

合声明》，一致同意将双边关系提升为友好合作伙伴关系。2011年在布达佩斯举行的中国与中东欧国家经贸论坛则直接促成中国—中东欧国家合作倡议的启动。

"一带一路"倡议提出后，匈牙利更加积极参与共建，推动以"向东开放"政策为主要内容的匈牙利发展战略与"一带一路"倡议进行对接。2015年6月，《中华人民共和国政府和匈牙利政府关于共同推进丝绸之路经济带和21世纪海上丝绸之路建设的谅解备忘录》签署，匈牙利成为欧洲第一个同中国签署此类合作文件的国家。随后，匈牙利成为首个同中国建立和启动"一带一路"工作组机制的欧洲国家。2016年，中匈共同编制和实施"一带一路"建设合作规划纲要，加强各自发展战略对接、规划对接。2017年5月，习近平主席和欧尔班总理共同宣布两国建立全面战略伙伴关系，双边关系定位连上新台阶。虽然时间比塞尔维亚和波兰稍晚[1]，但中匈两国关系直接从友好合作伙伴关系跃升至全面战略伙伴关系，前两国均先同中国建立了战略伙伴关系。与此同时，匈牙利总理欧尔班出席了于2017年和2019年举行的两届"一带一路"国际合作高峰论坛。欧尔班还出席了2018年11月在上海举办的首届中国国际进口博览会。双方关系的快速发展以及领导人频繁会见验证了2019年4月欧尔班总理同习近平主席会晤时强调的内容，"10年前我就意识到，匈牙利的未来很大程度上取决于同中国的关系"。[2] 这个论断是中匈关系发展良好的写照，也是推动两国关系进一步向好的基础。目前，两国关系处于历史最好时期，两国发展战略相向而行，政策沟通有保障。

---

[1] 2016年6月，塞尔维亚、波兰同中国分别建立全面战略伙伴关系。
[2] 《习近平会见匈牙利总理欧尔班》，2019年4月25日，新华网，http://www.xinhuanet.com//world/2019-04/25/c_1124416683.htm。

第二，设施联通有重点。目前，双方共同推进的项目主要是匈塞铁路建设与中欧班列运行。匈塞铁路是2013年11月中国—中东欧国家领导人布加勒斯特会晤期间中国、匈牙利与塞尔维亚三国总理共同宣布的项目，是中国企业在欧洲建设的第一个铁路项目，是"中国—中东欧国家合作"以及"一带一路"建设的旗舰项目。2015年11月，三国总理在苏州见证签署《关于匈塞铁路匈牙利段开发、建设和融资合作的协议》，标志匈塞铁路项目正式启动。2018年9月，匈塞铁路贝尔格莱德中心站至泽蒙站段铁路施工拉开序幕。与匈塞铁路塞尔维亚段实质性动工不同，匈牙利段的建设相对滞后。2015年11月中国—中东欧国家领导人苏州会晤期间，中匈两国政府签署《关于匈塞铁路项目匈牙利段开发、建设和融资合作的协议》。2016年11月中国—中东欧国家领导人里加会晤期间，签署《匈塞铁路匈牙利段建设合同》。目前，匈牙利段的开工建设仍在统筹之中。

中欧班列是设施联通最主要的载体及抓手之一。目前，西安、成都、长沙、厦门、济南等城市相继开通至布达佩斯的中欧班列，为双方拓展贸易、推进基础设施建设发挥作用。匈牙利地处欧洲中心，物流和运输优势明显，直航的增加、中欧班列的增多以及以匈塞铁路为核心的中欧陆海快线的建设，或将使匈牙利形成海陆空立体运输格局，推动匈牙利成为中国商品在中东欧的集散中心和物流中心。此外，2019年4月中国—中东欧国家领导人杜布罗夫尼克会晤期间，与会各方表示将探讨在匈牙利设立中国与中东欧国家海关信息中心的可能性。这一中心的成立也将在技术层面推动地区基础设施建设的互联互通。

第三，贸易畅通有亮点。在"一带一路"和"中国—中东欧国家合作"等框架下，中匈经贸关系步入快车道，投资合作日益增多。据中方统计，2018年中匈双边贸易额又创历史新高，达108.8亿美元，同比增长7.5%。其中，中国对匈牙利出口65.4亿美元，同比增长8.1%，自匈牙利进口43.4亿美元，同比增长6.5%。匈牙利保持中国在中东欧地区第三大贸易伙伴地位，中国是匈牙利在欧盟以外的第一大贸易伙伴。同时，截至2019年4月，中国累计在匈牙利各类投资存量36.4亿美元。匈牙利是中国在中东欧地区最大的投资目的地国。截至2019年1月，匈牙利累计对华实际投资额达3.8亿美元。[①]

2011年，烟台万华集团并购匈牙利宝思德化工公司，这是目前中国在中东欧地区的最大投资项目。2012年，继2009年华为公司在匈牙利设立欧洲供应中心后再建欧洲物流中心。2017年，比亚迪在布达佩斯西部科马隆建立汽车制造厂，成立比亚迪电动大巴和卡车匈牙利公司。2019年，经历数年筹备的安徽丰原索尔诺克项目在匈牙利开工建设。作为2011年首批启动的高访见签项目之一，索尔诺克项目系建设年产6万吨的柠檬酸厂，是丰原集团与匈牙利国家开发银行投资公司、匈牙利索尔诺克市工业园区有限公司的三方合作项目。[②] 另据统计，截至2018年年底，中国在匈牙利累计签订工程承包合同额7.5亿美元，完成营业额5.2亿美元。

此外，继建立亚洲中心后，布达佩斯还建设了专门为中国投资和批发配送服务的中国商城，也称"匈牙利中国品牌产品贸易中心"。2011年山东帝豪国际集团收购布达佩斯"中国商城"，开始建立"中国商品交易展示中心"，逐步形成匈牙利中欧商贸物流合作园区。2015年，该园区被国家商务部、财政部确认为首家商贸物流型境外经济贸易合作区。2016年，中匈宝思德经贸合作区通

---

① 上述数据均摘自中国驻匈牙利大使馆经济商务参赞处网站。
② 《丰原集团：匠心打造中匈精品合作项目》，《国际商报》2019年8月29日第10版。

过中国政府考核，被认定为"中国国家级境外经济贸易合作区"。大体上说，匈牙利作为中国商品在中东欧地区最主要集散地的地位基本确立。

第四，资金融通在前列。2013年9月，中国人民银行与匈牙利央行签署了100亿人民币规模的中匈双边本币互换协议，有效期为三年，后又延伸了三年；2014年12月，中国银行在匈牙利正式设立分行；同年年底，中国进出口银行与匈牙利进出口银行签订了3亿欧元授信框架协议，用于支持中匈两国企业在经贸、投资和其他领域的合作。2015年，中国银行匈牙利分行顺利发行5亿欧元"一带一路"债券，匈牙利成功获得人民币境外机构投资者试点地位；2015年6月，中国银行匈牙利分行发行5亿欧元3年期无担保高级债券，主要用于支持万华宝思德化学公司、匈牙利电力公司等企业的投资经营需求。2015年6月，中国人民银行与匈牙利央行签署在匈牙利建立人民币清算安排的合作备忘录与《中国人民银行代理匈牙利央行投资中国银行间债券市场的代理投资协议》，并同意将人民币合格境外机构投资者（RQFII）试点地区扩大到匈牙利，投资额度为500亿元人民币。2015年10月，中东欧地区第一个人民币清算中心在布达佩斯成立。2017年11月，由中国国家开发银行与中东欧金融机构共同发起的中国—中东欧银联体正式成立，银联体秘书处设在中国国家开发银行，银联体协调中心则设在匈牙利开发银行。2019年4月，中国建设银行与匈牙利央行管理层进行商议，前者拟在匈牙利开设分行。6月，中国建设银行董事会全票通过《关于设立中国建设银行（欧洲）有限公司匈牙利分行的议案》。

与此同时，2015年2月，匈牙利央行宣布启动"布达佩斯人民币倡议"。4月，匈牙利央行表示将分步建立人民币债券组合来实现外汇资产多元化。5月，匈牙利央行通过与国际清算银行合作方式购买了少量中国国债。2016年4月，匈牙利在中国香港成功发行10亿人民币点心债，这是中东欧国家发行的首支人民币债券。2017年7月，匈牙利首次在中国内地发行10亿元人民币熊猫债。2018年12月，匈牙利再次在中国内地发行20亿元人民币熊猫债，该项目募集资金未来可能主要用于支持"一带一路"相关项目。

此外，匈牙利2017年3月加入亚洲基础设施投资银行，系该行2016年1月运作后首批接收的新成员之一。同样在2016年1月，中国正式成为欧洲复兴开发银行成员国。中国与该银行受惠国匈牙利在金融领域的合作将更加便利。2017年7月，由中国发起倡议的非政府、非营利性的亚洲金融合作协会成立，匈牙利银行业协会系创始会员。2018年11月，首届中国与中东欧国家央行行长会议在布达佩斯举行。可见，中匈双方的金融合作卓有成效，匈牙利在与中国的金融合作方面远走在其他中东欧国家前列。

第五，民心相通有基础。在文化教育领域，目前匈牙利有5所孔子学院和2个孔子课堂，5所孔子学院的数量位列全部中东欧国家第2（仅次于拥有6所的波兰），共7家机构的总数也在中东欧国家中排第4（次于罗马尼亚、保加利亚和波兰）。2014年5月，匈牙利文化中心在北京成立。2016年3月，中国文化部和苏州市签署共建布达佩斯中国文化中心协议。此外，2016年11月，欧洲首个同时使用母语和汉语双语教学的匈中双语学校顺利升建高中，匈牙利的汉语教学进入"全贯通"时代。同样，目前中国共有10所院校开设匈牙利语本科教学。[①] 在学术、智库交流上，中匈双方

---

① 按先后顺序是北京外国语大学（1961年）、中国传媒大学（2003年）、上海外国语大学（2015年）、北京第二外国语学院（2015年）、四川外国语大学（2015年）、天津外国语大学（2016年）、华北理工大学（2017年）、四川外国语大学成都学院（2017年）、西安外国语大学（2017年）、北京体育大学（2018年）。

都有不少匈牙利专家和汉学家,两国的智库交流较为活跃。2016年10月,匈牙利罗兰大学文学院"一带一路"研究中心成立。这是欧洲首个专门从事"一带一路"研究的机构,专门组建"丝路研究小组"。2015年11月、2016年6月以及2017年5月和10月,北京第二外国语学院匈牙利研究中心、华北理工大学匈牙利研究中心、北京外国语大学匈牙利研究中心和西安翻译学院匈牙利研究中心相继成立。2017年4月,中国—中东欧研究院在布达佩斯揭牌成立,这是中国首家在欧洲独立注册的智库,为中匈、中国与中东欧以及中欧智库交流与合作搭建了平台。特别要提到的是,2019年,为庆祝中匈建交70周年,中国—中东欧研究院与匈牙利国家行政大学、雅典娜创新和地缘政治基金会以及国际事务与对外贸易研究所等机构多次联合举办国际研讨会。

在旅游方面,2014年5月,中国—中东欧国家旅游促进机构和旅游企业联合会协调中心落户布达佩斯,双方旅游合作进入新的历史阶段。近年来,赴匈牙利旅游的中国游客每年增长率达30%以上。2016年3月,中国驻布达佩斯旅游办事处举行开业仪式。这是中国国家旅游局在中东欧地区设立的第一个海外旅游办事处。2015年5月,中国国际航空公司恢复开通北京至布达佩斯的直航。2019年6月,中国东方航空公司开通上海至布达佩斯的直航。另据报道,中国海南航空公司拟将开通从深圳和重庆到布达佩斯的直航。

此外,在华侨华人方面,由于20世纪80年代末中匈双方签署互免签证协定,大量中国公民涌入并移民匈牙利,最高峰曾达5万人。目前,匈牙利的华侨华人数量约在3万至3.5万左右。[1] 另外,

---

[1] 参见刘作奎等著《中东欧国家华侨华人发展报告2018》,内部资料,2018年6月6日,第4—5页。

匈牙利拥有30多家华侨华人社团，其中还有像欧洲浙江总商会、欧洲龙泉同乡总会（总商会）等全欧洲性的组织。另外，匈牙利华侨华人社团联合总会主办的《欧洲论坛报》（周报）虽总部设在布达佩斯，但在欧洲各国设有代理处和特约通讯员。可以想见，较多数量的华侨华人以及社团网络将为促进两国民间交往与民心相通发挥同样重要的桥梁作用。

表1　中东欧国家孔子学院和孔子课堂一览（截至2019年6月）

	阿尔巴尼亚	波黑	保加利亚	波兰	爱沙尼亚	黑山	立陶宛	拉脱维亚
孔子学院	1	2	2	6	1	1	1	1
孔子课堂	0	0	8	2	0	0	1	4
	匈牙利	捷克	斯洛文尼亚	塞尔维亚	斯洛伐克	罗马尼亚	北马其顿	克罗地亚
孔子学院	5	2	1	2	3	4	1	1
孔子课堂	2	0	4	2	1	10	0	0

资料来源：孔子学院总部官网。

此外，地方合作可圈可点。截至2018年年底，中国与匈牙利的友好城市缔结数为38对排名第一，与波兰有37对、与罗马尼亚有35对、与捷克有14对。中国文化部和苏州市共建的布达佩斯中国文化中心是继布鲁塞尔中国文化中心之后第二个由部省合作共建的海外中国文化中心。中国—匈牙利技术转移中心（重庆）于2016年11月成立。2019年4月下旬，在"2019中国（重庆）—匈牙利汽车产业创新论坛"期间，投资5千万的"智能终端产品生产项目"正式签约落户重庆市潼南区。该项目主要进行智能手机、智能手镯、触摸式键盘、汽车电子等产品的设计、研发及生产，投产达效后可实现年产值15亿元。同年5月中旬，同样在重庆，匈牙利成为第二届中国西部国际投资贸易洽谈会的主宾国。

三 "一带一路"倡议与匈牙利发展战略对接的前景

当前,中匈各领域务实合作稳步发展,双边关系进入了历史最好时期。展望未来,"一带一路"倡议与匈牙利发展战略对接具有广阔前景及诸多可以提升的空间。同时,对于影响双边关系的一些不确定因素在战略对接过程中需要谨慎应对。

第一,两国国家间关系定位有提升的空间。可以看到,近年来中匈双边关系平稳发展,高层互访频繁,政治互信日益增强,多个领域合作居中东欧地区甚至欧洲的前列。未来几年,中匈之间需要强化"一带一路"倡议和"向东开放"战略的合作力度,明晰合作路线图,形成更多具体的、可操作的项目或安排。同时,在涉及各自重大内政和外交方略上,可保持多层次的沟通与协调,了解彼此关切,支持彼此核心利益,使得中匈全面战略伙伴关系走得更稳、更远。[1]

更加重要的是,上一次中匈两国国家元首的互访还是1994年至1995年,即1994年9月匈牙利总统根茨访华和1995年7月中国国家主席江泽民访匈。此后,除了2004年时任中国国家主席胡锦涛访问匈牙利外,两国元首未再有过访问。现任中国国家主席习近平曾以国家副主席的身份于2009年10月对匈牙利进行正式访问。从两国关系的发展前景以及中东欧国家横向比较[2]来看,建议由匈牙利方面邀请中国国家主席习近平于2020年对匈牙利进行国

---

[1] 参见刘作奎等主编《中国和匈牙利的全面战略伙伴关系:历史、现状、前景及政策建议》,中国社会科学出版社2018年版,第8页。
[2] 2016年6月,中国国家主席习近平先后对塞尔维亚、波兰进行国事访问。匈牙利成为唯一一个签署全面战略伙伴关系但中国国家主席尚未访问的国家。

事访问，届时双方领导人或可签署《中匈关于深化全面战略伙伴关系的联合声明》，进一步为两国关系发展以及战略对接夯实政治基础。

第二，双边各领域务实合作仍有不少突破口。中匈两国经贸关系在量和质上均有提升的空间。目前，匈牙利是中国在中东欧地区第三大贸易合作伙伴，仅次于波兰和捷克，但是贸易额的差距不小。2018年，中匈双边贸易额为108.8亿美元，而中波和中捷双边贸易额分别为334.7亿美元和286亿美元。就贸易结构来说，目前中匈双边贸易以附加值较高的机电和高新技术产品为主，其中，光学、照相、医疗设备及零部件四大领域在双边贸易额中的占比约为80%。两国进出口贸易额互补性需要提高，而且在高新技术等领域合作不足。

在投资领域，虽然匈牙利是中国在中东欧地区最大投资目的地国，但是中匈两国存在较严重的投资不平衡、中国在匈投资分布不均衡等现象。据中方统计，截至2018年年底，中国累计在匈各类投资存量32.7亿美元，匈累计对华实际投资额3.67亿美元。然而，仅万华宝思德公司①截至2018年年底就累计投资约24亿美元，是迄今为止中国企业在中东欧地区最大规模投资。从投资领域看，中方投资涉及化工、金融、电信、基建、物流、汽车、新能源、中医药、安防科技等，项目主要集中在万华宝思德、中欧商贸物流园、匈塞铁路、丰原索尔诺克柠檬酸项目、华为欧洲供应中心、比亚迪电动大巴、中车—伊卡鲁斯双品牌新能源电动公交车等，但化工、基建等项目占据绝对比例。未来看，双方在汽车产业和电子工业领域的合作前景美好。匈牙利共有700多家汽车及零部件生产企业，占工业总产值近30%。目前已经开启的匈牙利和

---

① 2011年，烟台万华实业集团以12.3亿欧元投资收购了宝思德工业园96%的股权。

重庆在汽车领域的合作迈出了第一步。此外，匈牙利是中东欧地区最大的电子产品生产国和世界电子工业主要生产基地，占中东欧和欧盟电子工业总产值的 30% 和 4.5%。而中国在该领域也有较好的品牌、技术，双方合作具有广阔前景。

在大项目和基础设施建设领域，除了推动匈塞铁路匈牙利段的实质性进展外，还应不断寻找三方合作的机遇和多方合作的突破。2018 年 10 月，维谢格拉德集团国家提出建设高速铁路计划。目前，欧盟投资计划中只有 14% 用于铁路互联互通项目，维谢格拉德集团国家建设高铁需要外部融资。据媒体报道，匈牙利只能出资 500 万欧元。[①] 这些资金对于建设高铁项目来说是杯水车薪，但对于中资企业来说或许是拓展在匈牙利甚至是维谢格拉德集团基础设施项目的好机遇。同时，双方可探讨进一步加强在医疗、卫生、社区等软联通项目领域的合作。

在人文交流上也有较大拓展空间。匈牙利在汉语教学、中国文化推广方面处于中东欧国家前列，两国友好城市结对数也排在中东欧国家首位，开通直航数量仅次于捷克。在两国建交 70 周年之际，双方可以推出一系列包括促进双方人员往来的举措，中方可效仿匈牙利设立"中国—匈牙利人民友谊贡献奖"[②] 探讨设立"中国—匈牙利友谊贡献奖"，表彰为推动和深化两国关系作出重要贡献的个人和机构。双方应在"中国—中东欧国家合作"框架下，继续丰富教育、青年交流年的活动，进一步加强两国高校、智库特别是青年学者以及媒体界的交流，做好为两国友谊与发展

---

① Georgi Gotev, "Visegrad express railway project unveiled", 02 October, 2018, https://www.euractiv.com/section/central-europe/news/visegrad-express-railway-project-unveiled/.

② "中国—匈牙利人民友谊贡献奖"由匈牙利"长城匈中友好协会"等 12 个机构于 2013 年共同设立，以表彰为加深两国关系作出重要贡献的个人和机构。该奖项得到匈牙利政府的大力支持，"长城匈中友好协会"主席系国会议员欧拉·洛约什，历届颁奖都由匈牙利对外经济和外交部部长亲自颁发。

作出贡献的人物和事例的宣传。

第三，强化"一带一路"倡议同匈牙利国家发展战略对接的层次性。在国家层面，匈牙利于 2011 年启动"新塞切尼计划"（New Széchenyi Plan），[①] 以助推匈牙利经济增长，在 10 年内新创造 100 万个就业岗位。该计划重点涉及 7 个领域，分别是医疗健康产业、绿色经济开发、住房计划、企业发展、科技创新、扩大就业和交通。2014 年，匈牙利启动"塞切尼 2020"计划（Széchenyi 2020）[②]，旨在推动匈牙利于 2014—2020 年充分利用欧盟结构基金，分别为在融合基金（ESF）上吸收 219 亿欧元（4980 万欧元用于青年人就业、3.618 亿欧元用于地域间合作）、农村农业发展基金（EARFD）吸收 34.5 亿欧元，以及海事和渔业基金（EMFF）吸收 3900 万欧元。在次区域层面，对于匈牙利来说，至少有维谢格拉德集团和中东欧两大次区域需要重视。在维谢格拉德集团内，匈牙利可以通过共建"一带一路"倡议向其他三个集团成员推广其向东开放的理念和政策效果，进而深化自身以及维谢格拉德集团国家的发展同"一带一路"倡议的对接。同时，由于维谢格拉德集团在发展同西巴尔干地区以及欧盟东部伙伴关系国家的关系中具有较好的政治基础与实际经验，匈牙利在扩展"一带一路"倡议同这些国家的利益联系中亦可发挥作用。如前所述，匈牙利在"中国—中东欧国家合作"的多个领域均走在整个地区前列。对于匈中双方来说，下一步重要的是如何使匈牙利继续在"中国—中东欧国家合作"中保持领航角色。同时，双方应积极在"中国—中东欧国家合作"和"一带一路"框架下开展三方合作或

[①] "New Széchenyi Plan", Ministry for National Economy Hungary, https://polgariszemle.hu/images/content/pkm/New_Szechenyi_Plan.pdf.

[②] "Széchenyi 2020", https://www.palyazat.gov.hu/download.php?objectId=1080755.

多方合作。

在欧盟层面，主要涉及容克计划。截至 2019 年 7 月，匈牙利获得欧洲投资银行批准的容克计划资金 7.72 亿欧元，计划投资 38.34 亿欧元，其缺口很大。匈牙利吸引容克计划的领域比较集中，即基础设施建设与创新以及中小企业。而发展中小企业的资金缺口特别大，匈牙利计划吸收 19 亿欧元，而目前只获得 1.84 亿欧元融资。新一轮投资计划将更多地聚焦中小企业发展领域和创新领域。[1]"一带一路"倡议特别是正在进行的中欧投资协定谈判都将对匈牙利吸引投资有所帮助。此外，2011 年上半年匈牙利担任欧盟轮值主席国期间推动通过的欧盟多瑙河战略（EU Strategy for the Danube Region）[2]也应高度重视。这是一项全面和可持续发展的规划，该战略主要涉及能源、环境保护、交通、基础设施、专业培训和创新、文化艺术活动、可持续的经济和旅游活动、中小企业合作、食品、体育、教育、健康等领域。项目涉及的 14 个国家均是共建"一带一路"国家，并有 10 个中国—中东欧合作成员国和 1 个观察员国[3]，对接合作的意义和前景非常大。需要强调的是，欧盟于 2018 年 9 月推出的关于欧亚互联互通战略（Connecting Europe & Asia：The EU Strategy）[4]的政策文件对促进欧亚经济增长具有重要作用。欧盟外交与安全政策高级代表莫盖里尼在文件发布后不久表示，欧亚互联互通战略绝不是与"一带一路"倡议的

---

[1] "Investment Plan: Hungary", https://ec.europa.eu/commission/priorities/jobs-growth-and-investment/investment-plan-europe-juncker-plan/investment-plan-results/investment-plan-hungary_en.

[2] "EU Strategy for the Danube Region", https://eur-lex.europa.eu/legal-content/EN/TXT/PDF/?uri=CELEX:52010DC0715&from=EN.

[3] 10 个中国—中东欧合作成员国分别为保加利亚、捷克、克罗地亚、匈牙利、斯洛伐克、斯洛文尼亚、罗马尼亚、波黑、黑山、塞尔维亚，1 个观察员为奥地利。其余 3 个国家为德国、摩尔多瓦和乌克兰。

[4] "Connecting Europe & Asia: The EU Strategy", 19 September, 2018, https://eeas.europa.eu/delegations/mongolia/50699/connecting-europe-asia-eu-strategy_en.

对立，而是愿与"一带一路"形成互动，这将有助于促进双方在这一领域的合作。① 对于同是欧盟成员以及共建"一带一路"倡议重要国家的匈牙利来说，其将在"一带一路"倡议和欧洲投资计划对接建立的中欧互联互通平台中发挥重要作用。

---

① 转引自《"一带一路"加速欧亚互联互通》，2018年10月16日，新华网，http://www.xinhuanet.com//world/2018-10/16/c_1123565566.htm。

"一带一路"倡议下的中匈经济关系

张西斯[*]

一 前言

本文重点围绕中国与匈牙利双边经济合作展开，特别是"一带一路"倡议。本文是于中匈建交 70 周年之际撰写的，就这一值得纪念的事件，笔者先对中匈双边关系的早期发展进行了历史概述。两国关系的早期阶段始于 1949 年，当时匈牙利是最早与中华人民共和国建立外交关系的国家之一。在此期间，两国关系时断时续。2009 年以来，两国关系是积极乐观的，高层互访的频率逐渐上升。例如，时任总理温家宝 2011 年对匈牙利进行了正式访问。李克强总理 2017 年在布达佩斯参加中国—中东欧国家领导人会晤期间与匈牙利总理欧尔班举行了双边会谈。

随后，本文讨论了两国目前的合作，尤其是"一带一路"倡议及"中国—中东欧国家合作"的框架。此外，笔者还将分享"一带一路""中国—中东欧国家合作"与匈牙利"向东开放"政策之间的联系。2012 年，匈牙利政府实施了"向东开放"政策。该政策的目标是把经济关系的重点转移到东方国家，特别是中国。

---

[*] 张西斯，复旦考文纽斯大学 MBA 研究生，PWC 匈牙利公司顾问。本文所表达的观点仅反映作者自己的立场与观点，不一定与其雇主有关。

"向东开放"政策是匈牙利新对外经济战略的重要组成，匈牙利决策者希望与西方发达国家保持本已牢固的经济关系，同时在地理上实现国家经济关系的多样化，将其发展到东方（特别是亚洲）。①由于大衰退，匈牙利努力寻求与欧盟以外的东欧国家合作。因此，本文解释了匈牙利"向东开放"政策为何与中国"一带一路"倡议和"中国—中东欧国家合作"有共通之处。

2012年，中国提出与16个中东欧国家发展贸易和投资的"中国—中东欧国家合作"框架。"中国—中东欧国家合作"的理念是在中国和16个中东欧国家之间建立多边合作平台。这项政策涉及基础设施、运输和物流、贸易和地方交流以及能源等领域。②

一年后，习近平主席发起了雄心勃勃的"一带一路"倡议。"一带一路"倡议旨在开发"丝绸之路经济带"和"21世纪海上丝绸之路"，将货物从中国运往西方。匈牙利作为"一带一路"线路上的一个节点，是2015年第一个与中国签署合作协议的欧洲国家。匈牙利在2017年与中国成为全面战略伙伴，政治关系提升到一个新的水平。

除了稳定的双边政治关系外，笔者还概述了两国在宏观经济层面上的贸易、金融合作和投资情况。中国是匈牙利在欧盟以外最大的合作伙伴，也是匈牙利的第三大贸易伙伴。2018年，匈牙利从中国进口的总额达到75.5亿美元，增长19.8%，进口总额增长6.2%。随着双边交易数量增加，贸易额和投资额也显著增加。

此外，笔者还将强调匈牙利与中国之间的金融合作。例如，中国银行是世界上最大的银行之一，在匈牙利布达佩斯设立了中东

---

① Andrea Éltető and Katalin Völgyi, "Keleti nyitás" a számok tükrében-külkereskedelem Ázsiával, p. 2.
② The State Council China, "'16+1' mechanism set to bolster China-Europe ties", July 10, 2018, http://www.china-ceec.org/eng/zdogjhz_1/t1575579.htm.

欧总部。中国银行也是中国四大国有金融机构之一。中国银行于2003年在匈牙利开设了子公司。匈牙利子公司成功地与匈牙利政府、金融机构和企业进行了多样化的合作。

接着，笔者将介绍中国在匈牙利的投资情况，特别是中国在匈牙利的大型跨国公司。2019年，在匈外商投资总额已超过45亿美元。作为投资匈牙利的先行者之一，华为早于2005年在布达佩斯开设了办事处。如今，华为已经投资了超过12亿美元，并计划在匈牙利继续进行投资。万华集团2011年以12亿美元收购了宝思德化工公司。该收购是中国万华集团在中东欧达成的最大一笔交易。此外，四川波鸿集团还收购了威斯卡特工业公司，后者在匈牙利的欧罗兹拉尼设有分公司。这笔交易的金额达到2.45亿美元。

由于两国的双边关系和匈牙利良好的投资环境，中国企业逐渐开始在匈牙利寻找潜在的商机。2013年过后，其他中国公司选择在匈牙利投资，比如比亚迪、希米尔、彩讯工业。这些迹象表明，匈牙利对中国企业来说是一个具有吸引力的外国投资目的地。

通过运用自下向上的方法，我们也希望研究建立在中国的匈牙利企业。匈牙利公司也开始在中国扩张，其中一个很好的例子就是Organica Water向中国的扩张。Organica Water公司是一家全球性的为废水本地化处理和循环利用提供创新解决方案的供应商。除了Organica Water，OTP银行和Richter Gedeon也有向中国扩张的经验。这些例子表明，即使是在中国这样的大市场，匈牙利公司也是具有竞争力的参与者。

本文的主要目的是通过收集和介绍中匈公司证明中匈关系是互利的。这些中国公司在匈牙利总共创造了1.5万个工作岗位，而匈牙利在中国已经投资3.5亿美元。尽管有许多媒体报道批评匈牙利参与"一带一路"和"中国—中东欧国家合作"，或者是匈牙利在其中扮演的角色，但实际的例子证明匈牙利也能和中国一样得到一定好处。此外，匈牙利外交政策还与中国的"一带一路"倡议和"中国—中东欧国家合作"相符合。

二　研究方法

为了涵盖研究的实际方面，笔者采用了定性的方法。笔者的目标是探讨一个切实可行的方法，而不是一个关于中国和匈牙利经济活动的理论研究。因此，为了深入了解情况，笔者对一家中国跨国公司和一家匈牙利跨国公司的领导者进行了深入的访谈。

首先，笔者从匈牙利的"中国企业商会"成员数据库中找出了潜在的中国参与者，并对这些参与者的潜力进行了初步筛选。笔者从匈牙利通讯社的线上文章和其他相关新闻中挑选了匈牙利参与者。为了支持笔者的论文，笔者选择了在其他国家建立业务的公司中最知名的几个。通过搜索其他相关的网络来源，笔者选择了两个合适的受访者。

笔者选择了中国银行的代表，因为它极大地促进了人民币在匈牙利的国际化。笔者的受访者是中国银行匈牙利分行的首席执行官徐先生。中国银行匈牙利分行作为中东欧区域的总部，在奥地利、捷克和塞尔维亚设有支行。中国银行匈牙利分行在布达佩斯证券交易所上市发行匈牙利熊猫债。这些活动表明中国银行正在努力进一步深化中国与匈牙利的经贸合作。

笔者选择波德纳尔先生作为匈牙利受访者，他是 Organica Water 公司的创始人之一。Organica Water 是一家提供生物污水处理技术的水处理公司。经过多年的努力，Organica Water 已成功进入中国市场。

为了支持笔者的论文，这些采访为笔者自下向上的方法作出了贡献。深入的采访花了 45—60 分钟。笔者用笔记记录了受访者的反应。由于这种方法是半结构化的，考虑到笔者的参与可能会影响结果，研究可能没有代表性。撰写本文还需要收集匈牙利统计局、信息部和中华人民共和国商务部的数据等作为主要来源。此外，笔者还收集了英语、汉语和匈牙利语的书籍、报纸文章、期刊和出版物中的次要数据。笔者还从所选公司的官方网站上进行数据收集。这些数据确保了对公司活动的全面概述。笔者的论文的亮点是，笔者在三种不同语言（英语、汉语和匈牙利语）上都获取了更多的数据。

三　中匈关系

为概述中匈关系的过去和现在，笔者对中匈关系的两个主要阶段进行了区分：一是早期阶段，二是迅猛发展阶段。

（一）早期阶段：1949—2008 年

早期阶段于 1949 年就开始了。10 月 4 日，匈牙利承认中华人民共和国。两天后，两国建立了外交关系。[①] 20 世纪 50 年代，两国总理进行了高层的访问。20 世纪 60 年代，由于中苏关系出现反转，匈牙利与中国发生了一些摩擦甚至关系破裂。自 20 世纪 70 年代以来，中匈关系有所缓和。整个 80 年代，是中匈关系正常化的时期。由于经济改革和开放政策，双方日益稳定的关系甚至对于整个中欧和东欧的国家都有影响。1981 年以后，双方的关系逐渐

---

① Ágnes Szunomár, "Hungarian and Chinese economic relations and opportunities under the Belt and Road initiative", Budapest: Kína-KKE Intézet Nonprofit Kft., 2017.

正常化。双边交往水平不断提高，合作范围不断扩大。1987 年，中匈关系进入新的发展阶段，两党最高领导人互访。1989 年以后，两国关系变得冷淡，因为匈牙利外交政策的重点是发展欧洲—大西洋关系。①

进入 21 世纪后，匈牙利开始重新关注中国。2003 年，匈牙利总理访问中国。② 2004 年，时任中国国家主席胡锦涛访问匈牙利，建立中匈友好合作关系。同年，匈牙利成为欧盟成员国，这使匈牙利对中国更具吸引力。③ 从那时起，随着匈牙利意识到与中国合作的潜在机会，使得投资合作的步伐变得更加坚实。④

（二）强劲增长阶段：2009—2019 年

强劲发展阶段始于 2009 年，当时习近平作为国家副主席访问布达佩斯，庆祝新中国成立 60 周年。同年，欧尔班总理参加了上海国际博览会闭幕式。2011 年 6 月 24 日，时任总理温家宝对匈牙利进行了访问，参加了由匈牙利国家发展部举办的首届中国—中东欧国家经贸论坛。

温家宝总理的访问是两国关系中的一个重要时刻，因为这是 24 年来中国总理首次访问匈牙利。从"中国—中东欧国家合作"的角度来看，这一事件也很重要，因为首届经贸论坛是"中国—

---

① 《匈牙利与中国的关系》［The relation between Hungary and China］，history，mofcom. gov. cn/？bandr = xylyzgdgx。
② Tamás Matura，"A magyar-kínai kapcsolatok elmúlt két éve"，Külügyi szemle，2012，p. 10.
③ Szunomár，Hungarian and Chinese economic relations and opportunities under the Belt and Road initiative，Dec 2019，Kína-KKE Intézet Nonprofit Kft.
④ 刘洪钟、郭胤含［Hongzhong Liu，Hanyin Guo］：《"丝绸之路经济带"与"16 + 1"合作框架内的中匈投资合作》［Silk Road Economic Belt and the Chinese and Hungarian cooperation under the frame of the 16 + 1 cooperation］，http：//www. oyjj-oys. org/UploadFile/Issue/liybivh4. pdf，p. 37.

中东欧国家合作"的坚实基础。

第一届经贸论坛在布达佩斯举行,这一行动表明中匈政治关系总体上是积极的。双方对进一步发展合作有着强烈的愿望和高度的共识。温家宝总理说,中国对匈牙利经济有信心,并愿意购买一定数量的匈牙利国债。为促进相互投资,中国决定向两国企业合作项目提供10亿欧元的特殊贷款。[①]

2011年,第一届中国—中东欧国家经贸论坛在布达佩斯举行。这表明匈牙利在16个中东欧国家中占有重要地位,因为匈牙利很荣幸地代表中东欧国家组织了第一届经贸论坛活动。此外,这被认为是即将于2012年在华沙召开的中国—中东欧国家领导人会晤的前身。

2012年4月,时任中国国务院总理温家宝在华沙举办的中国与中东欧国家领导人会晤期间与匈牙利总理欧尔班进行了双边会谈。2012年5月,时任副总理李克强还在布达佩斯进行了高层访问。

2013年11月,李克强在布加勒斯特参加中国—中东欧领导人会晤期间,与匈牙利总理欧尔班举行了双边会谈。在接下来的几年里,中国—中东欧国家领导人会晤在贝尔格莱德(2014年)、苏州(2015年)和里加(2016年)举行。

2017年11月,在布达佩斯组织了第六次中国—中东欧国家领导人会晤和中国—中东欧国家经贸论坛。在中国总理李克强和匈牙利总理欧尔班的共同见证下,双方达成了多项双边协议。主要协定的重点如下:

---

① 《匈牙利与中国的关系》[The relation between Hungary and China], history, mofcom. gov. cn/? bandr = xylyzgdgx。

万华集团：万华与中国进出口银行和匈牙利开发银行签署了三方融资协议，价值 8000 万欧元。① 7900 万欧元的贷款协议使匈牙利开发银行能够为宝思德化工在匈牙利的环境项目进行再次融资。②

中国—中东欧基金：中国—中东欧基金董事长姜建清和匈牙利进出口银行首席执行官佐尔坦·厄本正式签署了中国—中东欧投资合作基金认购协议。匈牙利政府为合作基金提供了 1 亿欧元的捐款。基金的总计划规模接近 10 亿欧元。③

中欧供应链（ECSC）：Magyar Posta Zrt、中国中通快递和宁波英才信息技术有限公司将成立合资企业，使得中国发运的货物可以更快地到达欧洲和匈牙利。这家新合资公司是中欧供应链，由位于上海的中通快递持有 35% 的股份，宁波人才 IT 有限公司持有 30% 的股份。④

中国国务院总理李克强和商务部部长钟山参加了高层会议。

中国领导人的高度参与表明，中国将匈牙利视为其关键战略合作伙伴之一。此外，以下姿态也表明两国关系是乐观的。匈牙利在中国关系方面占据着许多第一的位置。根据《2018 年中国企业

---

① 《中匈两国总理共同见证万华签署融资协议》[The Chinese and Hungarian Prime Ministers jointly witness Wanhua signing the financing agreement]，https：//www.yclmall.com/article/201712/32048.html。

② MFB Press，"Loan agreements worth EUR 79 million between Hungarian Development Bank Zrt. and the China Development Bank（CDB）"，https：//www.mfb.hu/en/announcements/loan-agreements-worth-eur-79-million-between-hungarian-development-bank-zrt-and-the-china-development-bank-cdb-n888。

③ 《中国—中东欧基金与匈牙利进出口银行签署基金认购协议》[China-Central and Eastern Europe Fund and Hungarian Export-Import Bank Sign Fund Subscription Agreement]，http：//www.sinoceef.com/zh-hans/news/34。

④ "KÍNAI-MAGYAR VEGYESVÁLLALATOT ALAPÍT A MAGYAR POSTA"，https：//www.posta.hu/aktualitasok/kinai_magyar_vegyesvallalatot_alapit_a_magyar_posta。

在匈牙利的商业环境报告》，陈新执行院长写道：

>匈牙利是第一个与中国签署政府间合作文件，共同推进"一带一路"倡议建设的欧洲国家，也是第一个与中国建立并启动"一带一路"工作组的国家，也是第一个设立国家旅游局办事处的国家。此外，匈牙利是第一个建立母语和汉语双语教学的欧洲国家。①

教育合作也表明匈牙利努力发展与中国的关系。在匈牙利国家银行（MNB）的支持下，复旦大学与布达佩斯考文纽斯大学于2019年在国外建立了第一个金融硕士项目。匈牙利央行行长毛托尔奇表示，该项目支持中国的"一带一路"倡议。考文纽斯与复旦的合作是中匈合作中的又一基石。②

（三）"一带一路"和"中国—中东欧国家合作"的背景

本节分析了"一带一路"倡议和"中国—中东欧国家合作"以及它们与匈牙利的关系。

"一带一路"是2013年开始实施的全球发展合作倡议。"一带一路"包含"丝绸之路经济带"和"21世纪海上丝绸之路"两个部分。这一倡议是习近平主席2013年访问哈萨克斯坦和印尼时提出的。"一带一路"倡议的想法是重建古代的"丝绸之路"，这是一条从东方向西方运输货物的路线。该项目有五个主要目标，包

---

① Chen, "Report 2018: Hungarian business climate for Chinese enterprises", China-CEE Institute, 2018, http://www.china-cee.eu.
② "Együttműködés a Fudan Egyetemmel", https://portal.uni-corvinus.hu/index.php?id=31637&no_cache=1&tx_ttnews%5Btt_news%5D=35869&cHash=8ae0c0cb8f1b9d45d56b50140a557e75.

括政策沟通、设施联通、贸易畅通、资金融通和民心相通。①"一带一路"涵盖了来自亚洲、非洲和欧洲大陆的国家,包括匈牙利。

"一带一路"的首要任务是与具有自身资源优势和经济互补性的共建"一带一路"国家合作。"一带一路"倡议虽然是中国提出的,但却是共建"一带一路"国家的共同愿望。②

从传输的角度来看,匈牙利是一个关键节点。中国货物由海上丝绸之路运送到比雷埃夫斯港,在那里由陆路货运列车运送到中欧和东欧。这列货运列车穿过中欧和东欧城市,经过斯科普里、贝尔格莱德和布达佩斯,最终将货物从布达佩斯运往欧洲其他国家。

"一带一路"倡议及"中国—中东欧国家合作"注重同16个中东欧国家的合作。16个中东欧国家是阿尔巴尼亚、波黑、保加利亚、克罗地亚、捷克、爱沙尼亚、匈牙利、拉脱维亚、立陶宛、北马其顿、黑山、波兰、罗马尼亚、塞尔维亚、斯洛伐克和斯洛文尼亚,其中11个国家是欧盟成员国,中国是合作发起国。

匈牙利自2004年以来一直是欧盟成员国。匈牙利是共建"一带一路"国家上,是"中国—中东欧国家合作"框架下的16个国家之一。匈牙利的"向东开放"政策符合"一带一路"和"中国—中东欧国家合作"。匈牙利的计划和中国的计划相辅相成,因为它们在发展本国经济方面有共同利益。自从大衰退以来,匈牙利一直在寻求与欧洲联盟以外的国家进行其他合作。2012年,欧尔班总理发起了"东方开放"外交战略。地缘政治分析师阿涅斯·伯尼克表示,"向东开放"政策的目标是重新聚焦

---

① 《"一带一路"规划(双语全文)》[The plan of Belt and Road (Billingual)], http://language.chinadaily.com.cn/2015-03/30/content_ 19950951. htm。
② 《"一带一路"规划(双语全文)》[The plan of Belt and Road (Billingual)], http://language.chinadaily.com.cn/2015-03/30/content_ 19950951. htm。

与东方的外交合作，包括中国、印度、俄罗斯、韩国、土耳其、东盟、独联体和中东。这项政策有四个主要目标：

第一，匈牙利出口翻倍；

第二，发展匈牙利中小企业的出口贸易；

第三，将在匈牙利的外国的直接投资翻一倍；

第四，匈牙利在邻国的直接投资增加一倍。

随着中国与匈牙利的政治关系越来越紧密，中国外交部长王毅说，两国关系在历史上从来没有比现在更好过。[①] 本节阐述了两国的外交大事，在下一节中，我们将讨论经济合作。

四 经济合作

（一）匈牙利与中国之间的贸易

贸易合作验证了双边合作在贸易方面的有效性。中国是匈牙利在欧洲以外最大的进口伙伴。

欧盟统计局的数据显示，2018 年匈牙利与中国的双边货物贸易额达 93.2 亿美元，增长 15.3%。匈牙利对华出口 17.7 亿美元，下降 0.5%，占出口总额的 1.4%，下降 0.2 个百分点；匈牙利从中国进口 75.5 亿美元，增长 19.8%，占进口总额的 6.2%，增长 0.4 个百分点。匈牙利方面的贸易逆差为 57.8 亿美元，增长 27.7%。

机电产品是匈牙利对中国最重要的出口商品。2018 年，匈牙利向中国出口了 9.1 亿美元的机电产品，下降了 10.1%，占匈牙利对华出口总额的 51.2%。在匈牙利对华出口中，光学手表、医

[①] MTI-Hungary, "Orbán Meets Chinese Foreign Minister, Praises Friendship and Partnership", https://hungarytoday.hu/orban-meets-chinese-foreign-minister-praises-friendship-and-partnership/.

疗设备和化工产品分别位居第二和第三位。

机电产品同样是匈牙利从中国进口的主要商品。2018年，匈牙利从中国进口53亿美元，增长12.9%，占匈牙利从中国进口总额的70.1%。其中，机电产品进口35.2亿美元，增长8.4%，占中国进口总额的46.6%；机械设备进口17.7亿美元，增长23.2%，占中国进口总额的23.5%。在匈牙利机电产品进口市场，中国在匈牙利进口来源中排名第二，占匈牙利2018年机电产品进口的12.2%。而匈牙利最大的机电产品进口国是德国。2018年，匈牙利从德国进口了130.8亿美元的机电产品，占匈牙利机电产品进口总额的30.2%，比中国高18.0个百分点。[①]

（二）金融合作

"一带一路"倡议的一个关键优先事项是金融合作。本节讨论了中国与匈牙利金融机构之间的金融合作。

笔者想强调中国银行匈牙利分行，它为支持双边融资合作做出了巨大努力。中国银行匈牙利分行为促进人民币在中东欧实现国际化提供了便利。

1. 中国银行

中国银行是中国四大国有商业银行之一。中国银行是第一家在匈牙利建立两个实体的来自中国的银行。中国银行（匈牙利）是中国银行的全资子公司。这家公司成立于2003年。中国银行分支机构于2014年开业。自2014年以来，它一直在那里保留着一个成熟的分支机构。它是捷克、塞尔维亚和奥地利等分支机构的区域

---

① Country report: Hungarian Goods Trade in 2018 and China-Hungary Bilateral Trade Overview, People's Republic of China Ministry of Commerce, https://countryreport.mofcom.gov.cn/record/view110209.asp? news_ id =63798.

总部。在采访中，中国银行（匈牙利）首席执行官徐海峰先生强调，他们不仅支持了大量匈牙利的中国公司，还资助了匈牙利的公司，如匈牙利石油集团（MOL）和匈牙利电力集团（Magyar Villamos Művek）。在 MOL 的案例中，中国银行领导了 MOL 集团的银团贷款。中国银行（匈牙利）也为协助中国公司在匈牙利投资作出了广泛贡献。

2015 年，中国银行（匈牙利）在中东欧成立了第一个人民币票据结算中心。它是中东欧地区唯一一个得到中国中央银行授权的银行。2017 年 1 月，中国银行（匈牙利）在欧洲推出了首张人民币和福林借记卡。2017 年 1 月，中行与匈牙利政府签署了战略伙伴协议。

中国银行（匈牙利）首席执行官徐先生告诉我，他们已将"一带一路"的目标和"中国—中东欧国家合作"的目标纳入其公司战略。徐先生还补充说，中国银行致力于促进中国与匈牙利之间的双边贸易和经济活动。

中国银行还完成了匈牙利将于 2020 年 7 月在布达佩斯证券交易所发行的价值 1500 万美元和 850 万欧元的结构性票据的上市。这是中国银行首次在中东欧发行票据。①

中国银行还协助匈牙利在 2016 年成功发行了 10 亿元人民币的点心债，并在 2017 年发行了 10 亿元人民币的熊猫债。② 2018 年，中国银行还帮助匈牙利在中国银行间债券市场发行价值 20 亿元人

---

① BÉT, "Budapest Stock Exchange announces listing of Bank of China Structured Notes due 2020", https://www.bse.hu/About-Us/Press-Room/Press-Releases/budapest-stock-exchange-announces-listing-of-bank-of-china-structured-notes-due-2020.

② 《中国银行协助匈牙利发行首支主权熊猫》，[Bank of China assists Hungary in issuing the first sovereign panda bond]，http：//www.bankofchina.com/aboutboc/bi1/201707/t20170726_9859565.html.

民币的熊猫债。①

徐先生说，除了财务成果外，自2014年以来，他们还支持中国和中东欧地区的中小企业之间的合作。2017年，在中欧峰会期间，他们为推动300家中小企业与中国企业展开合作提供了一个论坛。徐先生指出，自从"一带一路"倡议和"中国—中东欧国家合作"推出以来，这些项目为在中东欧地区吸引投资作出了贡献。

2. 匈牙利开发银行

匈牙利开发银行（MFB）是匈牙利国有金融机构。MFB旨在促进匈牙利的经济发展。该银行的核心业务是为国内企业提供发展所需的贷款，支持国家的长期经济发展目标。匈牙利政府为加强匈牙利与中国的经济关系做出了巨大努力。MFB是资助政府战略优先事项和执行支持政府经济政策目标的个别贸易领域的主要参与者之一。因此，MFB十分重视维护与中国的关系，并将重点放在中国在匈牙利投资伙伴实施的投资项目上。②

MFB与中国机构有多次银行间合作。2017年，MFB与中国国家开发银行（CDB）在北京"一带一路"国际合作高峰论坛的间隙签署了价值7900万欧元的国际信贷协议。③

2018年，MFB与中国银行签署了谅解备忘录（MOU），后者在匈牙利有一家分行，为MFB进入熊猫债市场做准备。该协议的另一个目标是制定各方如何合作，为各种项目融资，或许会采取银团贷款或俱乐部贷款的形式。该备忘录于2018年在索非亚

---

① 《匈牙利再次成功发行主权熊猫债》[Hungary once again successfully issued sovereign panda debt], http://www.china-ceec.org/chn/sbhz/t1625247.htm.

② "Magyar Fejlesztési Bank", https://www.mfb.hu/cn/.

③ Budapest Business Journal, "MFB signs EUR 79 mln credit pact with Chinese peer", https://bbj.hu/business/mfb-signs-eur-79-mln-credit-pact-with-chinese-peer_132934.

签署，当时16个国家的总理出席了中国—中东欧国家领导人会晤。①

MFB是该政策的积极参与者，该政策为BBCA Szolnok等中国合作伙伴在匈牙利的投资带来了更多潜在机会。此外，MFB准备欢迎更多有兴趣的潜在合作伙伴。②

3. 中国国家开发银行

中国国家开发银行办事处也在匈牙利和奥地利出席了会议。它进行合作的目标是为中国公司的海外扩张提供资金支持。例如，中国国家开发银行资助了博鸿集团收购威斯康工业的交易。中国国家开发银行还与匈牙利发展银行合作为中国公司提供融资，比如宝思德化工。

（三）投资

> "包括并购和绿地投资在内，中国在欧洲的投资总额现已达到3480亿美元，过去10年，中国已收购了350多家欧洲企业。"③

本节结合"一带一路"倡议和"向东开放"政策，对在匈牙利投资的中国企业进行了描述。此外，我们还将介绍那些在中国

---

① "MFB and Bank of China sign memorandum of understanding on panda bond issue: MFB preparing entry to Chinese capital market", https://www.mfb.hu/en/announcements/mfb-and-bank-of-china-sign-memorandum-of-understanding-on-panda-bond-issue-mfb-preparing-entry-to-chinese-capital-market-n968.

② Zhuan Ti (China Daily), MFB acts as strategic partner for investments in Hungary, http://www.chinadaily.com.cn/cndy/2017-05/14/content_29339617.htm.

③ Valbona Zeneli, "Mapping China's Investments in Europe", https://thediplomat.com/2019/03/mapping-chinas-investments-in-europe/.

扩展业务的匈牙利公司。

1. 中国在匈牙利的投资

中国的外商直接投资主要流向西欧、英国、德国和法国,[①] 只有一小部分流入中欧和匈牙利。尽管如此,从2010年到2014年,匈牙利连续五年在16个中东欧国家之间在中国对外直接投资这项上占据首位。

正如中国—中东欧研究院的陈新先生所说,"中东欧地区也是中国投资的一块新土地"。笔者同意这一观点,因为中东欧地区,尤其是匈牙利,对中国投资者来说是一个有吸引力的投资目的地。匈牙利是欧盟成员国,位于欧洲的中心,位于三条运输网络的十字路口。匈牙利的企业所得税最低,税率为9%。匈牙利拥有训练有素的人力资源,费用低廉。匈牙利是中国在中东欧投资最多的国家。它也是共建"一带一路"国家。

表1　　　　　中国在16个中东欧国家的投资存量　　(单位:百万美元)

中国在16个中东欧国家的投资存量					
国家	2010年	2011年	2012年	2013年	2014年
匈牙利	465.70	475.35	507.41	532.35	556.35
波兰	140.31	201.26	208.11	257.04	329.35
捷克	52.33	66.83	202.45	204.68	242.69
罗马尼亚	124.95	125.83	161.09	145.13	191.37
保加利亚	18.60	72.56	126.74	149.85	170.27
斯洛伐克	9.82	25.78	86.01	82.77	127.79
塞尔维亚	4.84	5.05	6.47	18.54	29.71

---

① Thilo Hanemann, Mikko Huotari and Agatha Kratz, "Chinese FDI in Europe: 2018 trends and impact of new screening policies", https://www.merics.org/en/papers-on-china/chinese-fdi-in-europe-2018.

续表

中国在16个中东欧国家的投资存量

国家	2010年	2011年	2012年	2013年	2014年
立陶宛	3.93	3.93	6.97	12.48	12.48
克罗地亚	8.13	8.18	8.63	8.31	11.87
阿尔巴尼亚	4.43	4.43	4.43	7.03	7.03
波黑	5.98	6.01	6.07	6.13	6.13
斯洛文尼亚	5.00	5.00	5.00	5.00	5.00
爱沙尼亚	7.50	7.50	3.50	3.50	3.50
北马其顿	0.20	0.20	0.26	2.09	2.11
拉脱维亚	0.54	0.54	0.54	0.54	0.54
黑山	0.32	0.32	0.32	0.32	0.32

数据来源：Louis, Chan, "Belt and Road Opportunities in Central and Eastern Europe", http://economists-pick-research.hktdc.com/business-news/article/Research-Articles/Belt-and-Road-Opportunities-in-Central-and-Eastern-Europe/rp/en/1/1X000000/1X0A7MSE.htm.

2012年，中国驻匈牙利大使馆的数据显示，中国在匈牙利的投资额约为25亿美元，中国在匈牙利的资本用于金融、化工、电信等行业，雇员约为3700人。[1] 2018年，中国在匈牙利的投资已经达到45亿美元，中国企业雇佣了1.5万名匈牙利人。[2]

根据陈新先生的报告，13%的中国公司是通过收购和合并进入匈牙利的，近三分之一的中国公司是通过绿地投资进入匈牙利的，大多数公司选择了匈牙利的其他投资方式。[3] 然而，最大的投资来自并购的数量。

---

[1] "Li Keqiang（Li Kö-csiang）miniszterelnök-helyettes magyarországi látogatása alkalmából Gao Jian（Kao Csien）nagykövet asszony válaszol a Xinhua（Hszinhua）kínai hírügynökség tudósítójának kérdéseire", http://www.chinaembassy.hu/hu/xwdt/t927039.htm.

[2] MTI, "Kína Magyarország legfontosabb Európán kívüli külkereskedelmi partnere", https://www.kormany.hu/hu/kulgazdasagi-es-kulugyminiszterium/tajekoztatasert-es-magyarorszag-nemzetkozi-megjeleneseert-felelos-allamtitkar/hirek/kina-magyarorszag-legfontosabb-europan-kivuli-kulkereskedelmi-partnere.

[3] Chen, "Report 2018: Hungarian business climate for Chinese enterprises", 2018.

2. 并购

中国企业最大的一笔交易是在匈牙利收购了宝思德化工。这家匈牙利化工原料制造商于2010—2011年被中国万华集团收购。这笔交易价值12.63亿欧元,是中国在匈牙利和中东欧地区最大的一笔收购交易。[1] 万华集团收购了宝思德化工的全部股份,并设法帮助该公司解决了清算问题。宝思德化工由中国银行资助,为债务重组提供9亿欧元,为技术改革和日常运作提供2亿欧元。[2]

2014年,万华还在卡辛巴奇卡建立了中匈宝思德经贸合作区。2016年,中国政府批准该项目为国家级对外贸易经济合作区。合作区自成立以来,一直坚决响应"一带一路"的各级政策,合作区积极配合政府机构和有关机构进行选址分析和现场调查。合作区企业完成投资总额23.91亿美元。2011年,合作区的年总产值已从7亿欧元增至2016—2018年的14亿—17亿欧元。国家级合作区直接在本地区创造了3600个就业岗位。作为中东欧地区的国家级对外经济贸易合作区,合作区将继续积极参与"一带一路"倡议下的各项招商引资、文化教育交流活动,支持中国在中东欧的"一带一路"政策。[3]

除了来自中国银行的融资外,宝思德化工还得到由MFB和中国国家开发银行联合提供的价值7900万欧元的贷款。[4]

---

[1] Weidi, Li, "Wanhua officially acquired 96% stake in Hungarian Borsodchem", http://finance.ifeng.com/roll/20110217/3417654.shtml.

[2] "BorsodChem and Bank of China Signed the Loan Agreement of 1.1 Billion Euro", http://www.whchem.com/en/newsmedia/news/259.shtml.

[3] China's overseas economic and trade cooperation zone, "China-Hungary Borsodchem Economical and Trade Cooperation Zone", http://www.cocz.org/news/content-262378.aspx.

[4] "Loan agreements worth EUR 79 million between Hungarian Development Bank Zrt. and the China Development Bank (CDB)", https://www.mfb.hu/en/announcements/loan-agreements-worth-eur-79-million-between-hungarian-development-bank-zrt-and-the-china-development-bank-cdb-n888.

上篇　经济与合作

最近，宝思德化工收购了瑞典国际化学公司100%的股权。此次收购是有条件的收购，总价值约为9.25亿元人民币。瑞典国际化学公司主要从事技术研究和开发。此次收购的目的是优化该公司在欧洲的研发能力。[①]

来自中国的第二大投资者是华为技术有限公司。华为是中国最大的民营公司之一，提供信息通信技术解决方案和设备。该公司共投资12亿美元，并计划在匈牙利进一步投资。[②] 华为是2005年在匈牙利创业的先锋公司之一。[③] 四年后，华为推出了首个欧洲供应和物流中心，除华为的智能手机外，所有产品都在这里生产和运输到55个目的地。2013年，华为是第一家与匈牙利政府签署战略合作协议的中国公司。同年，华为在Biatorbagy开设了一个扩大的物流中心。华为在布达佩斯总部拥有330名员工，在匈牙利全国共有2000名员工。

2019年，匈牙利创新技术部签署谅解备忘录，加强中国电信巨头华为在匈牙利ICT产业发展中的作用。[④]

就匈牙利投资规模而言，第三大投资方是四川波鸿集团2012年收购威斯卡特工业公司。这笔交易总共花费了2.45亿美元（包括来自北美洲和亚洲的实体）。威斯卡特工业公司是一家汽车零部件制造商，生产歧管和涡轮增压器。威斯卡特工业公司在全球有7家工厂，其匈牙利子公司之一位于欧罗兹拉尼。威斯卡特工业公

[①]　"Wanhua Chemical: Subordinate company 925 million yuan to acquire 100% equity of Swedish International Chemical", https://www.yicai.com/news/100278387.html.

[②]　MTI, "Bővít a Huawei Magyarországon", https://autopro.hu/szolgaltatok/Bovit-a-Huawei-Magyarorszagon/29313/.

[③]　"Bemutatkozás", http://huawei.hu/bemutatkozas/.

[④]　MTI, "Huawei to also take part in training of Hungarian engineers of the future", https://www.kormany.hu/en/ministry-for-innovation-and-technology/news/huawei-to-also-take-part-in-training-of-hungarian-engineers-of-the-future.

司（匈牙利）雇佣了1200多名员工，在匈牙利总共投资了7000万欧元。2017年，威斯卡特工业公司（匈牙利）扩大了生产能力，建立了7000平方米的新加工大厅。同年，威斯卡特工业公司（匈牙利）与匈牙利政府在中国重庆签署了战略伙伴协议。

2012年后，几家中国跨国公司进入匈牙利。据陈新介绍，按照公司注册之日统计，近半数中国公司是在2011年后进入的匈牙利市场。从某种意义上说，这是中国与中东欧国家合作的结果，也是"一带一路"倡议发挥指导作用的结果。[①] BYD Electric & Bus（匈牙利）有限公司是比亚迪公司的子公司。比亚迪是中国最大的、在全球50多个国家和地区成功扩张的公司之一，专业从事充电电池技术，"解决整个问题"的绿色使命，使他们在高效汽车、电气化公共交通、环保储能、经济实惠的太阳能和信息技术以及原始设计制造（ODM）服务等多个高科技领域成为行业的先驱和领导者。该公司在香港和深圳证券交易所上市。比亚迪在科马罗姆生产电动巴士。该公司已投资2000多万欧元，雇佣了250多名员工。这家工厂是比亚迪在欧洲建立的第一家为欧洲市场提供电动车的汽车厂。

3. 绿地投资与褐地投资

中国铁路集团有限公司（CREG）的项目可以直接与"一带一路"倡议联系起来。CREG的主要项目是布达佩斯至贝尔格莱德铁路发展项目。这个项目被认为是"一带一路"的一个标志性项目。该铁路项目的目标是在布达佩斯和塞尔维亚首都贝尔格莱德之间发展一条350公里长的高速铁路。它为中国铁路在欧洲获得资格提供了一个机会。

[①] Chen, "Report 2018: Hungarian business climate for Chinese enterprises", 2018.

上篇　经济与合作

　　希米尔集团是世界上最大的轮胎模具制造商，在中国山东开设了欧洲服务和制造工厂。希米尔的主要客户是普利司通、米其林、固特异、大陆集团。① 希米尔欧洲制造公司（Himile European Manufacturing Kft，简称"希米尔欧洲"）是希米尔集团在匈牙利的子公司。2016年，希米尔集团在瑞典塞克斯费赫进行了一笔褐地投资。根据公司注册的公开日期，希米尔欧洲拥有32名员工，2018年的收入超过12亿欧元。

　　彩讯工业（深圳）是一家来自中国深圳的电视生产商。该公司在匈牙利有两个子公司：Express Lucky Electric Kft 和 Express Lucky Industrial Kft。Express Lucky 的主要业务是设计和制造电子产品，如液晶电视、PDP 电视和智能电视。在匈牙利，Express Lucky 收购了 Szigetszentmiklos 的一家工厂，在那里组装电视并向欧洲市场销售。

　　中国机械进出口有限公司（简称"CMC"）是一家大型国有企业，也是中国通用技术的子公司。CMC 的主要业务有：国际工程承包、大型设备生产和汽车贸易。2019年，CMC 收购了三家匈牙利项目公司，在 Kaposvár 建立了最大的光伏发电厂。这是一个绿地投资，于2019年6月正式启动。这个项目价值1亿欧元。这也是 CMC 的第一个欧洲项目。2019年，CMC 和匈牙利创新技术部签署了一份谅解备忘录，要求在匈牙利进一步投资10亿欧元。②

　　4. 合资公司

　　安徽丰原集团有限公司（BBCA）是世界上最大的柠檬酸生产商

---

　　① "Company Profile"，http：//www.himile.com/en/JtDetail.aspx？sid＝61B246BE086B2DF5.
　　②《中国通用技术集团中机公司投资匈牙利考波什堡100MW光伏电站项目正式动工》[China General Technology Group Zhongji Company invested in the construction of the 100MW photovoltaic power station project in Kaposvár, Hungary]，http：//www.bhi.com.cn/ydyl/gwdt/51671.html.

和玉米深加工公司。BBCA集团在索尔诺克成立了中匈合资企业，匈牙利合作方为匈牙利开发银行和索尔诺克工业园区有限公司。① 合资企业将利用当地原料在匈牙利索尔诺克生产有机酸、淀粉糖和PLA。BBCA将提供专有技术和设备，持有合资公司51%的股份，另外48.93%的股份归匈牙利开发银行所有，0.07%归索尔诺克工业园区有限公司所有。中方将向匈牙利提供工程技术和生化设备。② 根据最新资料，计划中的索尔诺克项目经过几年的规划，最终将开始实施。

2017年，匈牙利邮政、中通快递和宁波人才公司签署协议，在布达佩斯举行的中欧峰会上成立了一家中匈合资企业，初始资本为300万欧元。③ 两年后，中欧供应链成立了。

拥有匈牙利基础的中国企业的发展将有助于匈牙利经济的发展。一方面，中国企业将为匈牙利带来新技术。另一方面，中国企业将向匈牙利注入中国资本。中国企业将为匈牙利的国民经济作出巨大贡献，也将为匈牙利人创造当地的就业机会。

5. 匈牙利在中国的投资

许多匈牙利公司对巨大的中国市场感兴趣。根据中国驻匈牙利大使馆提供的资料，匈牙利在中国共投资3.5亿美元用于废水处理、建材制造、乳品加工等领域。④ 根据"向东开放"政策，匈牙

---

① "BBCA Szolnok Biochemical Co., Ltd.", http://www.bbcagroup.com/e/action/ShowInfo.php?classid=99&id=374.
② Dzindzisz Sztefan, "Nagy titokban, de csak elkezdték a kínai óriásberuházást Szolnokon", https://hvg.hu/gazdasag/20190620_kinai_citromsavgyar_beruhazas_szolnok_bbca.
③ Magyar Posta, "MAGYAR POSTA ESTABLISHES A CHINESE-HUNGARIAN JOINT VENTURE", https://www.posta.hu/news/magyar_posta_establishes_a_chinese_hungarian_joint_venture.
④ "Li Keqiang (Li Kö-csiang) miniszterelnök-helyettes magyarországi látogatása alkalmából Gao Jian (Kao Csien) nagykövet asszony válaszol a Xinhua (Hszinhua) kínai hírügynökség tudósítójának kérdéseire", http://www.chinaembassy.hu/hu/xwdt/t927039.htm.

利政府还鼓励企业参与。在中国国际进口博览会上，欧尔班说，"匈牙利公司将在中国占有一席之地"。即便中国公司在欧洲的影响力更大，仍有很多匈牙利企业向中国市场发起挑战。

Organica Water 是匈牙利废水处理公司之一。这是一家杰出的公司，因为它在道德、可持续发展和城市化的基础上开展创新业务。从创新和可持续的角度出发，笔者选择了一家匈牙利废水处理公司，就中国的扩张与创始人兼副总裁阿提拉·波德纳尔（Attila Bodnaár）进行深入访谈。

在接受采访时，阿提拉·波德纳尔强调了 2009 年开始向中国扩张的计划。波德纳尔告诉笔者，在永久移居中国之前，他对中国进行了几次访问。然而，他意识到，建立信任是与中国合作伙伴合作的关键因素，而这是不可能通过电话实现的。"中国是一个不同的世界，你需要证明你个人奉献的精神，还要有谦卑的态度和足够的资本在中国发展业务。"2013 年，波德纳尔和妻子搬到了中国，以展示他们对污水处理行业的真正献身精神。起初，波德纳尔与中国当地一家合作伙伴成立了一家合资企业（深圳有机环保科技有限公司）。2010 年，这家合资企业利用 FBAS 技术为富士康建设了一个污水处理厂。

波德纳尔指出，有机水利用复杂的生态解决方案（由植物、动物和自然力量组成的协调良好的工程系统），提供了一种创新的废水清洗技术。目前，Organica Water 在全球 16 个国家拥有 110 家工厂。目前，中国国内已有河北、武汉、上海、深圳 5 个污水处理厂 20 个项目，采用了新型污水处理方案。

2018 年，为了筹集更多的资金，Organica Water 通过中信资本丝绸之路基金和 Electranova Capital I 基金获得了资金。中信资本丝绸之路基金由中信资本控股有限公司管理。中信资本丝绸之路基

"一带一路"倡议下的中匈经济关系

金专注于亚欧大陆能源资源效率、食品和饮水安全的投资。

从 2010 年到 2016 年，匈牙利对华出口公司的数量增加了 50%，达到约 1000 家。① 如表 2 所示，匈牙利在这中国建立了大量的公司，这一点值得提及。

表 2　　　　　　　　　　部分匈牙利在华公司

公司名称	业务	公司成立日期/签署合作文件日期	估算投资价值
Aquaprofit Zrt.	终端水	2010 年	n/a
Back és Rosta Kft.	信息安全服务	2009 年	n/a
Innomed Zrt.	医药器械	2005 年	n/a
Tradeland Kft.	专业建议	1999 年	n/a
Biocare Bio-Medical Equipment Co. Ltd②	医学诊断仪器	2012 年	n/a
EPS Global Zrt③	交通服务	2017 年	股本达到 1450 万元人民币
OTP representative office	银行服务	2017 年	没有业务操作
Gedeon Richter Rxmidas Joint Venture Co. Ltd.	银行服务	2010 年	n/a
Chongqing Craffe Industrial Design Co. Ltd.④	设计、发展和制造汽车配件、智能手机、触摸屏	2019 年 5 月	7 百万美元

资料来源：笔者根据所收集资料整理。

---

① Eszter Lukács, Katalin Völgyi, "China-Hungary economic relations under OBOR", p. 10.
② Unknown, "Hazai eszközök a kínai kórházaknak", http：//www.medmonitor.hu/piac-es-szabalyozas/hazai-eszkozok-a-kinai-korhazaknak-20140420.
③ BG, "Magyar cég fejlesztett okos parkolást Kínában", https：//index.hu/gazdasag/2018/12/12/magyar_ceg_fejlesztett_okos_parkolast_kinaban/.
④ Erika Domokos, "A magyar cég épít gyárat Kínában (frissítve)", https：//www.napi.hu/nemzetkozi_vallalatok/a_magyar_allam_gyarat_epit_kinaban.683973.html.

五　结论

由于政治关系稳定，匈牙利愿意通过"一带一路"和"中国—中东欧国家合作"两个平台促进匈牙利与中国的发展。"一带一路"倡议给匈牙利带来了新的潜力。这一举措也为中国投资者提供了匈牙利的信息。

中方愿与匈牙利保持战略伙伴关系。尽管许多人对"一带一路"倡议有不同的看法，但"一带一路"不是威胁，而是中国和匈牙利的机遇。[①] 笔者认为，"一带一路"为17个中东欧国家带来了新的机会。2019年，匈牙利政府宣布中铁九局集团匈牙利有限责任公司、中铁电气化局集团匈牙利有限公司和匈牙利当地公司组成的联营体为招标优胜者。双方于2019年6月签订了EPC合同。由于布达佩斯—贝尔格莱德铁路发展项目，它将为匈牙利带来一个完整的供应链，从而促进当地经济的发展。该项目将允许当地匈牙利公司参与。此外，用于建设的原材料和其他商品可以在当地购买，以支持匈牙利经济。

与匈牙利"向东开放"政策的目标一致的是，越来越多的中国公司选择在匈牙利投资。这表明匈牙利为投资者提供了一个友好的商业环境。匈牙利一直欢迎中国的合作伙伴。匈牙利外交和贸易部部长彼得·西雅尔多（Péter Szijjártó）表示，"向东开放"政策不仅促进了匈牙利产品和服务在外国市场的扩大，还促进了资本充足的亚洲公司在匈牙利的投资。[②]

[①]　《习近平会见匈牙利总理欧尔班》[Xi Jinping meets Hungarian Prime Minister Orbán]，http：//www.xinhuanet.com/2019-04/25/c_1124416683.htm。

[②]　MTI, "Foreign minister highlights how the Eastern Opening policy is bringing new investors to Hungary", http：//abouthungary.hu/news-in-brief/foreign-minister-highlights-how-the-eastern-opening-policy-is-bringing-new-investors-to-hungary/.

总之,"向东开放"政策与"一带一路"倡议相重叠,因为两国都希望促进经济合作。中国和匈牙利之间的贸易额最近超过了90亿美元。在金融一体化方面也有合作。在中国银行(匈牙利)的帮助下,匈牙利发行了点心债和熊猫债。中国建设银行和另一家中国银行将在不久的将来在匈牙利设立分行。

最后,由于双方政治关系乐观,而中国投资者会更愿意在政治局势稳定的国家投资。因此,匈牙利可以期待未来中国投资者对投资匈牙利的兴趣会越来越大。

(翻译:王海力)

20世纪90年代初期以来匈牙利与中国的经济关系

米克洛什·洛松茨　彼得·沃克浩[*]

一　前言

本文旨在对中国与匈牙利的经济关系进行概述和评价。撰写本文的出发点是2019年中匈两国建交70周年。众所周知，匈牙利是世界上最早承认1949年10月1日成立的中华人民共和国的国家之一。这一时间点为我们了解两国经贸关系的历史提供了机会。然而，本文并不涉及外交关系开始以来七十年间所有点点滴滴，时间跨度是从20世纪90年代早期到现在。研究的时间范围的起点与匈牙利从社会主义模式向西方市场经济的转变相吻合，这种转变带来了全新的条件，扩大了外部的操纵空间。

本文是基于以下假设：除了固有的长期经济趋势之外，双边经济关系或多或少还受到国内战略决策，以及外部经济和政治环境变化的影响。这些因素和它们的相互作用可能会影响潜在的长期固有的经济趋势，无论是加速亦或是减缓。本文围绕这一内容讨

---

[*] 米克洛什·洛松茨，匈牙利科学院博士，现任布达佩斯经济大学商学院教授；彼得·沃克浩，匈牙利Kopint-Tárki经济研究所研究员。本报告得到了匈牙利科学院和布达佩斯经济大学联合资助的宏观经济可持续发展研究团队所提供的资金的支持。米克洛什·洛松茨是研究团队的负责人，彼得·沃克浩是研究团队的成员。

论了两国的经济关系。与现有的文献相比，该方法和指导原则有一定创新性。

本文确认中国在匈牙利对外经济关系中的地位和作用及其变化，以及匈牙利在中国对外经济政策中的重要性（相对而言不那么突出）。本文的另一指导原则是双边经济关系对匈牙利经济现代化和中国对外经济战略的贡献，特别是在东欧。本文确认了一般经济政策与对外经济政策的某些转折点（如向市场经济过渡、加入欧盟、中国政策变化等）与双边经济关系之间的互动关系。

本文不包括中国在匈牙利的直接投资和匈牙利在中国的直接投资以及双边服务贸易。造成这种情况的主要原因是，如果在分析中列入这些问题，文章将超出规定长度。除了缺乏可靠的数据外，还需要澄清许多方法上的问题。

在对内容做简要介绍之后，本文将简要介绍所采用的研究方法，并对相关文献作简要概述。随后，将介绍主要研究发现，包括双边进出口和商品贸易平衡、进出口商品结构和增加值贸易。本文的最后一部分是总结和结论。

二　研究方法研究设计

本文综合了定量和定性分析，并做了文献回顾。中国与匈牙利双边经济关系文献综述为分析统计时间序列提供了依据，主要以两国经济关系历史发展中重要的里程碑为主。文献综述部分的理论是本文的分析框架，也是本文的基础，如果它们是相关的，则具有一定的理论意义。本文重点分析了双边外贸数字、进出口商品结构以及增加值贸易。

本文所采用的方法是根据各种传统指标以及尽可能的国际比较

（维谢格拉德国家）来分析双边贸易统计数字。本文的主要新意是基于新的统计方法对中匈贸易的增值内容进行分析。最后，基于对统计数据的分析得出政策导向性结论。

本文所依据的统计数据库包括联合国贸易和发展会议国际贸易统计数据库[①]、欧洲委员会的 AMECO 宏观经济数据库[②]和匈牙利中央统计局的数据库[③]。联合国贸易和发展会议公布了 1992 年以来以美元计算的中国对外贸易的可比数字。总体上，贸易数字一致，但 1992 年以前的商品结构只能从匈牙利方面获得。然而，在那之前，匈牙利对外贸易的价格并没有反映市场情况。统计数字只是从匈牙利的视角进行分析，揭示匈牙利对中国的出口和进口。

关于全球价值链的数据主要是基于世界投入产出表（Eora）[④]计算的。笔者计算了本文中使用的 GVC 指标。[⑤] 该数据集提供了 1990—2015 年国际输入流的信息。Eora 数据是基于复杂优化算法的结果，因此可能存在偏差，尽管没有关于偏差大小的信息。

随着匈牙利加入欧盟，对外贸易数字的收集也发生了变化。2004 年以前，进出口统计是根据国家边境海关当局收回的数据进行的。自加入欧盟以来，第三国通过匈牙利之外的欧盟边境线发生的贸易的数据收集是基于公司的强制申报。这可能是中国关于

[①] "Comtrade International Trade Statistics Database", United Nations, https://comtrade.un.org/.

[②] "Macroeconomic Database AMECO", European Commission, https://ec.europa.eu/info/business-economy-euro/indicators-statistics/economic-databases/macro-economic-database-ameco_en.

[③] "Adatok", Központi Statisztikai Hivatal, http://www.ksh.hu/.

[④] "Eora: Global Value Chain Database", UNCTAD, https://worldmrio.com/unctadgvc/.

[⑤] They are based on Manfred Lenzen, Keiichiro Kanemoto, Daniel Moran, and Arne Geschke, "Mapping the structure of the world economy", *Environmental Science & Technology* 46, 2012, No. 15, pp. 8374 – 8381; Manfred Lenzen, Daniel Moran, Keiichiro Kanemoto, and Arne Geschke, "Building Eora: A Global Multi-regional Input-Output Database at High Country and Sector Resolution", *Economic Systems Research* 25, 2013, No. 1, pp. 20 – 49.

双边贸易的统计数据与匈牙利数据不同的原因之一。然而，它们表明了可靠性高的主要趋势。对这个方法问题进行更彻底的调查将超出本文的范围。

三 相关文献综述

匈牙利和国外关于中匈经济关系的文献比较一边倒。因为这个问题绝大多数是匈牙利学者从匈牙利的角度来提出的，西、中欧的作者只是在中国与欧洲的关系以及中国与维谢格拉德国家关系的背景下才会涉及这个话题。鉴于双边经济关系的不对称，这种情况是可以理解的。在中国，直到最近才对匈牙利给予特别重视。匈牙利不是被单独列入议程，而是在中东欧和巴尔干国家的范围内列入议程，特别是在"中国—中东欧国家合作"的框架内（见后面的细节）。

本文涉及的所有文献来源都是从匈牙利和中国的角度出发，确定影响两国经济关系的内外因素。此外，还对影响双边经济关系的政治、外交和其他各种事件和事态发展进行了或多或少的大事记回顾。这对于正确评价贸易和其他经济数据以及发展趋势是必要的。

所涉及的文献一般按照他们自己的时间划分，把研究对象放在历史的角度进行分析，并据此建立相关的概念框架。我们设计了自己的时间周期和里程碑，并把其他文献所涉及的相关要素放进来。

关于匈牙利，第一个时期始于20世纪80年代末和90年代初，一直持续到1997年。这一阶段的特点是向市场经济的转轨，建立市场经济固有的体制、所有权关系、法律规则和机制等。事实上，通过1995年加入经合组织（OECD），匈牙利被宣布为市场经济国家。[1]

第二个时期是1998—2004年。在此期间，经济参与者都在为匈牙利加入欧洲联盟做准备，特别是政府。在这两个时期内，外部环境是有利的。

第三个时期是从2005年到2010年，匈牙利从加入欧盟中受益颇多。在这一阶段，2008—2009年的国际金融危机扰乱了长期趋势，其中一个结果就是匈牙利在2008年秋季面临金融危机，2009年国内生产总值（GDP）萎缩6.6%。

最后，第四个时期是从2011年到现在，随着政府对外经济政策重点的转变，包括"向东开放"，中国成为首要目标之一。

就中国而言，里程碑也跟特定的时间框架相关。第一个里程碑是1978年12月宣布的一系列旨在经济改革和向世界经济开放的措施，这是政治优先事项发生根本性变化的结果。在今天的术语中，这可以被认为是中国向市场经济转型的前奏。从1984年到1991年，对外开放不断扩大。1992—2001年的特点是在改革和开放政策方面取得了进一步进展。

第二个里程碑是2001年中国加入世界贸易组织（WTO），这进一步推动了中国由以前的改革引发和培育的对外经济扩张。[2] 中国加入WTO为匈牙利公司开辟了新的市场领域（匈牙利于1973年加入世界贸易组织的前身关贸总协定）。另外，2006—2010年的

---

[1] Majoros Pál, *Régiók a világgazdaságban*, Budapest: PerfektGazdasági Tanácsadó és Oktató Részvénytársaság, 2011, pp. 172–245.

[2] Fehér Helga, and Poór Judit, "A dinamikus kínai külkereskedelmi növekedés mögött álló tényezők", in *A felfedező tudomány*, ed. Béla Beszteri (Győr, Széchenyi István Egyetem, Kautz Gyula Gazdaságtudományi Kar, 2013), https://kgk.sze.hu/images/dokumentumok/VEABtanulmanyok/feher_poor.pdf.

"十一五"规划为双边合作开辟了一些潜在的新领域。这一快速的外部经济扩张阶段一直持续到2008年。在这一时期,欧盟的东扩发生在2004年,欧盟因此成为中国的第一大对外经济伙伴。

第三个里程碑是2008—2009年的国际金融危机,中国的GDP增速也大幅放缓。这场危机加快了中国经济从出口导向型向内向型转变的步伐。

第四个里程碑是中国政府2012年发起的"中国—中东欧国家合作"倡议,旨在促进中国与11个欧盟成员国和5个巴尔干国家(阿尔巴尼亚、波黑、保加利亚、克罗地亚、捷克、爱沙尼亚、匈牙利、拉脱维亚、立陶宛、北马其顿、黑山、波兰、罗马尼亚、塞尔维亚、斯洛伐克、斯洛文尼亚)在投资、交通、金融、科学、教育和文化方面的合作。"中国—中东欧国家合作"框架也与2013年宣布的"一带一路"倡议密切相关。

两国关系的政治框架的历史特点是受两国内部变化和实际的外部政治和经济环境的影响而起起伏伏。中匈两国在20世纪60年代逐渐疏远。[1] 然而,在20世纪60年代后期和70年代,匈牙利的共产党和政府领导人并没有全心全意地加入到苏联对中国的对抗性进程中来,这一点得到了中国人民的高度赞赏。[2] 1978年以来,在国内改革进程中,中国领导人对1968年提出的匈牙利社会主义经济制度(新经济体制)改革表示了深切的兴趣。1986—1990年签署的一项长期贸易协定为双边贸易创造了有利条件。

---

[1] Salát Gergely, "Budapesttől Pekingig, a magyar-kínai kapcsolatok múltja", *Konfuciusz Krónika* 3, 2009, No. 2, pp. 8 – 11, http://www.konfuciuszintezet.hu/letoltesek/pdf/Konfuciusz_Kronika_2009-2.pdf.

[2] Juhász Ottó, Inotai András, and Tálas Barna, "Magyarország Kína-stratégiájának megalapozása", in *Stratégiai kutatások 2006 – 2007*, Miniszterelnöki Hivatal-Magyar Tudományos Akadémia, Budapest: Kutatási jelentések, 2007, p. 188, http://www.terport.hu/webfm_send/289.

表1　　　　　　　中匈关系中重要里程碑的编年史

年份	匈牙利	年份	中国
1989—1997	向市场经济转型	1978—1984	第一阶段市场改革和开放
1990	政府间贸易协定	1984—1991	对外开放不断扩大
1991	投资保护协议	1992—2001	改革进展不断深化
1995	成为经合组织成员	2001	加入WTO
1998—2004	为加入欧盟做准备	2006—2010	"十一五"规划
2005—2010	从加入欧盟中受益颇多	2008	北京夏季奥运会
2003	匈牙利总理访华	2008—2009	国际金融危机
2004	新政府间贸易协定	2012	"中国—中东欧国家合作"启动
2008—2010	国际金融危机	2013	"一带一路"倡议发布
2011—至今	"向东开放"		

资料来源：笔者自制。

中东欧向市场经济过渡后，双边关系建立在新的基础之上。主要的变化是中国和匈牙利把经济关系非意识形态化。中国和匈牙利双方都没有对另一方的内政进行口头和其他形式的干预，因此经济关系在这个意义上是非政治化的。[①] 双边关系主要受经济因素支配，纯粹的政治和意识形态考虑几乎没有或至少不重要。随着匈牙利加入欧盟，中匈1990年缔结的政府间贸易协定于2004年被一项关于经济合作的新协定所取代。1991年中匈就投资保护达成协议，第二年又就避免双重征税和防止逃税达成协议。

匈牙利与中国经济关系最全面的历史概述[②]之一不仅涉及对外

---

① Juhász, Inotai, and Tálas, "Magyarország Kína-stratégiájának megalapozása", p. 188.
② Fábián Attila, Matura Tamás, Nedelka Erzsébet, and Pogátsa Zoltán, "Hungarian-Chinese relations: Foreign Trade and investments", in "Current trends and perspectives in development of China-V4 trade and investment", eds. Stanislav, Mráz, Katarina Brocková, *Conference proceedings*, March 12 – 14, 2014, pp. 96 – 106, http://docs.wixstatic.com/ugd/72d38a_5d656087529146fa955aef2f4b0cb4cd.pdf.

贸易，还涉及直接投资和新的商业渠道。匈牙利对中国的出口相当大一部分是通过跨国公司进行的。进出口商品结构相似。其主要结论之一是，外国直接投资无助于减少匈牙利对中国的巨额贸易逆差。尽管匈牙利需要外国直接投资，但对中国来说，匈牙利是一个微不足道的目标国家。

苏努玛尔（Szunomar）提出了另一个全面的概述。[①] 虽然该报告的时间重点是匈牙利加入欧盟后的时间段，但对政治历史的里程碑也作了简要总结。最新的统计数据始自2009年，匈牙利驻中国大使馆的年度报告是重要的信息来源。该报告对两国关系的各个阶段作了不同的界定。报告的主要部分载有政治事件的编年史和双边交往的发展情况，并指出它们对经济关系的影响。在这方面，它的研究方法与本文的方法类似。

2003—2006年，匈牙利时任总理彼得·麦杰西对中国的访问为两国关系高速发展奠定了基础。这次访问在恢复信任和信心方面取得了突破，为经济合作开辟了新的机会。[②] 2004年5月1日匈牙利加入欧盟一个月后，中国国家主席访问匈牙利，签署了一项经济合作协议，两国关系提高到了伙伴关系的水平。在随后的2007—2010年里，外交和其他活动推动了经济的持续增长。

基于匈牙利于2011年启动的新对外经济战略，马约罗斯在这一条件下分析了匈牙利与中国之间的经济关系。[③] 每一届匈牙利政

[①] Szunomár Ágnes, "A magyar-kínai gazdasági kapcsolatok alakulása az uniós csatlakozás óta eltelt időszakban", in *Kína és a Világ*, eds. Inotai András and Juhász Ottó, Budapest: MTA, 2011, pp. 387 – 409. Szunomár Ágnes, "A magyar-kínai gazdasági kapcsolatok új szakasza: eredmények és várakozások", *Külgazdaság* LV, November-December, 2011, pp. 67 – 85.

[②] Juhász, Inotai, and Tálas, "Magyarország Kína-stratégiájának megalapozása", p. 189.

[③] Majoros, *Régiók a világgazdaságban*, pp. 172 – 235.

府不论其一般的政治偏好如何，其战略的基础都应该是对双边关系的未来采取非政治化的看法。战略本身应包括长期目标及其执行的主要先决条件。在贸易方面，最重要的目标应该是减少匈牙利的巨额赤字。马约罗斯确定了匈牙利可以提高出口的主要领域（现代农业技术、粮食经济、环境技术、制药、水管理和替代能源利用方面的知识和技术）；匈牙利的出口潜力在服务业方面要有限得多。匈牙利对广泛的尤其是有意扩大在欧盟业务的中国企业来说应该成为物流和金融中心的桥头堡；两国在直接投资方面的不对称不会有实质性改变；中国在匈牙利的直接投资未来可能会大大超过匈牙利在中国的直接投资；匈牙利公司应该使他们在中国出口的区域细分多样化，即他们应该探索新的区域来增加他们的销售；居住在匈牙利的中国侨民（据估计有一万多人）也可以为两国关系的发展作出贡献。该文在对双边经济关系的分析中吸纳了来自大量文献所做的结论。

除了双边贸易和外交关系之外，匈牙利和中国还通过全球价值链（GVCs）紧密地联系在一起。国际上关于全球价值链的文献非常丰富。蒂默（Timmer）等人[1]深入分析了世界贸易中的增值关系，证明中国的增值几乎可以在家庭消费的每一个最终产品中找到。这背后的原因是，在21世纪头十年，中国的领先企业得以定制生产，并将制造（主要是组装）能力大大扩展。这使得中国在全球价值链中的"世界工厂"。[2] 俨然，匈牙利在全球价值链中也发挥着重要作用。洛斯（Los）等人认为匈牙利是全球汽车工业的

---

[1] Timmer, Marcel P., Erumban, Abdul Azeez, Los, Bart, Stehrer, Robert, and de Vries, Gaaitzen J., "Slicing up global value chains", *Journal of Economic Perspectives* 28, 2014, No. 2, pp. 99–118.

[2] Gereffi, Gary, and Sturgeon, Timothy, "Global Value Chain-oriented Industrial Policy: the Role of Emerging Economies", *Global Value Chains in a Changing World*, 2013, pp. 329–360.

主要参与者,①沃克浩（Vakhal）的结论认为，中国是匈牙利机械工业的最大供应商之一。②

四 主要发现

（一）双边进出口货物及商品贸易平衡

1992—1997 年是双边关系的第一阶段，这一阶段也是匈牙利向市场经济过渡的时期，匈牙利与中国的对外贸易相当少。匈牙利的出口在 1200 万—2100 万美元，1993 年短暂增加到 3300 万美元（表 2）。因此，中国在匈牙利出口中的份额微不足道，总计 0.1%—0.2%（不包括 1993 年）。

在这一时期初始，匈牙利正面临着向市场经济过渡的困难，国内生产总值下降，其对外贸易的商品和地理结构都进行了改组，包括从可转让卢布转为可自由兑换的货币结算。当时，主要的优先事项是匈牙利的欧洲—大西洋一体化，几乎没有注意到世界其他地区。不幸的是，匈牙利决策者没有意识到新兴中国的重要性，尽管中国领导人对深化双边关系持开放态度。③对外贸易活动自由化和消除对外贸易垄断导致出口公司数量激增。但是，新成立的公司比较小，目标市场在邻国，因为它们没有适当的资源从事长期贸易。因此，对外贸易活动自由化对匈牙利对华出口的增长没

---

① Los, Bart., Timmer, P. Marcel, and de Vries, Gaaitzen J., "How Global are Global Value Chains? A New Approach to Measure inTernational Fragmentation", *Journal of Regional Science* 55, 2015, No. 1, pp. 66 – 92.

② Vakhal Péter, *Magyarország elhelyezkedése a globális érték- és termelési láncban*, Budapest: Kopint-Tárki, 2017.

③ Tálas Barna, "Adalékok Kína-stratégiánk megalapozásához", in *Kína: realitás és esély. Tanulmányok Magyarország Kína-stratégiájának megalapozásához*, eds. Inotai András, and Juhász Ottó, Budapest: Az MTA Világgazdasági Kutatóintézet és a Miniszterelnöki Hivatal kiadványa, 2008.

有多大贡献。此外，在向市场经济转型的过程中，大量匈牙利公司退出中国市场。① 这就是为什么这些年匈牙利的出口没有从双边关系的新基础中得到多少好处的主要原因。

另一方面，匈牙利从中国的进口从1992年的3900万美元增加到1997年的2.87亿美元，使中国在进口总额中的份额从0.4%提高到1.4%（表2）。这种扩张，可能是由第二轮改革的展开和中国持续地向世界经济开放所引发的。苏努玛尔称，大量中国企业家在20世纪90年代初定居匈牙利，大量廉价服装涌入国内市场，也推动了强劲的进口。② 此外，从瑞士法郎双边交货后结算转向美元直接结算对匈牙利进口的影响比出口要有利得多。③ 在需求方面，包括取消数量限制、逐步降低关税和其他行政负担在内的进口自由化提振了中国对匈牙利的出口。由于出口和进口的动力不同，匈牙利的对外贸易赤字从1992年的2500万美元增加到1997年的2.73亿美元。

1998—2004年，是两国关系发展的第二个时期，对外贸易迅速发展。2004年，匈牙利的出口增长到3.9亿美元，中国在出口中的份额上升到0.7%，而进口增长到29亿美元，中国的相对比重上升到4.8%。2004年，匈牙利成为中国在中欧最大的对外贸易伙伴，中国也是匈牙利在亚洲最重要的贸易伙伴。匈牙利对华贸易逆差达25亿美元。

这一时期的特点是匈牙利准备加入欧盟。欧盟成员国身份在欧盟东扩的背景下引发了中国企业对匈牙利市场的兴趣。匈牙利本

---

① Tálas, "Adalékok Kína-stratégiánk megalapozásához".
② Szunomár, "A magyar-kínai gazdasági kapcsolatok új szakasza：eredmények és várakozások".
③ Majoros Pál, "Kína szerepe Magyarország külgazdasági stratégiájában", *EU Working Papers*, 2008, No.3, http：//epa. oszk. hu/00000/00026/00040/pdf/euwp_ EPA00026_ 2008_ 03_ 003-021. pdf.

来是中国在欧盟以外的边缘贸易伙伴。随着加入欧盟，欧盟的共同商业政策在匈牙利开始生效，限制了政府的操纵空间。尽管如此，匈牙利政府仍有许多权能来改善双边关系。

一个同等重要的因素是2001年中国加入世贸组织（WTO），中国放弃了对某些农产品的数量限制，并将其最优惠的关税税率从2001年的15.6%降至2005年的9.7%。[①] 这有助于匈牙利出口贸易的迅速增长。

2005—2010年是第三个阶段，双边贸易额进一步增长。2010年匈牙利对华出口额达15亿美元。因此，中国占匈牙利出口的1.6%。匈牙利从中国的进口额达62亿美元（占7.1%），匈牙利商品贸易逆差达46亿美元（表2）。国际金融危机并没有影响双边的贸易额。2008年和2009年，对中国的出口和进口均继续增长。在不仅世界出口下降，而且中国出口也下降的情况下，这是对双方都相当有利的成就。匈牙利的出口可能受益于中国的"十一五"规划以及2008年北京奥运会带来的可能性，也就是几个匈牙利公司为这次活动提供商品和服务，一些商业关系在奥运会之后也在继续。[②]

2011—2018年是第四个阶段，除2015年和2018年以外，匈牙利对华出口每年都在增长。2017年，中国在匈牙利出口中的份额达到2.35%，进口占5.1%。匈牙利商品贸易逆差26亿美元。在这个时期，出口的增长速度远远快于进口，部分原因可能是政府对外经济政策优先次序的转变，这也与"向东开放"相一致。

就目前的双边贸易状况而言，2018年，中国在匈牙利进口额

---

① Ianchovichina, Elena, and Martin, Will, *Impacts of China's Accession to the World Trade Organization*, Washington, DC: World Bank, 2004, https://openknowledge.worldbank.org/handle/10986/17152.

② Szunomár, "A magyar-kínai gazdasági kapcsolatok új szakasza: eredmények és várakozások".

中排名第四，排在前面的是德国、奥地利和波兰；中国还是匈牙利的第 15 大出口贸易目标国。更具体地讲，中国在匈牙利从非欧盟国家进口的商品中占据了第二位，仅次于俄罗斯。而匈牙利是中国在中欧的第三大合作伙伴，仅次于波兰和捷克。从数量上说，双边贸易的规模达到了稳定关系所必需的关键规模。这种不对称表现为相对份额的差异。1992—2017 年，中国在匈牙利进出口中的比重远远高于匈牙利在中国进出口中的比重（表2）。事实上，后者可以忽略不计。

表2　　　　　　　　匈牙利与中国对外贸易数字

	匈牙利对华出口				匈牙利自中国进口			贸易平衡	
年份	1000美元	匈牙利出口所占的百分比	中国进口所占的百分比	年份	1000美元	匈牙利进口所占的百分比	中国出口所占的百分比	1000美元	百分比
1992	14963	0.15	0.02	1992	39746	0.37	0.05	-24783	38
1993	33030	0.40	0.03	1993	71363	0.63	0.08	-38333	46
1994	11720	0.11	0.01	1994	99175	0.68	0.08	-87455	12
1995	21 879	0.18	0.02	1995	126090	0.83	0.08	-104211	17
1996	15197	0.12	0.01	1996	191444	1.19	0.13	-176247	8
1997	15251	0.08	0.01	1997	287950	1.36	0.16	-272699	5
1998	18850	0.08	0.01	1998	434099	1.69	0.24	-415249	4
1999	70780	0.28	0.04	1999	610175	2.18	0.31	-539395	12
2000	39255	0.14	0.02	2000	936926	2.92	0.38	-897671	4
2001	111499	0.37	0.05	2001	1332363	3.96	0.50	-1220864	8
2002	154 264	0.45	0.06	2002	2081463	5.53	0.64	-1927199	7
2003	174416	0.41	0.04	2003	3296811	6.92	0.75	-3122395	5
2004	389795	0.70	0.07	2004	2873110	4.77	0.48	-2483315	14
2005	399366	0.64	0.07	2005	3511016	5.33	0.46	-3111650	11
2006	758732	1.02	0.11	2006	3851287	5.00	0.40	-3092555	20
2007	997547	1.05	0.11	2007	5110400	5.40	0.42	-4112853	20

续表

	匈牙利对华出口				匈牙利自中国进口			贸易平衡	
年份	1000美元	匈牙利出口所占的百分比	中国进口所占的百分比	年份	1000美元	匈牙利进口所占的百分比	中国出口所占的百分比	1000美元	百分比
2008	1106445	1.02	0.11	2008	6112474	5.62	0.43	-5006029	18
2009	1205333	1.46	0.13	2009	4943631	6.40	0.41	-3738298	24
2010	1529010	1.61	0.12	2010	6168372	7.06	0.39	-4639362	25
2011	1682979	1.51	0.10	2011	6045648	5.96	0.32	-4362669	28
2012	1810642	1.76	0.11	2012	5412283	5.74	0.26	-3601640	33
2013	1997307	1.85	0.11	2013	5360437	5.40	0.24	-3363131	37
2014	2156227	1.92	0.12	2014	5140097	4.93	0.22	-2983870	42
2015	1796784	1.79	0.12	2015	4776877	5.26	0.21	-2980093	38
2016	2246493	2.18	0.14	2016	4868856	5.29	0.23	-2622363	46
2017	2663852	2.35	0.16	2017	5291355	5.07	0.23	-2627503	50
2018	2366809	n/a	n/a	2018	6345641	5.47	n/a	n/a	n/a

资料来源：联合国贸易和发展会议国际贸易统计数据库。

匈牙利无论在领土、国内生产总值（GDP）还是需求方面对中国来说都太小了，而中国对匈牙利来说太大了。中国公司的销售可以很容易地覆盖整个匈牙利领土，而匈牙利公司在中国要做到同等地步则面临着巨大的困难。中国的需求远远高于匈牙利公司的生产能力。尽管如此，匈牙利与中国几乎所有省份和城市都有贸易关系，但主要合作伙伴是北京、广东、浙江、广西、江苏、上海和天津。[1] 根据苏奴玛尔的数据，[2] 北京占匈牙利进出口总额的25%，广东占20%。

---

[1] Fábián, Matura, Nedelka, and Pogátsa, "Hungarian-Chinese relations: Foreign Trade and investments", p.982.

[2] Szunomár, "A magyar-kínai gazdasági kapcsolatok új szakasza: eredmények és várakozások".

由于世贸组织和欧盟框架内的国际承诺，双方在本研究所涵盖的时间内大幅降低关税，在很大程度上促进了进出口增长。据世界银行工作人员估计，2017年中国和匈牙利所有产品的平均加权税率分别为3.8%和1.8%①（每一个欧盟成员国的税率都是一样的）。这表明关税税率不对称。中国对匈牙利（以及每一个欧盟成员国）的出口税率低于其他国家。需要进一步分析，以确定这种不对称关税税率在双边贸易发展中所起的作用。

在匈牙利当代史上，双边贸易逆差是主要特征，尽管其相对规模正在缩小，特别是在第四阶段。进出口覆盖率从1992年的4%上升到2010年的25%，2017年达到50%。贸易逆差是结构性的，它与跨国公司在双边贸易中的具体作用密切相关。

（二）进出口商品结构

20世纪90年代初以来，双边贸易的商品结构发生了深刻的变化。它基本上是由两国国内供求关系所决定的。就匈牙利的出口而言，从1992年到2000年，主要产品类别（SITC1分类）的结构转变迅速。在此期间，尽管出口增长，但出口量相对较低。因此，一两次偶然的大额交易可能会使商品结构发生相当大的变化。1998年和2000年，由于生皮和毛皮的销售，原材料的份额大幅上升。然而，到20世纪90年代末，出口商品的数量达到了一个临界值，商品结构的波动也随之减少。从2000年开始，商品结构发生了有机的变化，反映了生产中出现的积极趋势。因此，在产品类别和产品的聚集水平较低的情况下，渐进的变化更令人印象深刻。

---

① "Tariff rate, applied, weighted mean, all products (%)", World Bank, https://data.worldbank.org/indicator/tm.tax.mrch.wm.ar.zs.

表3　基于SITC1分类的匈牙利对华出口商品结构（出口总额=100%）

	1992年	1995年	1998年	2000年	2004年	2010年	2017年
饮料和烟草	0.0	0.2	1.6	0.1	0.8	0.2	0.3
化学品及相关产品	81.5	20.0	27.2	12.8	3.2	2.5	5.0
原料	1.0	0.3	12.1	11.5	1.9	0.2	1.1
食品和活动物	0.1	3.8	6.2	5.9	0.3	0.9	2.5
机械和运输设备	13.3	71.4	46.3	59.8	87.3	88.5	76.2
主要按材料分类的制成品	2.5	2.9	1.7	4.0	3.5	2.2	4.2
杂项制成品	1.6	1.3	4.9	5.8	3.0	5.6	10.7
总计	100.0	100.	100.0	100.0	100.0	100.0	100.0

资料来源：联合国贸易和发展会议国际贸易统计数据库。

1992—2017年最根本的长期变化是化学品和有关产品的份额从81.5%下降到5%（表3），这是匈牙利工业生产中化学工业收缩的结果。

到1990年年底，匈牙利机械工业的改组差不多完成了。它是在外国直接投资和参与国际分工的帮助下在新的基础上建立起来的。[1] 另一个促成因素是匈牙利在中国参与下参加全球价值链（GVCs）。结果，机械和运输设备的份额从2000年的近60%增至2010年的88.5%。尽管如此，它在2017年还是下降到了76.2%，原因可能是中国在2008—2009年国际金融危机后参与全球价值链的速度放缓。杂项制成品所占份额的增长是由科学等方面的扩大所推动的，例如仪器。

匈牙利从中国进口的商品结构也反映着需求和供应的深远变化。最重要的转变是，机械和运输设备类别中的技术和知识密集

---

[1] Losoncz Miklós, "Külgazdasági kapcsolatok a múltban. A magyar gazdaság a globalizálódó környezetben. A nemzetközi működő tőke szerepe. Külső egyensúly", in *Magyar tudománytár*, *Gazdaság*, ed. Palánkai Tibor, Budapest: MTA társadalomkutató Központ, Kossuth Kiadó, 2004, pp. 413–470.

型产品组的份额从1992年的12%大幅增加到2010年的89.6%和2017年的75.8%,急剧下降的主要是包含大量劳动密集型工业产品的杂项制成品(表4)。与公众的看法相反,中国向匈牙利出口的主要产品不是旅游商品、服装和鞋类,而是机械,尽管前者的数量仍然相当高。

目前,制成品占双边贸易的97%以上。这是20世纪90年代初产业间贸易向21世纪产业内贸易的转变。机器设备和运输设备的相对权重在进出口中相同,表明两国之间劳动分工的深化。双边货物贸易的商品结构与发达国家相似。然而,尽管过去几十年国内生产总值(GDP)增长强劲,但中国仍未达到国际货币基金组织(IMF)定义的发达经济体的标准。

表4　基于根据SITC1分类的匈牙利从中国进口的商品结构

(进口总额 =100%)

	1992年	1995年	1998年	2000年	2004年	2010年	2017年
动植物油	0.0	0.0	0.0	0.0	0.0	0.0	0.0
饮料和烟草	1.1	0.1	0.0	0.0	0.1	0.0	0.0
化学品及相关产品	5.9	9.9	5.1	2.7	1.4	1.2	4.5
原料	7.4	3.1	1.1	0.5	0.2	0.1	0.2
食品和活动物	7.1	1.5	1.1	0.6	0.2	0.2	0.3
机械和运输设备	12.0	16.9	55.9	73.5	87.5	89.6	75.8
主要按材料分类的制成品	7.8	10.1	8.8	6.0	3.9	3.5	8.0
杂项制成品	58.6	58.4	28.0	16.6	6.7	5.4	11.3
总计	100.0	100.0	100.0	100.0	100.0	100.0	100.0

资料来源:联合国贸易和发展会议国际贸易统计数据库。

总的来说,匈牙利公司出口的货物总数超过1900种,进口650种。不过,按产品计算的贸易集中程度相当高,因为前10个产品组占出口和进口的70%以上,其中机械、电器、车辆及其他部分产品占主要份额。匈牙利的出口以发动机、电信设备、消费电子产品、移动电话和科学仪器为主。最大的进口项目包括手机及零部件、电脑及零部件、笔记本电脑和记事本、印刷和集成电路以及显示器（KSH2014）。

中匈工业合作的强度可以从以下数据看出：2010年年末，中国占匈牙利电信进口的33%—35%，电力设备的8%—10%，数据处理办公室设备的30%—32%。另外，2010年和2014年，中国在匈牙利缆车设备出口中所占份额超过20%。这些百分比比进出口总额的平均值要高得多，相当大的地理距离并没有妨碍工业合作。

工业合作是由奥迪、飞利浦、西门子、IBM、诺基亚、艾利森等跨国公司推动的。它们在双边贸易中占了很大的比重。据计算,[①] 匈牙利对华出口的92.1%是在匈牙利投资的外国公司创造的。

对双边贸易商品结构的分析，揭示了对外贸易平衡的性质。在过去几年中，匈牙利的商品贸易逆差与机械和运输设备有关。如果不包括这个产品组，双边贸易将处于平衡状态。从这个角度来看，总体赤字并不像乍一看那么消极。考虑到目前的贸易格局，匈牙利对华贸易逆差的减少是非常困难的。

（三）增加值贸易

尽管在经济规模上存在相当大的差异，但匈牙利和中国都是全球价值链的主要参与者。匈牙利约60%的出口与价值链有关，而中国约50%的对外贸易与全球价值链有关。[②] 这两个经济体在全球价值链的地位方面存在差异。中国与全球价值链的联系是向前整合，出口的国内增加值超过50%。匈牙利是向后整合，其出口产

[①] Matura Tamás, A magyar-kínai termékforgalom alakulása 2012-ben, Budapest: Hungarian Institute for International Affairs, 2013.

[②] "Global Value Chains and Development", UNCTAD, 2013.

品中的国内增值比重低于国外产品比重。

在增值贸易方面，最常提到的指标是国内增值，它代表了国内经济行为体在出口总额中所产生的增加值的百分比。2015 年，这一指标在中国达到 86%，匈牙利达到 40%。中国的高国内增值与克雷默（Kraemer）等人①对 iPad 和 iPhone 的研究相矛盾。根据这项研究，尽管这些产品的出口量很大，但中国国内的附加值非常低（总计约为 5%）。与此同时，尽管各行业之间存在显著差异，但中国的出口总量一直包含着较高的国内附加值。

2005 年是中国出口中的国内增值比重最低的一年（78%）。这一年，电子和机械工业创造的国内增加值（67%）相对于出口总量来说是最小的，而其他工业的相应数字则超过 70%。自 2005 年以来，电力和机械工业的出口占国内附加值的 80%。国内增值在电子和机械工业的增长是中国 IT 企业（如华为、小米、联想等）不断成长的结果。

中国高国内增值比重背后的实际原因是，中国的产品和服务在很大程度上依赖于国内投入，包括劳动力。除了在中国组装的品牌外，本土公司也出口自己的品牌产品。另一个解释是其他东南亚国家，如孟加拉国、越南、印度尼西亚等，也融入了全球价值链，成为了中国的竞争对手。中国没有以要素价格竞争，而是通过增加研发支出来提升自己的地位，并成功地将相当数量的低技能工人从纺织工业转移到其他制造业岗位上。②

---

① Kraemer, K. L., Linden, G., and Dedrick, J., *Capturing Value in Global Networks: Apple's iPad and iPhone*, Irvine: University of California, Berkeley: University of California, NY: Syracuse University, 2011.

② De Vries, Gaaitzen, Chen, Quanrun, Hasan, Rana, and Li, Zhigang, "Do Asian Countries Upgrade in Global Value Chains? A Novel Approach and Empirical Evidence", *Asian Economic Journal* 33, 2019, No. 1, pp. 13 – 37.

匈牙利通往全球价值链的道路是不同的。1990年，国内增值占出口的比重为60%。由于私有化速度相对较快，国内附加值大幅下降。1995年为46%，2000年为42%。加入欧盟后，国内增值比重继续萎缩。就在2007年国际金融危机之前，这一比例为40%，2012年又回到了37%，最新的数据是2015年为40%。匈牙利缺乏原材料和能源，因此，与出口相比，匈牙利永远不会有较高的国内价值，因为大部分投入总是必须进口。

最终国内需求（即最终消费总量和资本消费总额）的数据也佐证了这一现象。在中国，国内增加值占最终需求总额的89%，而匈牙利仅占73%。在这两个国家，商业服务（包括金融中介）是增值的主要来源。中国最终需求的最大外国增值供应商是日本电子和机械，其次是韩国和美国的商业服务业。就匈牙利而言，德国在最终需求中占据了外国增值内容的主导地位。然而，在匈牙利最终需求中，中国也是一个重要的增值来源。中国的电子和机械工业以及商业服务业约占总增加值的1%。这个数字似乎相当低，但在匈牙利，食品和饮料的实际最终消费约有60%是由国内生产者提供的。

就全球价值链而言，匈牙利与中国之间的经济关系要比出口总额紧密得多，因为大部分增值不是建立在最终需求上，而是出口上。匈牙利出口中含有1%的中国附加值。这似乎有点低，但在国际投入产出方法中，出口也包括服务。也就是说，分母（出口）包含匈牙利服务，其中包括几乎100%匈牙利增值。如果样本仅限于主要生产商品（即农业、矿业和制造业）的行业，则中国增加值最高可达8%。

就中国而言，来自匈牙利的增加值商品和服务占中国出口总额的0.4%。仅就商品出口而言，匈牙利的增值占2%，鉴于两国经济规模的差异，这一比例相当高。匈牙利最大的增值用户是中国的电子和机械工业，0.7%的出口增加值由匈牙利工业提供。在匈牙利，也是匈牙利的电子和机械工业吸收了大部分中国增加值，占总增加值的2.2%。在匈牙利是农业，在中国是渔业不需要从另一个伙伴国家获得任何增值。

中匈贸易增加值的演变与传统贸易数据高度相关。1990年代初期，双边增值流动几乎可以忽略不计。在政治和经济结构变化之后，贸易急剧增长。增值时间序列也可以分为很好的时间间隔，类似于商品交易，尽管匈牙利和中国的细分是不同的。中国向匈牙利出口的增值流动是平稳的，而另一方面则是颠簸的（图1）。

1990—2003年，中国向匈牙利出口的附加值大幅增长。在此期间，匈牙利开始成为世界上最开放的经济体之一，因此中国在出口中所占份额的激增并不令人意外。2003年以后，匈牙利一直在与日益严重的经济失衡做斗争，尽管出口仍在增长，但国内消费却在下降。在中国的增值供应重新调整到原来的水平之前，匈牙利经济花了近6年的时间才实现了再平衡。国际金融危机对两国关系没有任何影响，但自2010年以来增加值的增长速度有所放缓。

匈牙利对中国出口的增加值供给更加不稳定。20世纪90年代中期，当匈牙利增值的相对份额增加了两倍时，这种情况开始加剧。然而，直到2008年金融危机之前，增值流动的上升趋势一直没有中断，自那以来一直处于停滞状态。波动时间序列背后的原因可能是匈牙利供应商在中国出口中的份额较低。匈牙利增值的来源大概只与少数居民公司有关，而中国可能有大量公司参与与匈牙利的贸易。匈牙利少数与中国进行贸易的公司受到当地和全球经济事件以及它们自己的商业政策的影响。因此，内部或外部环境的任何变化都可能对趋势产生影响。

匈牙利出口中的中国增值比重

中国出口中的匈牙利增值比重

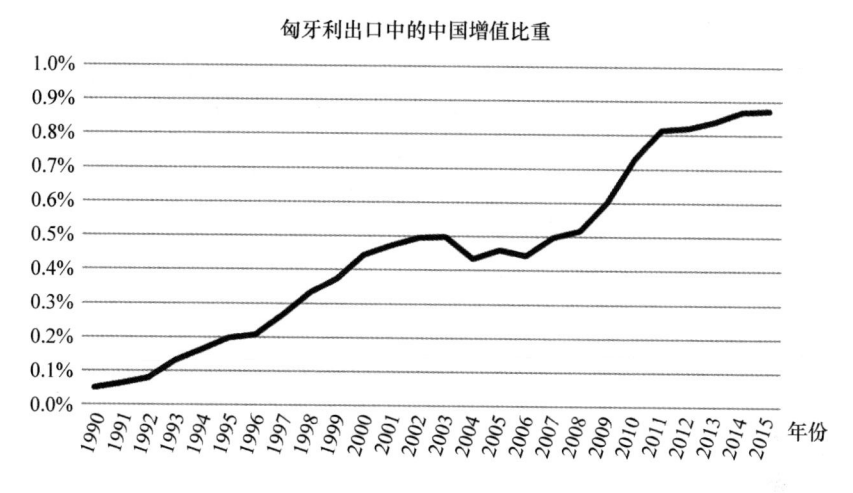

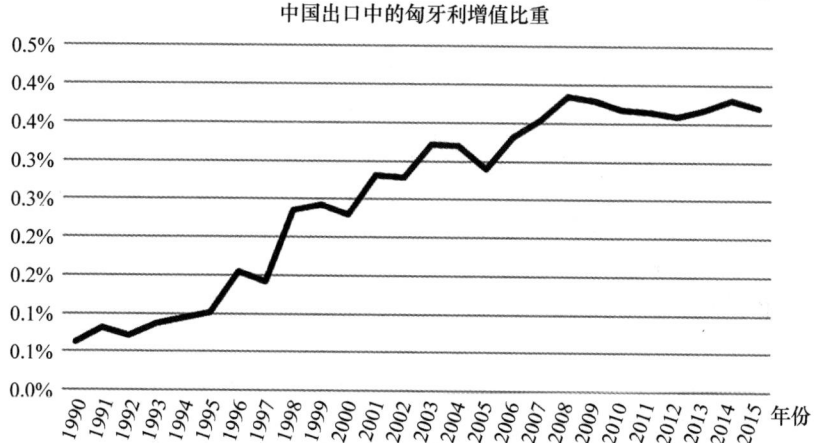

图1　1990—2015年出口增加值

资料来源：笔者基于Eora数据的计算。

匈牙利2002—2008年经济形势的恶化在下列数字中清晰可见。如果分析只集中在农业，时间为自国际金融危机以后，两国的增值供给都有所缓和。除了国际经济衰退之外，中国的经济结构调整也可能起到了一定的作用。近年来，中国政府更加重视居民企业和家庭的投资，通过将金融资金和劳动力转移到更高的附加值

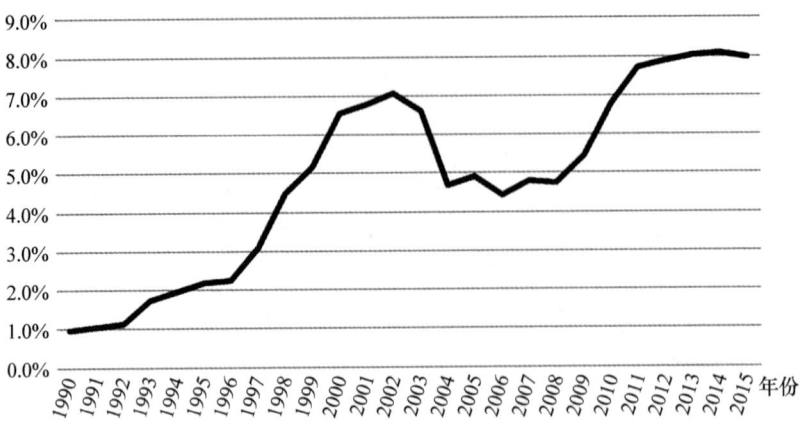

匈牙利货物出口中的中国增值比重

中国货物出口中的匈牙利增值比重

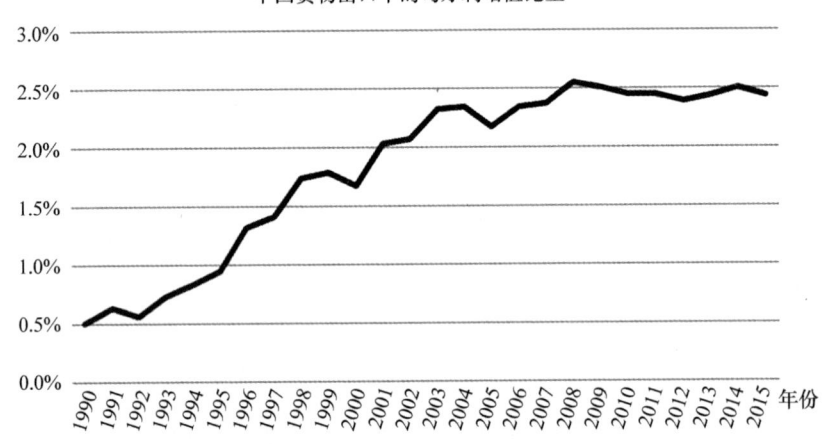

图2　1990—2015年出口货物增加值含量

资料来源：笔者基于Eora数据的计算。

生产上，同时降低了重工业的产能。在此情况下，常被称为"中国制造"的2025年高新技术产业发展较快。[①] 在新的经济环境下，

[①] "China shows faster pace of economic restructuring, but still relying on credit: Moody's", Reuters, June 5, 2018, https://www.reuters.com/article/us-china-economy-moody-s/china-shows-faster-pace-of-economic-restructuring-but-still-relying-on-credit-moodys-idUSKCN1J10YG.

中国的投入需求也发生了变化。自 2010 年以来，对电力设备、道路车辆、办公设备、数据处理设备和药品的需求一直在增长。虽然它们的权重很低，但对香水、饮料和其他消费品的需求也很旺盛。自危机以来，中国的供应商网络一直在重组，匈牙利似乎无法应对。对于采矿和制造业等主要生产商品的行业，这种冲击变得更加明显，这种趋势的中断是匈牙利经济日益失衡的冲击造成的。直到 2011 年，中国的增值份额才达到了 2002 年的最高纪录，因此，由于匈牙利的经济困难，中国的相对份额倒退了 9 年。

下面将阐述最重要产业的价值链。在国际投入产出环境下，各国都与世界其他国家建立了贸易关系。因此，世界的网络图将是极其复杂的。然而，人们可能只对包含重点国家的子图感兴趣。笔者提出了一种简单的网络增长算法来可视化被调查行业的价值链。简而言之，网络正在向特定行业的主要合作伙伴发展，并且达到了预期的深度。在第一轮，主要合作伙伴是可视化的给定行业。在第二轮中，绘制了这些合作伙伴的主要合作伙伴图。如果算法达到预定的深度（回合数），它就会停止。下一个数字是匈牙利电子和机械工业的内部网络。在这里，向内指的是投入，或者换句话说，这些伙伴产业被绘制成了向匈牙利电子和机械工业增加供应价值的图表。边缘的宽度显示了贸易在增值关系中的重要性，而顶点的大小则反映了行业在网络中的重要性。

图 3 显示了这样一个事实：中国正处于匈牙利电子和机械工业的价值链上。虽然匈牙利与其他国家之间的联系相当薄弱，但匈牙利在网络中的重要性是适度的，因为合作伙伴为该行业提供了相当数量的增值。

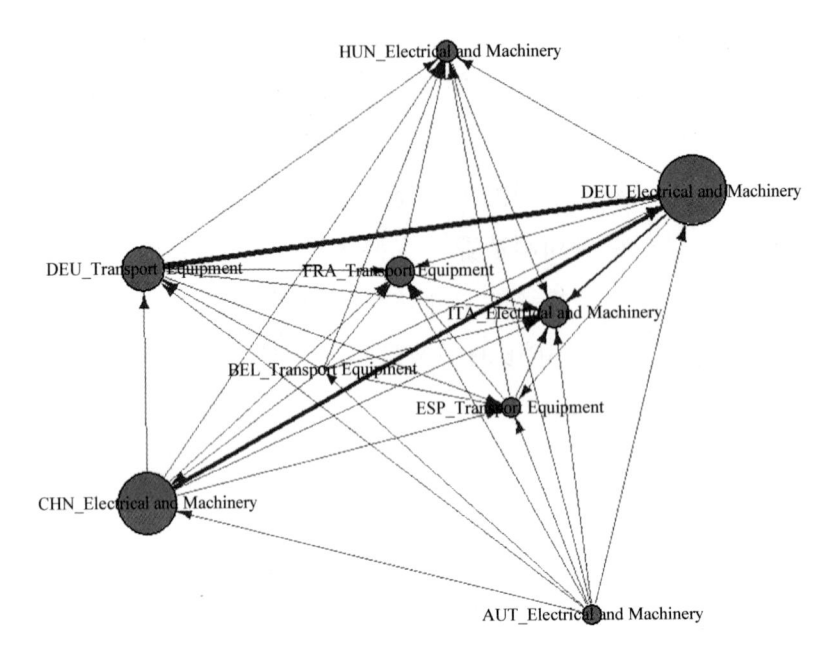

图 3 2015 年匈牙利电子和机械工业的内部供应链

资料来源：根据笔者基于 Eora 数据所进行的计算制作。

如果对外部网络进行分析，情况就不一样了。向外的方向代表了匈牙利电子和机械工业提供的增加值。图 4 显示了该行业在网络中的作用可以忽略不计。虽然它为最大的工业提供了增值，但它的数量很少，这说明匈牙利工业的增值创造能力相当有限。

由于东亚没有任何国家参与，中国电子和机械工业的内部价值链相当区域性。除了中国的化工和金属工业，纺织和服装工业也为电子和机械工业提供了附加值。原因是纺织工业主要吸收国内输入，因此其附加值很高（它是中国价值链的一个影响因素，在图表上有一个相对较大的顶点），电子和机械工业是中国纺织品的第五大买家。

关于电子和机械工业的对外供应链，中国的化工和金属工业是

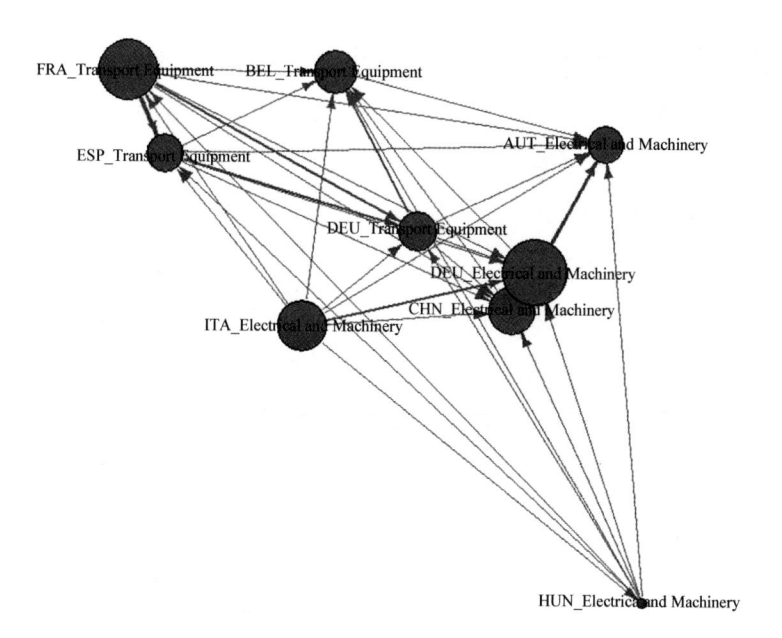

20世纪90年代初期以来匈牙利与中国的经济关系

图4　2015年匈牙利电力和机械工业的对外供应链

资料来源：根据笔者基于Eora数据所进行的计算制作。

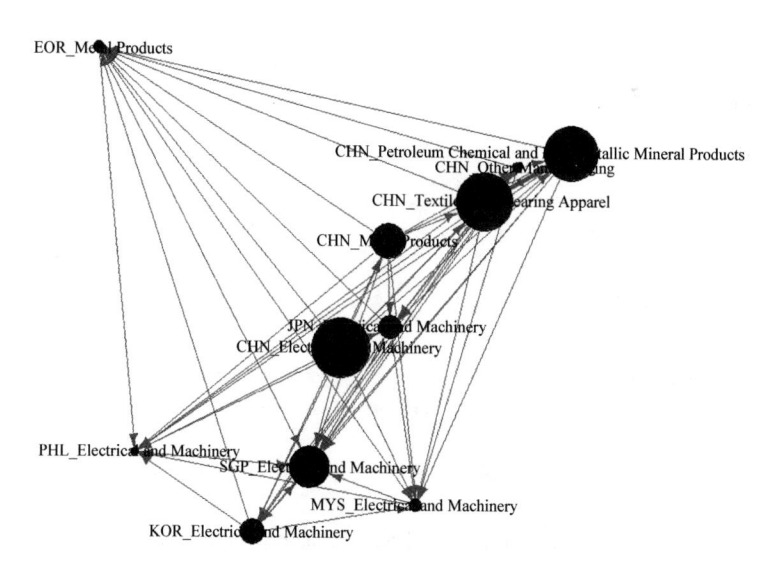

图5　2015年中国电子和机械工业的对外供应链

资料来源：根据笔者基于Eora数据所进行的计算制作。

其增加值的最大接受者。外国公司也大量购买增值产品，尽管与中国公司相比，它们的相对权重较低。主要合作伙伴是日本、韩国、马来西亚和新加坡。

中国最重要的产业的主要合作伙伴（从增加值的流入和流出来看）是本土企业，这意味着中国也存在价值链。就增值量而言，这个网络是世界上最大的网络之一。中国的电子和机械工业向当地同行提供了世界上最高的增值量：金属生产（全球第四大增值流）、化工（第五大增值流）、金融中介（第六大增值流）和运输（第十大增值流）。图 6 是在网络增长算法的帮助下设计的，该算法只分析电子和机械工业的三大合作伙伴。

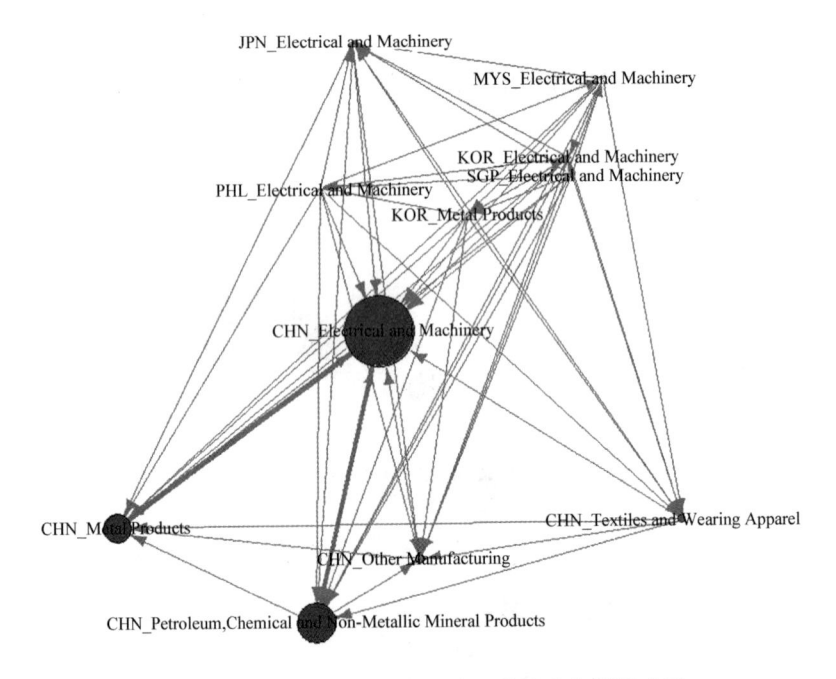

图 6　2015 年中国电子和机械工业的内向型供应链

数据来源：根据笔者基于 Eora 数据所进行的计算制作。

五 总结和结论

20世纪80年代末90年代初以来,匈牙利与中国之间的双边贸易受到几个因素的影响。就匈牙利而言,向市场经济的过渡、加入欧盟以及欧盟成员国利益的实现,是本文分析框架下最重要的里程碑,同时也是重要的推动力量。就中国而言,经济改革、随后向世界经济开放的展开和深入,以及加入WTO、"十一五"规划、2008年奥运会是一般分析框架中的重要里程碑,这些里程碑为中匈双边贸易量发展创造有利条件。加入WTO使中国对外贸易蓬勃发展,而2008—2009年的国际金融危机对匈牙利和中国都产生了严重的不利影响。

特别的双边措施修正了这些因素之间的相互作用,包括基于双边关系非意识形态化和非政治化来促进贸易的高级别政治决定。它们在最初阶段尤其重要,因为当时市场机制不够发达,无法使贸易顺利发展。经济因素、现实、潜力和潜在利益是必要的,但不是充分条件。外部环境也是如此,重要,但没那么重要。在21世纪头十年,双边关系稳定了下来,它们变得更加需要自我维持,但依然不能完全忽视政治领域的支持。

双边贸易是不对称的。首先,由于经济层面的差异,中国对匈牙利的重要性远远超过匈牙利对中国的重要性。中国在匈牙利进出口中的份额远远高于匈牙利在中国的份额。其次,中国企业在匈牙利销售自己的产品并不受限制。由于财力和生产能力所限,匈牙利企业在中国无法做到这一点。尽管匈牙利公司在中国的几个地区都有业务,但它们应该把资源集中到中国一两个很有增长前景的关键地区。因此,体量的不对称可能是未来平衡贸易的一个限制因素。

虽然双边关系没有意识形态上的考虑，但在高级别互访、各种协定、倡议等方面的政治倡议与1992—2010年双边贸易的发展之间有着相当密切的关系。在这一时期，明确的政治决定导致进一步的促进举措，以弥补市场机制的不足。贸易在政府措施的推动下增长最为强劲。可以正确地假定，如果没有政府的帮助，双边贸易将以更低的速度增长。

然而，从2010年开始，贸易关系趋于自我可持续，较少需要通过干预来维持动力。第一个解释是，这两个国家的市场机制稳定，因此经济参与者较少依赖政府的促进。第二个解释是大型跨国公司在双边贸易中的出现，在大多数情况下，它们在双边贸易中采取了自主的行动和政策。

总的来说，实现"一带一路"倡议框架下的投资，并从匈牙利的角度来看，计划中的布达佩斯—凯莱比亚—贝尔格莱德铁路现代化可能会改善双边贸易中的运输基础设施，并带动更多的贸易量，以减轻匈牙利的弱势，包括贸易逆差。

匈牙利出口和进口的商品结构在21世纪头十年变得更加相似。工业产品主导着商品结构，表明产业间分工取代了20世纪90年代的产业间分工。机械和运输设备是贸易的驱动力。匈牙利的巨额贸易逆差是由中国在机械和运输设备方面的贸易顺差造成的。如果没有这个产品组，双边贸易将处于平衡状态。

机械和运输设备贸易很大程度上是由跨国公司发起并承担的，而传统的劳动密集型轻工业产品在匈牙利从中国进口中失去了相对重要的地位。跨国公司的商业战略及其决策可以受到政府直接和间接措施的有限影响。只有从长远来看，才能减少双边贸易对跨国公司的依赖。匈牙利本土企业大多是中小型企业，缺乏从事长期贸易所需的资源,尤其是满足中国巨大的市场需求。随着匈牙利中小企业逐渐国际化,这种情况预计将在长期内发生改变,尽管变化非常缓慢。另一个选择是,中国在匈牙利的外国直接投资进一步增加,这在一定程度上可能取代西方跨国公司,或至少抵消它们在双边贸易中的主导地位。

中国作为世界上最大的生产国,虽然各行业之间存在巨大的差距,但出口一直有很大的增长空间。分析发现,由于中国是最大的消费市场,它生产了大量供国内最终使用的最终产品和服务,从而形成了完整的价值链,中国生产的大部分增值产品从未离开过中国。

2002—2010年,匈牙利与中国在增值贸易方面的经济关系不断发展,并出现了一些起伏。在此期间,匈牙利经济正与财政失衡和国内消费下降做斗争。这种再平衡几乎花了6年时间,从那以后,匈牙利和中国之间的增值贸易再次达到了以前的水平。2015年,匈牙利8%的出口商品(由农业、矿业和制造业生产)都含有中国的附加值。

另一方面,匈牙利在中国出口商品中的附加值是适度的,而且随着时间的推移会逐渐下降。2001年加入WTO后,中国政府意识到有必要加大对全球价值链的参与力度。由于发展中国家在要素价格方面具有相对优势,中国成功地将劳动力和研发能力转移到高科技产业。企业在全球范围内增长,投入需求也发生了变化。中国家庭的购买力也在迅速增长,最终产品市场上产生了需求。自国际金融危机以来,中国对高科技投入的进口需求飙升,匈牙利企业似乎无法满足这一需求。

(翻译:王海力)

中国与匈牙利之间的技术转让：
新地缘政治环境下的机遇与现实

乔鲍·莫尔迪茨[*]

一 前言

近几个月来，在理解和分析国家间经济关系发展的过程中，人们逐渐意识到分析如何进行技术转让与分析外国直接投资或贸易流动同样重要。此外，在更深入地了解最近的全球经济和政治权力转移时，对技术转让机会及其现实的分析可能是一个关键方面。弗里德曼这样描述技术和地缘政治之间的关系："任何地方都由多个维度组成。有负责养活人民的经济，有负责协调内部组织的政治因素，有负责发动战争和保卫国家的军队，有负责管理自然与文化的技术——它们定义了什么是社区、什么是审美等一切事物。这一切都是地缘政治的组成部分。"[①]

本文仅对地缘政治的技术成分进行分析，但必须强调的是，由于经济、军事甚至政治都是由技术发展决定的，因此在我们的认识中，这一因素越来越重要。由于本研究的局限性，本文从一般

---

[*] 乔鲍·莫尔迪茨，应用科学大学布达佩斯商学院副教授，副院长。东方商业与创新中心研究室主任，中国—中东欧研究院非常驻研究员（匈牙利，布达佩斯）。

[①] Friedman, George, "Understanding Our Geopolitical Model", *Geopolitical Futures*, December 28, 2015.

的角度对中匈之间技术转让的地缘政治障碍进行了探讨。虽然经济方面对这一问题至关重要，但本文主要讨论了两国之间可能发生技术转让的地缘政治环境。我们认为，技术转移的限制和辅助方式对中国的政治经济发展产生了深刻的影响，不仅是技术转移到中国的方式，技术从中国转移到匈牙利也是一个重要方面。这是同一枚硬币的两个不同方面，在欧洲范围内都很重要，不过在西欧和中欧的作用并不相同。因此，各国如何解读与中国的关系至关重要。在研究这些不同的中国战略时，至少需要注意三个主要的分界线：

第一，"贸易战"造成了美欧分裂，使得西方很难执行一个共同的对华政策，并提供一个大致合乎常理的中国解释。[1] 不同的利益是显而易见的，因为欧盟没有对全球地缘政治的兴趣，因此"遏制中国"似乎是对欧洲大国利益较小的一个例子，而美国显然在努力减缓或阻止中国政治和经济崛起。

第二，西欧和中欧各国利益不同，因此难以制定出统一的对华政策和战略。不仅发展水平不同，西欧和中欧多样化的公司结构也导致决策者给出非常不同的答案。[2] 同时，单一市场和欧盟层面的政策所构成的框架适用于欧盟各国实施的政策。

第三，即使在"中国—中东欧国家合作"框架内，欧盟成员国和非欧盟成员国的利益也很容易进行区分或者相互对立。有机会获得欧盟转让的欧盟成员国（换句话说，赠款）有很大的机动空间来选择适当的融资工具，而非欧盟成员国的选择则更加受限

---

[1] Small, Andrew, "Why Europe is Getting Tough on China?", *Foreign Affairs*, April 3, 2019.

[2] 中欧曾在20世纪90年代初期进行经济改革，当时改革主要依靠西方的资本和技术，这些西欧的公司至今还在主导着这些国家的市场。详见 *The Transformation in Salamon* (1995)。

制。(在这一点上必须补充说明:一些欧洲国家,如匈牙利,认识到这一问题并希望加快欧盟与西巴尔干半岛国家之间的成员国资格谈判[①])

正如我们所见,西方所描述的中国形象有几条断层线。本文首先论述了德国、法国和美国在中国问题上的不同动机,特别是在技术转让方面,随后概述了匈牙利案例的困境和问题,试图为匈牙利的操作空间提供借鉴,最后则围绕在中国问题上的利益和政策进行讨论。

二 地缘政治背景

(一)欧洲对华政策的改变?

几个月前,斯莫尔在《外交事务》上发表了一篇文章,试图找出欧洲在与中国合作的机会上可能改变立场的原因。他认为,尽管政治和安全发展在这一变化中发挥了重要作用,但经济方面肯定更为重要。他说,欧洲不再对中国改革经济或进一步放宽市场准入抱有希望,同时,中国的国家支持和政府补贴的活动在欧洲看来对其经济至关重要的领域中也取得了进展。[②]

尽管斯莫尔使用的"欧洲"一词显然不恰当,但很可能指的是德国和法国在中国问题上立场的转变。欧盟委员会最新的文件反映了这一点,因为文件中经常用"系统性竞争对手"一词来形容中国。"中国既是欧盟在不同政策领域的合作伙伴、一个欧盟有着密切的合作目标的合作伙伴、一个欧盟需要找到利益平衡的谈

---

① Moldicz Csaba, "Strengthening Economic and Political Ties with the Balkans", *China-CEE Institute*,July 2019.

② Small, "Why Europe is Getting Tough on China?", 2019.

判伙伴，也是一个追求技术领导力的经济竞争对手，以及一个促进替代治理模式的系统性竞争对手。这需要一种灵活、务实的全欧盟方式，能够有原则地捍卫利益和价值观。"①

值得注意的是，德国工业联合会的政策文件中也使用了非常类似的措辞，这再次说明了西欧国家对中国看法的改变。②

与此同时，法国总统马克龙还呼吁在2019年中欧峰会之前，在中国问题上采取不同的做法："自我上任以来，我一直呼吁真正认识和捍卫欧洲主权……最后，跟像中国这样重要的议题一样，我们落实了它。"③

法国总统和斯莫尔一样，犯了一个错误：即把法国和德国的利益与欧洲的整体利益区分开来。我们必须明白，尽管中欧峰会的成果并不显著，但当中国愿意购买300架空中客车飞机时④，谈判的基调变得中立或积极，这表明中国愿意重新平衡经济关系。换句话说，当中国提供经济利益和商机时，法国和德国对待中国的方式很容易改变。

同样显而易见的是，欧盟在中国政策上的立场并不像斯莫尔和马克龙描述的那样统一，因为中欧国家和意大利⑤对所谓"来自中国的威胁"进行了不同的评估。原因很简单：他们的经济利益不同——实际上，这就是我们可以同意斯莫尔的观点，即经济方面比其他任何论点都更重要。与德国和法国不同，匈牙利和许多中欧国家一样，对中国的资本和技术转让有着浓厚的兴趣。在进入中

---

① European Commission, "EU-China. A Strategic Outlook", 2019, p.1, https://ec.europa.eu/commission/sites/beta-political/files/communication-eu-china-a-strategic-outlook.pdf.
② Federation of German Industries, "Partner and Systemic Competitor-How Do We Deal with China's State-Controlled Economy?", *Policy Paper*, *BDI*, January 2019.
③ AFP, "Macron Hails Europe 'Awakening' to China Threat", *AFP*, March 21, 2019.
④ 290架A320型号飞机和10架A350 XWB型号飞机。
⑤ 意大利于2019年加入"一带一路"倡议。

国这个巨大的市场方面，其他所有欧洲国家也都有利害关系，但人们普遍认为，德国和法国企业可能会因为中国在欧洲单一市场的日益壮大而损失更多，而不是从市场关系的变化中获益。

这就是政治和经济的论点相互矛盾的地方，因为在国内的政治辩论中，人们更容易反对中国企业越来越多的存在。为什么？因为这一变化在这一领域很容易传播，更难以争论的是，这对选民来说（中国的商机）似乎是遥远的。

斯莫尔在他的论文中还指出，这场辩论反映了关于未来欧盟的更深层次的问题。换句话说，问题在于欧洲模式是否会以一种缓慢但节奏渐快的方式摆脱欧盟运作的掣肘，以平衡成员国和社会的利益，还是会回归到更加强调国家主权的模式。在第一种情况下，德国和法国将决定欧盟的中国战略，而在第二种情况下，较小的欧洲国家将提高其执行自身利益的能力。在许多方面，欧洲最近围绕中国在欧洲未来中扮演的角色展开的政治辩论不仅关乎中国，更重要的是关乎欧洲的未来。

（二）美国对中国立场的改变

所谓的"贸易战"使政治和经济前景更加恶化。"新冷战"[①]显然不仅关乎贸易壁垒和汇率，更是中美之间的技术竞争，特别是在人工智能和5G等领域。

人们可以提出这个问题：为什么人工智能和相关的新技术对地缘政治很重要？赖特强调了人工智能等技术的发展对未来发展至关重要的三个原因：其一是莫名的恐惧可以追溯到这样一个假设，

[①] 这个说法在媒体上很常见，以此来强调现在中美贸易摩擦与当年美苏争霸的相似之处，但是与20世纪50年代相比，因全球供应链相互交织，世界经济联系愈发紧密，所以这个说法存在严重缺陷。

人工智能将在一定程度上超越人类。其二，另一种担忧与第一种担忧密切相关，这引起了我们对劳动力市场的关注，在劳动力市场上，这些机器、机器人很容易取代人类。其三，他认为人工智能等技术的发展也产生了地缘政治影响。依靠人工智能，人们更容易观察和控制公民。

前两个原因与经济学密切相关，而本文只关注具有地缘政治意义的第三个论点。根据我们的理解，这一论点存在两个关键的矛盾：一是，"9·11"以及随后的反恐战争、ISIS的崛起和欧洲的移民危机清楚地表明，西方需要新的方法来控制不同形式的极端主义，而新技术不仅可用于生产，还可用于生活的各个领域，例如包括保护公民以保障安全。在我们的理解中，随着技术的进步，任何一种政治制度都必然会完善和优化其控制社会的方式。国家官僚机构在监测社会时能够使用的技术越先进、越复杂，能够提供的监测就越容易理解，任何一个政治政权都不能放弃这种优势。换句话说，人工智能的兴起也对西方国家和中国与公民关系产生了深远的影响。二是，这场争论把围绕这项新技术的政治争端描述为实行西方制度的国家和另一政权之间的英勇战争，但它未能认识到这场贸易摩擦可能仅仅是美国公司为了将中国企业挤出市场而进行的市场竞争。西格尔这样阐明这种双向解释："华为确实对美国安全构成威胁，但这并不是华盛顿攻击华为的唯一原因。相反，这些举措是一场有关数字世界未来的更大战役中的一场游戏。"[1]

人们围绕华为的辩论既涉及经济方面也涉及地缘政治方面，这可以从欧盟与美国之间日益紧张的关系中得到证实。这种紧张的

---

[1] Segal, Adam, "The Right Way to Deal with Huawei. The United States Needs to Compete with Chinese Firms, Not Just Ban Them", *Foreign Affairs*, July 11, 2019.

关系显然也与特朗普政府掌权有关。跨大西洋关系中的问题包括贸易关税以及北约的未来，显然关于欧洲各国如何对待中国的争论是另一个分界线。

根据我们的理解，跨大西洋紧张局势的真正原因是美国和欧盟之间的权力不对称。然而，这种不对称关系在很长一段时间内被双方除去并进行重建。① 但是"重返亚洲"②，"9·11"事件，尤其是中国的崛起，削弱了欧洲在美国外交政策中的作用，而且美欧之间培养出的不对称关系似乎是美国无法接受的，主要是因为美国方面一直承受着巨大的代价。

然而，美国最近努力推动欧洲采取更加负责任的外交政策，在欧洲各国首都引发了强烈抵制，同时也带来一个问题：欧洲大国更负责任的外交政策也将更加独立。他们将执行的外交政策不一定符合美国利益。美国切断华为欧洲市场的努力受到了来自德国、法国和其他欧洲国家的打击，这些国家并没有将华为排除在市场之外。他们的结论是，他们可以使用华为的产品，也可以通过使用其他供应商来降低风险。③

高盛指出，这一政策有不同的理由，但这些理由并不是政治原因④：例如，欧洲竞争对手（例如爱立信或诺基亚）在这方面没有能力取代华为这一巨头；又如，他们的产品（爱立信、诺基亚和华为）交织在一起，你不可能在不影响其他两家欧洲公司的情况下禁止一家。

---

① Poyakova, Alina and Haddad, Benjamin, "Europe Alone", *Foreign Affairs*, April 3, 2019, pp. 109–120.
② 希拉里的《美国的太平洋世纪》一文标志着2011年美国外交政策的转变，她曾写道："决定未来政策的是亚洲，不是阿富汗也不是伊拉克，美国将是行动的中心。"
③ Segal, "The Right Way to Deal with Huawei", 2019.
④ Goldman, Andrew, P., "US ban won't derail Huawei's European 5G rollout", *Asia Times*, May 20, 2019.

迄今为止，尽管欧洲在与中国合作问题上的立场似乎已经强硬起来，但经济利益似乎不仅在中欧，而且在西方也克服了安全方面的担忧。下面我们将探讨中匈之间技术合作的特点。

三　技术转让的困境：以匈牙利为例

经济上追赶西方一直是匈牙利外交政策的关键目标，而据我们理解，只有外交政策和经济发展政策使该国的政治和经济关系多样化，同时减少对西方的依赖，才能实现这一目标。

1990年以后匈牙利与西欧的合作创造了就业机会，带来了新的技术和资本，从而改变匈牙利的经济并走向现代化，可是为什么仅仅依靠西方是不够的？尽管在过去30年中取得了成就，但如果看看收入和其他经济发展指标，匈牙利的经济仍然处于半边缘状态，尽管匈牙利政治和经济嵌入欧洲框架的可能性已无法再增加。（换句话说，如果承认1990—2010年的这种发展模式，我们也应该承认匈牙利的发展不足）

越来越多的依赖不能治愈不对称依赖或依赖。这就是匈牙利和西欧利益存在巨大分歧的原因，也是为什么匈牙利准备推行与德国和其他西欧国家不同的对华政策的原因。必须补充的是，这也是欧洲列强"对华政策"与"美国方式"之间存在明显分界线的原因。

近年来，匈牙利决策者为加快投资关系的多样化做出了重大努力，随着投资来源的扩大，比以往任何时候都更加重视技术转让。匈牙利外交和贸易部部长说，匈牙利经济中出现了一个新的层面，因为"匈牙利制造"的时期将被"匈牙利发明"的时期所取代。他认为，由于匈牙利充分就业，新创造的就业机会并不多，而新技术的分量越来越重要。①

  鉴于这一条件,"原产地证明"在技术转让方面显然也同样重要,但是,新技术的获得和实施显然是安全问题的一部分,并与外国直接投资密切相关。在这一点上,有必要区分两种相互关联但又不同的技术转让及其安全问题:对外技术转让和对内技术转让。首先,外国直接投资可以导致对外技术转让,因此,外国投资者能够从国内企业获得一项具有战略意义的技术。这种威胁在匈牙利比在德国或其他发达的西欧经济体要少见得多,因为匈牙利大公司的名单很短,如果只包括那些能够发展尖端技术的公司的话,威胁就会变得更短。还必须补充的是,外国直接投资也可能导致外国公司在特定市场形成寡头垄断或拥有垄断地位。但这种威胁是由竞争政策措施来管理的,它很少涉及技术转让,但当外国直接投资导致战略性重要行业的收购时,它可能会引起安全方面的担忧。其次,外国直接投资也会导致技术向内转移,因此,外国投资者会对某些技术在国内的传播作出贡献。这种技术很少被认为是安全威胁,然而,5G 的引入和维护可能是引起安全担忧的领域之一。

  为了解决这些安全问题,匈牙利政府在 2019 年年初通过了一项投资审查法。该法律符合欧盟关于建立审查流入欧盟的外国直接投资框架的规定。通过的法律主要集中于与武器、武器部件、弹药、军事工具有关的外国直接投资;特勤工具;金融机构数据处理,这些领域对维持核心的社会职能十分重要,例如保健、公民生命财产安全、提供经济和社会公共服务等方面。法律高度重

---

  ①　匈牙利政府:《匈牙利需要进口高科技产品和中国的投资》,2019 年 4 月 25 日,匈牙利政府网,https://www.kormany.hu/en/ministry-of-foreign-affairs-and-trade/news/hungary-needs-imports-of-highly-developed-technologies-and-chinese-investments。

视外商投资和相关领域的外资份额。

说到5G技术，匈牙利政府似乎并没有评估来自中国企业的安全威胁，特别是华为。匈牙利政府和华为不但在2013年签署了战略合作伙伴协议，而且自那以来合作似乎变得更加紧密。尽管有美国的宣传以及其他关于"安全威胁"的指控，匈牙利政府仍与该公司密切合作。在与华为技术有限公司（Huawei Technologies）区域总裁谈判后，匈牙利经济部部长重申，华为技术有限公司将帮助匈牙利建立宽带互联网网络，从而有助于实现到2025年①覆盖95%的目标。双方于2019年7月签署了一份备忘录，②就该公司加强参与匈牙利信息通信产业发展进行合作，为合作增添了一层新意。

5G战略将于2019年进行调整，该草案于2019年3月由创新技术部、数字福利项目和5G联盟提出。虽然这不是最后版本，但显然匈牙利政府更喜欢在匈牙利开发5G网络时采用混合模式。创新技术部部长在与5G联盟的一次会议上强调，国家必须在5G网络的发展中发挥关键作用。他认为，这项技术远远超出了电信业的重要性，因为在物联网或自动车辆之外，它也可以在其他领域带来新的创新。③

总之，匈牙利的做法是务实的。它基本着眼于该技术的长期经济效益，似乎通过保持国家的强大作用（混合模式）来解决安全

---

① Hungarian Government, "Elkészült a magyar 5G Stratégia szakmai tervezete", March 21, 2019b, https://www.kormany.hu/hu/innovacios-es-technologiai-miniszterium/infokommunikacio-ert-es-fogyasztovedelemert-felelos-allamtitkar/hirek/elkeszult-a-magyar-5g-strategia-szakmai-tervezete.

② Hungarian Government, "A jövő magyar mérnökeinek képzésében is részt vállal a Huawei", July 1, 2019c, https://www.kormany.hu/hu/innovacios-es-technologiai-miniszterium/hirek/a-jo-vo-magyar-mernokeinek-kepzeseben-is-reszt-vallal-a-huawei.

③ Hungarian Government, "Az államnak szerepet kell vállalnia az 5G hálózatok kiépítésében", June 18, 2019d, https://www.kormany.hu/hu/innovacios-es-technologiai-miniszterium/hirek/az-allamnak-szerepet-kell-vallalnia-az-5g-halozatok-kiepiteseben.

风险，但目前还不清楚政府是打算以所有者的身份运营 5G 网络，还是实施混合模式，这只意味着它将作为监管机构和执法机构发挥强大作用。尽管模棱两可，但在我们的评估中，获取并声称拥有网络所有权显得更加合理。

四　中国战略与利益

最近围绕华为公司的紧张局势是中国经济发展政策的警钟。具有讽刺意味的是，在美国推出针对华为的措施之前，该领域的发展在很大程度上依赖于市场力量，换句话说，在中国产品中使用美国技术是有道理的，因为它们代表了尖端技术，使华为产品更具竞争力。

尽管 2014 年中国领导人已经呼吁自给自足，这个概念可以追溯到毛泽东时代，[①] 但很明显的是，这些努力由于特朗普政府的措施得到加强。我们可以很容易找到历史证据表明，中国能够抵制为切断中国与某些技术的联系而实施的禁运。苏联在冷战期间停止了技术支持，但中国仍然能够发展核武器，卫星和火箭也是如此，美国在 20 世纪 90 年代对这些卫星和火箭实施了全面制裁。没有理由相信，中国不能重复这一成功故事，也不能更多地依赖本土的替代技术。当美国将华为列入黑名单时，它只会加速中国国内的创新进程。换句话说，实施后的措施将对美国产生负面影响，因为它迫使中国企业寻找其他替代方案，不仅是自主创新，还包括与其他国家的合作。

无论美国对华为或中兴实施何种制裁，努力让中国经济更独立

---

① Laskai, Lorand, "Why Blacklisting Huawei Could Backfire. The History of Chinese Indigenous Innovation", *Foreign Affairs*, June 19, 2019.

于外国技术都不是什么新鲜事，它们是在价值链上向上爬的合理步骤。中国创新政策的总体框架是所谓的"中国制造2025"战略，该战略是受2013年德国工业4.0计划的启发而制定的。然而，中国的战略不同于德国的战略，也不同于"战略性新兴产业"。"战略性新兴产业"是2006年制定的15年规划。"中国制造2025"战略比德国更广泛，因为中国企业的竞争力更加不平衡，而且它还必须应对亚洲低成本生产商带来的挑战。肯尼迪强调了"2025年中国制造"与"战略性新兴产业"之间的三个根本区别：一是"战略性新兴产业"只注重创新，"中国制造2025"注重整体生产；二是"中国制造2025"还针对传统产业和现代服务业；三是在"2025中国制造"战略中，市场力量还有更大的空间。[①]

然而，更重要的是要强调该计划还规定了到2020年将核心零部件和其他材料的国内含量提高到40%，到2025年提高到70%的目标。还必须指出的是，该计划的目标包含10个优先部门[②]，而信息技术部门显然是关键部门之一。

2019年在上海召开的世界移动通信大会上，处于这项技术领先地位的中国电信企业公布了他们的5G战略。中国电信启动了"5G"智能连接"项目，指出"n"指的是新基因、新运营、新动力和新生态系统。中国联通目前在11个行业中应用了5G技术，并启动了多个试点项目（40个城市的130个体验中心、中国商用飞机股份有限公司在上海的5G智能工厂等）。中国移动2019年下半

[①] Kennedy, Scott, "Made in China 2025", *Center for Strategic and International Studies*, June 1, 2015.
[②] 重点部门有：(1) 新的先进信息技术；(2) 自动化机械工具和机器人；(3) 航天和航空设备；(4) 海洋设备和高科技运输；(5) 现代化铁路运输设备；(6) 新能源车辆和设备；(7) 电力设备；(8) 农业设备；(9) 新材料；(10) 生物制药和先进的医疗产品。

年将在中国 50 个城市建设 50000 个 5G 基站。①

显而易见，华为强劲的市场地位与电信企业的领先战略之间有着密切的联系，因为华为一方面明显可以依赖国内迅速扩张的 5G 市场，另一方面也可以扩大公司的海外销售。华为消费业务集团（Huawei Consumer Business Group）首席执行官余承东表示，该公司的 5G 业务根本没有受到美国制裁的影响，5G 业务的出货量已经达到 150000 台，到 2019 年年底将达到 500000 台。②

除了国内市场的发展，同样重要的是要阐明中国企业在这一领域的国际竞争力。中国企业是这项技术的领先者。在过去，3G 和 4G 专利拥有者占据了智能手机市场的主导地位，因此我们完全有理由相信 5G 合作伙伴也将成为市场的领导者。2018 年，大约有 5600 项专利申请被注册。然而，与 3G 和 4G 技术相比，我们可以假设 5G 技术将更重要，因为任何部门对连接的依赖都将受到合作伙伴所有者的影响。华为技术有限公司在 5G 标准化基础专利（5G 标准化基础专利③，SEP）所有者中排名第二，拥有 933 个标准化基础专利，中兴通讯（ZTE）排名第三，拥有 796 个标准化基础专利，中国电信研究院拥有 352 个标准化基础专利。如果看看 5G 专利的主要持有者，中国公司以 31% 左右的比例占主导地位，韩国公司可以获得 27% 的 SEPs 专利，美国公司的份额是 18%，而欧洲公司（诺基亚和爱立信）只有 16% 的 5G 专利④（见表 1）。

---

① Pao, Jeff, "Chinese Telecoms Unveil Their 5G Strategies. China Mobile, China Unicom and China Telecom are Adopting Different Strategies, Bosses Say", *Asia Times*, June 28, 2019a.

② Pao, Jeff, "Huawei Says No Timetable to Launch Its Own System", *Asia Times*, June 26, 2019b.

③ The SEP is a patent that claims an innovation that must be used to comply with standards.

④ 夏普公司占 SEP 的 7%，原来的日本公司于 2016 年被富士康集团收购。

表1　　　5G标准化基础专利拥有者及专利拥有数量

专利拥有者	专利拥有数量（个）
三星电子有限公司	1166
华为技术有限公司	933
中兴通讯公司	796
爱立信	794
高通公司	730
LG电子	621
英特尔公司	473
夏普公司	468
中国电信研究院	354
诺基亚	299
国际数字技术公司	18

数据来源：Pohlman, Tim, "Who is Leasing the 5G Patent Race?", *IAM*, December 12, 2018。

五　结束语

第一个非常简单的结论是匈牙利需要技术转让，特别是5G技术是必不可少的，因为5G技术将成为实现连通性的关键领域之一。

但是，我们可以立即补充说，匈牙利也需要多样化技术的来源。匈牙利的外国直接投资存量和对外贸易模式揭示了匈牙利经济的这种结构性弱点。尽管有人会主张在这一领域从西欧转移技术，但这将是困难的，因为欧洲企业不仅在这一领域落后于中国企业，而且美国和韩国企业也更占主导地位。我们必须补充说，从欧洲的角度来看，更多地依赖欧洲企业是可取的，但这需要改变单一市场的竞争规则，以便以更灵活的方式获得更多补贴。

中国与匈牙利的政治关系很好地促进了这一领域的合作。匈牙利决定在这一部分保持强大的国家存在（混合模式）是这方面的一个非常重要的基石，因为这是匈牙利政府能够控制和指导市场参与者的方法，同时也减轻了正当或不合理的安全关切。

  我们理解，中匈两国在这一领域的合作是值得期待的，因为匈牙利在这一领域的人力资源很强大，政治意愿也很普遍。如前所述，匈牙利政府和中国公司签署了一份备忘录，旨在表明他们愿意加强在信息通信领域的合作。这一举措非常重要，因为它不仅关系到外国公司如何进入国内市场，还关系到与5G有关的知识如何在匈牙利传播。[1]

（翻译：王海力）

---

[1] 华为在匈牙利设立了华为信息与网络技术学院（HAINA），HAINA中心是该学院伙伴项目的一部分，旨在授权给大学和学院，为学生颁发课程证书，https://huaweihaina.com/。

匈牙利的中国旅游业及其动态发展前景

法比安·阿明·文森蒂乌斯[*]

引 言

70年前中国与匈牙利建立了外交关系,但是两国关系却可以追溯到更久远的时期。在本文中,探索早期中国和匈牙利旅游业联系、它的发展方式和最有趣的历史和文化层面内容是一件令人兴奋的事情。尽管如此,笔者在本文中将只会从时间和空间上关注一小部分上述内容,因为将主要聚焦21世纪以来的中国旅游业。

笔者认为这一部分选题尤为重要,因为两国合作的繁荣包含两个完全不同的部分:一方面是政治、经济、科技和教育的合作,另一方面是人文交流。旅游业却将两个部分联系了起来,除了促进经济繁荣,旅游的发展也增进了双方的相互了解。这一点并不奇怪,因为自从20世纪下半叶以来,旅游业成为了一种外交工具。[①]

笔者研究的目的是探寻匈牙利对中国游客产生吸引力的原因,研究为何中国游客不远万里也要选择匈牙利作为旅游目的地。文

---

[*] 法比安·阿明·文森蒂乌斯是罗兰大学东方语言与文化(韩语)专业的高年级学生,匈牙利国家记者协会成员,自2019年1月起在雅典娜创新与地缘政治基金会进行研究实习。

[①] John K. Walton, "Tourism", Britannica. com, https://www.britannica.com/topic/tourism/Day-trippers-and-domestic-tourism.

章第一部分使用了描述性的统计数据，研究匈牙利市场的供给是如何满足中国旅游者需求的。这一部分也将详细描述 2000 年至今中国游客数量和质量的变化。在文章第二部分中，笔者对匈牙利旅游局前任或现任的职员、旅游机构代表和导游进行了采访。这些采访可以分享专业人士的经验和建议，可以帮助产生一些新的指导思想，让匈牙利可以更有效、更有吸引力地服务中国旅游者。

2000 年至今中国在匈牙利的旅游人数

2000 年至今中国赴匈牙利旅游人数增长迅速。数据是最好的证明，在匈牙利国家旅游办公室研究局（Magyar Turizmus Rt.）2000 年和 2001 年发布的数据中，中国赴匈牙利旅游人数甚至都没有出现在外国人赴匈牙利旅游人数的国别统计中。[①] 拿日本来说，具体的数字也在变化，2000 年有 10 万人赴匈牙利旅游，2001 年只有 9.7 万人。即使 2002 年日本赴匈牙利人数又减少了 1 万人，也远远高出中国赴匈牙利人数的几倍。2002 年的数据开始包含中国，但当年中国赴匈牙利旅游人数只有 1.2 万人。[②]

这一时期，亚洲赴匈牙利旅游总人数为 27.4 万，来自以色列和日本的游客共有 17.7 万，这两国占据了近三分之二的亚洲市场。而此时的中国，只有 1.2 万游客，只占 4%。

然而，也是在那一年，匈牙利国家旅游办公室将中国列为发展最迅速的新兴市场之一。其中一个贡献因素是中国的旅游业博览会，包括北京国际旅游博览会（Beijing CITE）和上海中国国际旅游

---

① Magyar Turizmus Rt., "Turizmus Magyarországon 2001" [Tourism in Hungary 2001], https://mtu.gov.hu/documents/prod/1166_turizmus_mo_2001.pdf.
② Magyar Turizmus Rt., "Turizmus Magyarországon 2002" [Tourism in Hungary 2002], https://mtu.gov.hu/documents/prod/1165_turizmus_mo_2002.pdf.

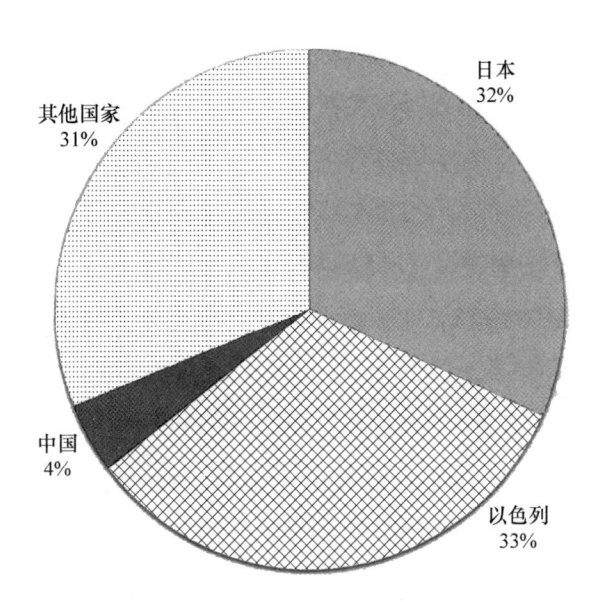

匈牙利的中国旅游业及其动态发展前景

图1 2002年匈牙利吸引亚洲旅游业市场情况

资料来源：匈牙利中央统计局。

交易会，从2001年开始对促进中匈旅游往来起到推动作用。同年，35家国际媒体派了记者前往匈牙利，对知名景点和活动场所进行拍摄。中国的中央电视台（CCTV）拍摄了布达佩斯的首都风貌和与匈牙利王后伊丽莎白·维特尔斯巴赫（茜茜公主）相关的趣事。

需要注意的是，21世纪初时，中国游客赴匈牙利人数还不多，因为那时中国游客的旅游首选地还是亚洲国家。2000年以来的数据也说明了这点，中国83.1%的游客选择亚洲国家出行，因为物价低廉、环境相似、行政手续便捷，只有10.1%的游客选择赴欧洲旅游。[1] 数据显示，56%的欧洲行程选择了俄罗斯作为旅行目的地，其次是德国，大约有11万游客，然后是法国和英国，分别是

---

[1] CNTA, *The Yearbook of China Tourism Statistics*, Beijing: China Tourism Press, 2000a.

9.6万和6.1万。那段时间的趋势是前往著名的西欧国家，2018—2019年赴匈牙利交流的北京外国语大学老师付铭[1]曾说：

> 实话说，很多中国人一直有这种观念，现在也没怎么改变，觉得像北欧的瑞典、挪威和西欧的国家才是发达国家，去这些国家消费也高，而所谓的东欧国家消费就低些，当然人们印象里的东欧国家并不是完全按照地理意义分类的。在中国人总体的思想里，至少以我和我身边的朋友的经验来说，奥地利、瑞士和德国还是非常让人向往的目的地。但是对于绝大多数中国人来说，西欧国家还是太贵了，所以出于现实考量，旅游经费充足的人会选择西欧国家出行，而经费相对较少的人选择中东欧国家。[2]

尽管在21世纪初，匈牙利还不能算是最受中国人欢迎的欧洲国家，但是2002年12月，匈牙利成为首个加入中国公民旅游目的地国家计划（ADS）的中东欧国家。中国公民旅游目的地国家计划设立于1995年，旨在促进中国游客赴双边旅游协约国旅游，并允许东道国通过促销宣传活动，获得更多的人流量。除了以上这些好处，ADS计划还允许中国公民通过旅行社前往特定国家，这大大减少了个人在大使馆办理行政流程的时间。[3]

---

[1] 付铭于2018年9月13日到达匈牙利。在匈牙利的这些年，她任帕兹玛尼佩特天主教大学的讲师，也在罗兰大学孔子学院工作。她为大二和研究生教授中文语法，教授大三学生阅读，还教授初学者口语。除了大学的工作，她也很积极地组织中国文化活动，每月至少两次。她经常会和来布达佩斯定居或旅游的中国人见面，所以她的经历和想法都与笔者的研究具有相关性。

[2] 摘录自对大学讲师付铭的采访（2019年，布达佩斯）。

[3] Arita Shawn et al., "Impact of Approved Destination Status on Chinese travel abroad: an econometric analysis", *Tourism Economics*, 2011, 17（5）: 983 – 996, https://doi.org/10.5367/te.2011.0076.

尽管这项计划的落实尚需时间，但这是中匈旅游业开始繁荣的重要一步。之后的几年中，匈牙利靠近中国的政策发生了几处变化：通过维谢格拉德集团的合作，匈牙利国家旅游办公室参加了2003年中国国家旅游商城博览会，并且通过促销活动极大地宣传了匈牙利。根据L先生[①]的经验，公司主要追求两个目标："那时，我们主要就想了两个目标：一是宣传匈牙利，二是让匈牙利对中国市场产生吸引力。即使是现在，很多中国人也对匈牙利知之甚少，15—20年之前更是如此。有一个问题听起来很奇怪，但确实存在，就是为什么一个中国人要选择赴匈牙利旅行，如果要选择欧洲国家，为什么不选择一个知名度更高的呢。虽然我们抓住一切机会在中国和中国社会宣传匈牙利，但我们意识到，至少就现在这个时候而言，独立做这件事太难了。对于绝大部分中国人来说，不远万里跑到欧洲，只去一个国家旅游，这个国家还是匈牙利，这简直是不可能的。当然，这个问题对其他中欧国家也同样存在，即使是颇具名气的奥地利和捷克。所以，把维谢格拉德四国放在一起，对我们来说是一个非常不错的主意：相比于德国和法国，如果让中国旅行者来一场有趣、小众、价格实惠的波兰—捷克—斯洛伐克—匈牙利东欧四国游，就显得非常可行了。然而，还有两个问题：一是中国游客在匈牙利的时间太短，二是他们只会去首都，还是走马观花性质的。"[②]

那时，中国已经被匈牙利认作是有潜力、增长迅速的市场了。[③] L先生所提到的问题之一是中国游客不可能把匈牙利单独当

---

① L先生，53岁，经济学家，匈牙利国家旅游办公室的前任官员，同时也在其他旅行机构工作过。他要求匿名。
② 摘录自对经济学家L先生的采访（2019年，布达佩斯）。
③ Magyar Turizmus Rt., "Turizmus Magyarországon 2004"［Tourism in Hungary 2004］, https: //mtu. gov. hu/documents/prod/1163_ turizmus_ Magyarorszagon_ 2004_ vegleges. pdf.

成旅游目的地，为了解决这个问题，匈牙利国家旅游办公室致力在海外市场宣传中推荐五个区域：除了首都和周边，还展示巴拉

图2　维谢格拉德国家的"四重奏"，旨在宣传中欧国家的价值
资料来源：《匈牙利旅游》，2004年。

图3　WOW公司于2018年在匈牙利旅行社的帮助下开设的新的国家旅游宣传网站页面
资料来源：https://hellohungary.com/en。

顿湖、匈牙利北部、外多瑙河地区、大平原和蒂撒湖。参加中国的博览会越来越受到重视,尤其是 2014 年 2 月维谢格拉德四国在上海的世界旅游博览会联合宣传"欧洲四重奏",以及同年 7 月在北京举办的北京国际旅游博览会,11 月上海举办的中国国际旅游交易会,还在中国发行了讲述匈牙利世界文化遗产的 CD。

2004 年,中国赴匈牙利旅游人数为 2.5 万人,比 2002 年和 2003 年已经翻了一番。2005 年中国赴匈牙利游客为 3.1 万人,除了旅游人数,在匈牙利过夜天数也可喜地增长了 25%。[①] 受到维谢格拉德国家的邀请,中国多家电子和纸质媒体派了 25 个人到匈牙利,与此同时,匈牙利国家旅游办公室还邀请了中国两家旅行机构的 60 位代表。这种小型研讨会给中匈旅游业之间建立商业往来提供契机,有利于未来建立中匈旅游业合作。值得注意的是,匈牙利还设立了一个宣传匈牙利的中文网站,并允许在线更新。

其实观测数据和掌握准确的增长数值并非易事,因为中央统计局每年公布的数据都不是基于同一个标准。从 2001 年到 2007 年,数据还显示中国赴匈牙利游客人数曾出现下跌(图 4),2008 年开始又只显示了每个国家赴匈旅客住宿的人数和天数。显然,中国游客在匈牙利住宿的人数与入境的人数肯定是不一致的,这些数据之间有着高度的重合,自 2008 年起这些数据也开始用于研究(图 5)。2010 年起,游客数量有了明显的增长,2008—2010 年的增长率为 16%—18%,而 2010—2011 年增长率达到将近 30%,2012 年又在 20% 左右。2013 年短暂地下滑了 4 个百分点,然后就在 2015 年和 2016 年实现了飞速增长,分别达到 40% 和 35%。过

[①] Magyar Turizmus Rt., "Turizmus Magyarországon 2005" [Tourism in Hungary 2005], https://mtu.gov.hu/documents/prod/tursta t2005_ magyar_ vegleges. pdf.

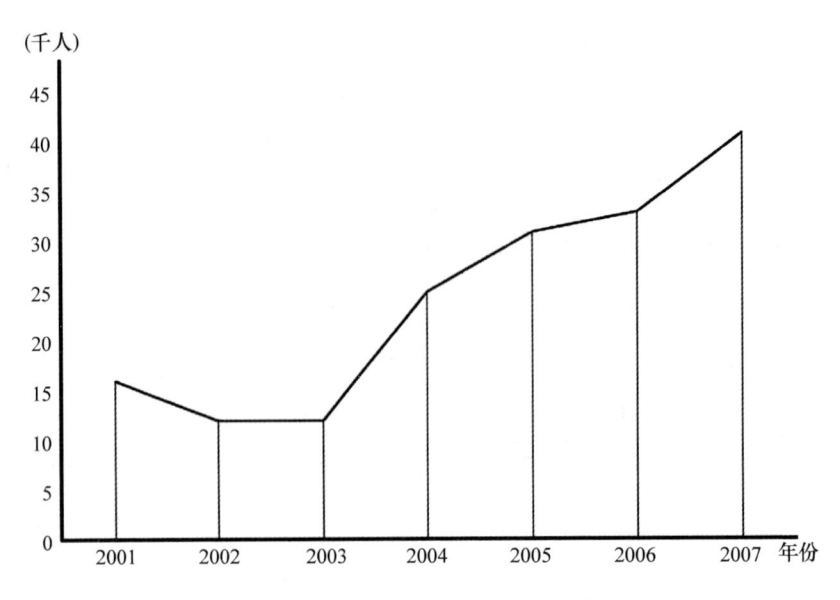

图 4 2001—2007 年中国赴匈牙利游客数量

资料来源：匈牙利中央统计局。

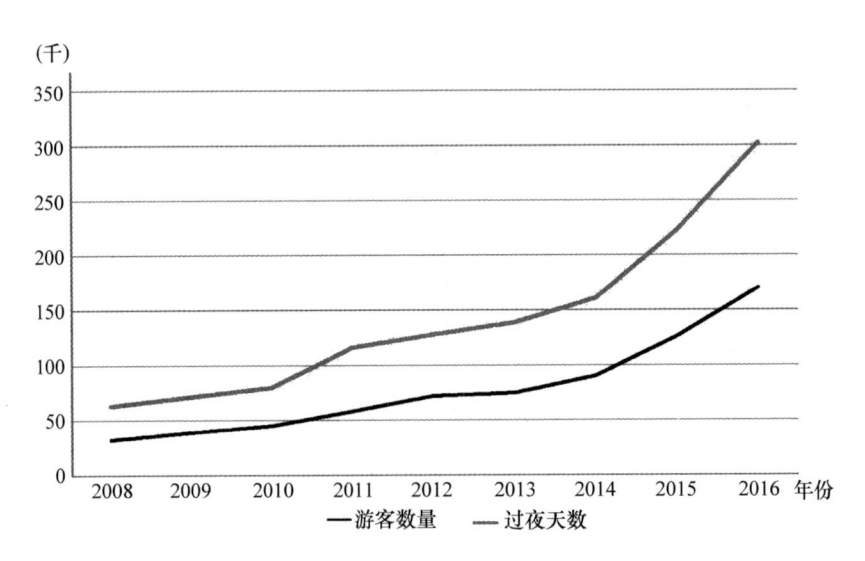

图 5 2008—2016 年游客数量与过夜天数变化情况

资料来源：匈牙利中央统计局。

夜天数也出现了明显变化：2008—2010 年每年的增速在 11%—13%[①]，而 2011 年猛增到 45%，2015 年[②]和 2016 年都超过了 35%。2008 年，共有 3.86 万中国游客在匈牙利住宿 71469 个夜晚，2011 年有 58386 名中国游客在匈住宿 116103 个夜晚，而 2016 年有 170171 名中国游客在匈住宿 302107 个夜晚。

中国赴匈牙利旅游业情况变化的原因

匈牙利旅游局网页上的具体信息，在 2016 年之后就不能浏览了，[③] 但笔者有幸向中国国家代理专员姚瑶[④]询问了一下最新数据："匈牙利旅游局根据匈牙利中央统计局发布的每月住宿费率情况，来了解游客数量和市场的变动。以此为依据，我们可以得到游客数量、过夜天数和匈牙利地区的具体划分。数据显示，布达佩斯仍然是最受欢迎的旅游目的地，但除了首都外，越来越多的人开始前往巴拉顿湖，包括赫维兹镇。除此之外，旅行机构还为中国游客打包推荐了埃格尔、塞格德、托卡伊和肖普朗。自 2010 年开始，匈牙利的旅游业一直稳定上涨，2018 年达到了历史峰值。匈牙利以前从来没有这么多游客。中国赴匈牙利的游客数量也在明

---

① Magyar Turizmus Rt., "Turizmus Magyarországon 2010" [Tourism in Hungary 2010], https://mtu.gov.hu/documents/prod/1157_Turizmus_Magyarorszagon_2010_vegleges1.pdf.

② Magyar Turizmus Rt., "Turizmus Magyarországon 2015" [Tourism in Hungary 2015], https://mtu.gov.hu/documents/prod/MTE_4000_105x210_LA4_StatVegleges_2015_HU_web.pdf.

③ Magyar Turisztikai Ügynökség [Hungarian Tourism Agency], "Riport a rekordévről" [Report on a record year], https://mtu.gov.hu/documents/prod/mid_HU_Turizmus_mo_2016_spreads.pdf.

④ 2018 年 5 月，姚瑶被任命为匈牙利旅游局销售部中国特别专家。姚瑶的母语是中文和匈牙利语，英语也很流利。她之前曾是万豪行政公寓的前台经理，后来任职于布达佩斯希尔顿销售部。2010 年，她曾参与上海世博会匈牙利馆的运营。她曾在机车旅行社和东欧特快旅行社中任职。

显上涨。2018年，赴匈牙利的中国游客数量为256000人（比2017年上涨12.5%），在匈过夜天数达到421000天，比2017年上涨14.6%。2019年上半年中国市场的增长还在持续：2019年1—7月，中国游客在匈住宿天数上涨了6%。2019年6月，中国成为在匈牙利过夜天数排名第八位的国家：光6月一个月，中国游客在匈过夜天数就达到了51000晚，比2018年6月增长了12%。"①

这些数据显示出两个问题：旅客数量明显增长的原因是什么？为什么中国游客在匈过夜天数平均不超过两天？游客数量明显增长的原因有以下几点：第一，匈牙利积极拓展中国业务，之前的研究中已有提及；第二，中国国内选择前往欧洲旅行的游客明显增长。② 值得一提的是"一带一路"倡议，已经有126个国家和29个国际组织与中国签订了合作协议，③ 这让很多欧洲国家对中国游客来说更加开放，更容易前往。匈牙利是第一个加入"一带一路"倡议的欧盟国家，这一项全球经济—基础设施发展倡议对于中国市场来说有着很积极的影响。

2013年"一带一路"倡议提出后，最近几年，在倡议影响下，中国已经成为匈牙利旅游业扩张最快的市场之一了。除此之外，中匈之间的两条直飞航线也大大促进了旅游业发展。布达佩斯—北京航线于2015年5月开通，布达佩斯—上海航线于2019年6月设立。匈牙利旅游局为促进中匈旅游业发展，极力促成了航线的开通；在国际市场上开展了一系列宣传活动，积极推介匈牙利作为旅游目的地；帮助国内服务机构在中国参与和举办贸易展；组织研讨会和巡回展览以提高两国经营者和服务机构的相关意识，

---

① 摘录自对中国专家姚瑶的采访（2019年，布达佩斯）。
② CNTA, *The Yearbook of China Tourism Statistics*, China Tourism Press, 2018.
③ News In Asia, "126 countries, 29 international organizations are now part of China's BRI", https://newsin.asia/126-countries-29-international-organizations-are-now-part-of-chinas-bri/.

来增加入境旅游，姚瑶总结了旅游局在中国的活动，并提到，包括匈牙利在内的中欧地区，是一个安全且日益受欢迎的旅游目的地，布达佩斯已被列为2019年欧洲最佳旅游目的地。①

尽管游客数量在增加，但是2008年游客在匈平均过夜1.85晚，而2016年只有1.77晚，2018年更是降到了1.64晚。根据姚遥所说，为了让游客在匈牙利停留的时间更长，首都之外的乡村地区应该增加宣传和介绍，所以匈牙利政府和匈牙利旅游局采取了以下几个方法："为了提高旅游业服务和住宿质量，匈牙利国内很多目的地都采取了前所未有的发展方式，来满足国外游客，如中国游客的需求。除了布达佩斯，我们还支持在国际市场上对匈牙利乡村进行宣传，同时提高旅行机构可提供的旅游行程数量，增加旅行的时长。"然而，由于发展过程中的时间消耗，现在确实还存在很多不足，国际游客对此有一些不好的反馈。"显然，外国游客对一些服务和承诺的服务的可行性存在疑问……，中国游客更喜欢双床间，每个房间有分开的两张床，但是很多国内的旅店没有这种房型。"

L先生也持一样的观点，很多乡村旅店的老板对游客快速增加感到吃惊，也无法做出合适的调整来满足需求："事实上，乡村的服务有时没有办法满足外国游客的需求，这对于在匈过夜天数有着消极的影响。不过，我还是想回到刚才提过的原因：过夜天数较少，是因为远道而来的游客是把整个区域作为旅游目的地，而不只是匈牙利。有两个方面值得一提：一方面，大部分中国游客都不是自己规划行程，而是选既有路线或者跟团。这种情况有很多原因：这样更简单、更便捷，对于远道而来的人来说也更安全。匈牙利在这些项目中只是很小一部分。也许，是时候提供一些更

---

① European Best Destinations, "Best Places To Travel In Europe 2019", https://www.europeanbestdestinations.com/european-best-destinations-2019/.

好的选项了。另一方面，布拉格或维也纳排在赫维茨或托卡伊之前是很自然的。尽管有很多国家的首都可供挑选，但地理位置也是受欢迎的一个因素。那么问题就是，如何赢得这种'假定的'竞争。有几种解决办法，但不是说一定要赢过这个地区的其他国家。从时间上来讲，能增长半天时间就已经是成功了，但是这需要延长旅行路线，并且对现有的旅游项目进行重组。我认为，进一步了解匈牙利的什么东西最受中国游客喜爱，以及如何令他们感觉更好，这是十分重要的。"

中国人眼中的匈牙利之美

实际上，关于中国赴匈牙利这方面，最令人兴奋的一个问题是，中国人如何看待匈牙利之美和可人之处。除了教学之外，付铭在中国人交际圈里也很活跃，所以她也能够分享一些自己的经验，还有同胞们的反馈："建筑、桥梁、多瑙河和夜景是令人震撼的。我对欧洲建筑非常感兴趣，所以对我来说在街上逛一逛、观察一下这些杰作，就已经是非常特别的体验了。我相信，建筑会逐渐成为最受中国游客喜爱的东西。" Y女士[①]是一位生活在布达佩斯的中国导游，也有类似的观点："你肯定很熟悉布达城堡和渔人堡的全景。所以，我经常会遇到这种问题，旅行刚开始游客就在问什么时候可以看到这些标志性景点。他们被这些景色深深震撼，我觉得比邻国的其他景色更令人印象深刻。夸张点说，这对他们来说就是匈牙利。"[②] 所以，匈牙利首都的建筑遗产，对于中

---

① Y女士在布达佩斯生活和工作了9年。她曾在多家中国企业任职，也曾做过4年全职导游，接待从远东尤其是中国来的游客。她要求匿名。
② 摘录自与导游Y女士的对话（2019年，佩奇）。

国游客来说是有巨大吸引力的。想到联合国教科文组织已经把多瑙河河岸、布达城堡和安德拉什大道列为了世界文化遗产,这种情况也就不足为奇了。根据姚瑶所说,布达佩斯经常被看作一个独立的部分:中国游客被匈牙利首都的历史、文化和建筑遗产深深吸引,因为这跟他们自己国家的完全不同,他们也很愿意在旅途中探索和发现。布达佩斯是匈牙利旅游业的招牌,对于中国游客来说是一个独立的、知名的旅游品牌。在布达佩斯的主要行程就是景点观光,最受欢迎的景点包括:渔人堡、布达城堡、链子桥、国会、安德拉什大道、英雄广场和多瑙河游轮。

蒂玛·德莫特(Tímea Dömötör)[①] 是一位同传,她对此有不同的看法,认为这些旅游套餐都无法满足中国游客的兴趣。她说:"我必须要说,他们对于欧洲历史的认知不管哪方面都很欠缺。很多他们是不懂的,比如,洛可可和哥特的区别,或者天主教教堂和路德教的有什么不同,为什么前者在建筑中有更多的装饰物。"[②] "现在,很多旅游都需要有很多背景知识,或者需要提供一些相关的信息给中国游客。个人经验来说,我可以举个例子,美国或者韩国的博物馆会经常展出欧洲文化和艺术作品,但是令我吃惊的是,他们把欧洲当做一个整体,不分边界和时代。知识欠缺的原因往往是因为文化差异,以及从外部视角看待欧洲。但是来自不同历史背景的人拥有不同的知识储备或感兴趣的东西都是很正常的。"这就是为什么Y女士致力于制定一个真正能让他们感兴趣的项目:"我已经提过他们非常喜欢这些全景,也非常欣赏建筑杰作。但是,我们要知道,没有人想在旅游的时候还在上课。看到

---

① 蒂玛·德莫特,33岁,是一名教师、同传。她在中国工作和生活过10年,一直从事相关领域工作。这些年她开始频繁接触中国游客。
② 摘录自与同传蒂玛·德莫特的对话(2019年,布达佩斯)。

一个漂亮的建筑不代表你就要知道他的全部。欧洲游客去中国游玩时，有时旅游景点会讲一些中国特定时代的特征，很多陌生的、闻所未闻的细节，这与游客的经验完全不一样。中国游客对匈牙利的历史和文化遗产很感兴趣，这一点我可以确定。但是，信息的传达必须通过一种有创意的、全面的模式，从头开始讲起。反过来，情况也是一样的。"

除了建筑和自然景观，布达佩斯的氛围对中国游客来说也是一种不同的体验。根据付铭所说，来这里的人都会被带入这里的生活方式："咖啡、舒适的复古酒吧、友好而热心的饭店、享受在室外坐着和吃东西的机会，这些对中国游客来说都很有吸引力。""中国室外的庭院很少，人们也很少会坐在一起喝喝咖啡和啤酒，就这么看着建筑和人来人往。中国的生活节奏很快、很忙，没有时间做这些事情。这就是为什么我们十分欣赏和羡慕匈牙利这种平静的感觉。"付铭觉得这种神秘主义是布达佩斯的独特气息，她说："匈牙利在中国中产阶层中越来越受欢迎。作为欧盟成员国，他可以提供一个安全、物美价廉的地方，也不像一些受欢迎的、已经过载的西欧老牌国家那么拥挤。中国人喜欢探索和尝试新鲜事物，在未知的地方漫步，匈牙利在中国人眼中就是这样一个地方。"像赫维茨、霍尔托巴吉、佩奇这些乡村，相较于布达佩斯来说，更能满足游客这种探索未知的需求。

笔者在这些访谈中了解到，这种未知感除了带来一些积极影响，也有一些消极影响："在乡村旅游时，语言就成为一个普遍的关注点。经常收到中国游客的评价，这些旅游景点都缺少中国标识和景点介绍。"姚瑶认为除了要宣传这个国家，更重要的是与中国游客建立联系。加强交流的方式最快速、有效的就是增加中国讲解导游和员工，并且提供在线中文资讯。解决方案可以是一部智能手机，装上介绍匈牙利详细信息、布达佩斯景点的软件，以此给游客提供想去的景点、实用的信息和推荐旅游的场所。在来之前提供这样一个软件就可以满足需求，让中国游客与匈牙利走得更近。付铭第一年来匈牙利的时候，觉得自己错失了很多活动，因为他们没有在正确的地方用正确的方式宣传："我总觉得我被落下了，因为我无法及时获得更新的活动和项目。大部分活动都是在外国网络社交平台上做宣传，而且大部分都只提供了英文，没有中文版。所以这一点要能改变就好了。"一个软件就可以变成给中国游客提供活动信息的绝佳平台。

语言障碍还伴随着文化、习惯和饮食的冲突，某些情况下会带来麻烦。根据蒂玛·德莫特所说，为中国游客准备食物需要格外注意："以我的经验，他们也就能吃两、三天欧洲餐，之后他们会去找一些中国餐馆，买一些快餐和面条。这倒不是问题所在，更重要的问题是他们对某些欧洲的食物非常敏感，比如匈牙利的奶制品。这些食物会引发反胃和不舒服，让旅途变得不那么愉快。我经常会介绍一些不含乳制品的食物，或者可以去掉乳制品的食物。"然而，很多导游没有这种准备，中国游客习惯不了匈牙利的食物，他们就觉得很奇怪、不正常。经济问题也时有发生：游客们通常会带欧元，然后用不怎么合适的汇率在宾馆或者旅行社兑换成福林。这种情况下，旅行社收取的佣金会高于平均水平。除此之外，给小费和讨价还价的习惯也不同："小费（有时是必须的）经常被中国游客诟病。他们并不理解为什么要这么做，尽管来之前就已经知道了关于小费的事情，但他们还是会表明对这个制度很不赞同。……尽管中国游客在年龄和社会地位上差别很多，但是他们的购物和讨价还价习惯是相同的。然而，这在匈牙利并不是一个常见的现象，所以这经常会引发误会和不好的体验。"蒂玛·德莫特如是说。

结　论

　　现在匈牙利已经创造了很多的条件，来增进中国赴匈牙利旅游的数量和质量。本文第一部分的数据表明，最近十年游客数量呈现出积极增长的趋势。除此之外，匈牙利也在试图解决一些旅游业正面临的问题与挑战。不止是政府，所有的利益相关者都作出了正式或非正式的贡献。就像第二部分提到的很多不足和挑战，大部分都不是制度的问题，而是个人和团体如何进行准备的问题。Y女士："他们远道而来，还要适应完全不一样的环境，虽然对于游客来说，一开始可能是很新奇的。我们不能只是把他们当成一群普通人来看，相反，我们应该竭尽全力保证他们有最好的体验。中国人很喜欢匈牙利。匈牙利不仅仅是游客数量正在飞速增长，中国学生的数量也在增加。这些年轻人以后会带着对于国家的骄傲和美好的记忆，再重回这里。中国和匈牙利的关系会愈加紧密！"

（翻译：陈思杨）

下 篇

人文和社会

1949—2018 年匈牙利对华研究的不同阶段[*]

鲍拉日·莎尔瓦里　拉斯洛·特劳特曼[**]

一　引言

我们的研究旨在介绍匈牙利对华研究的发展，以及作为其组成部分的主要科研机构和研究小组。我们不仅要提供划分段，而且还要在历史背景中展现分段，因为我们认为这样做是解决国内研讨会要处理的任务所必需的。在挑战中，我们认为最重要的解释是不断变化的中国经济政治及其在全球趋势中的演变。这可以概括为：从20世纪70年代中期开始，中国的对外贸易政策就进入了一个新的阶段。我们的出发点是，中国将继续与全球趋势保持联系，不会回到孤立的状态，但是，由于在过去的40年中，中国的重点主要集中在西方市场，例如欧洲国家，因此其经济增长与西方国家的吸收能力紧密相关。在今后的时期，中国的重点将集中于相对落后地区的项目，无论它们在中国国内还是国外（南亚、

---

[*] 如需参阅本文所提到文献，请访问中国—中东欧研究院网站的专门网页：http://China-cee。

[**] 鲍拉日·莎尔瓦里博士是布达佩斯考文纽斯大学副教授、微观经济学院教授、圣伊格纳茨耶稣会职业学院院长；拉斯洛·特劳特曼博士是布达佩斯考文纽斯大学的副讲师，自1990年起担任微观经济学院院长，2004—2019年担任院长，2005—2014年担任布达佩斯考文纽斯大学经济学院院长。

中亚国家等)。我们的研究并不会就此观点进行经验验证,有关此观点的讨论可以在 Sárvári(Sárvári,2016a)的论文中找到。

中国经济政治变迁对匈牙利社会经济科学文献的影响主要表现在形态理论方面。我们普遍认为,中欧和东欧地区与中国的关系是特殊的,这种特殊关系在1949年中华人民共和国成立后得到了进一步增强。其原因主要是第二次世界大战后东部地区的结构调整。第二次世界大战后,东方阵营的扩大与苏联的扩张并不一致,新建立的社会主义国家使得东方阵营内部出现更为多元的合作结构,例如出现了"人民民主"这个新词汇。从这一时期起,东方阵营实质上分裂为三个阵营:包括苏联、中华人民共和国和中东欧国家。然而,这个三角形中的每个部分的变化,特别是中国的影响在中东欧是不可忽视的。

地缘政治学的变迁融入了社会科学和经济科学的分支,也影响了匈牙利的社会科学研究。分析资本主义和社会主义问题、社会主义发展的特殊性、黑格尔—马克思主义生产方式范畴的理论研究、冷战时期流行的世界体系理论(在如今的语境下是全球主义研究)构成并仍然是匈牙利国内经济科学思想的有机组成部分。显然,中国的经济理论思维,以及由此引起的经济政治影响对匈牙利经济和社会科学事件具有重要意义。这不仅是科尔奈著作的特点,但他显然是这一进程中的一个里程碑,而且在他之前,Ferenc Tőkei 或 György Lukács 的成果也产生了重大影响。在我们的研究中,我们将呈现这类影响的历史背景,目的在于突出匈牙利中国研究的形成理论(Formation Theory)。

这种研究尝试可能不只与学术相关。科尔奈(Janos Kornai)分别于2019年7月10日和2019年7月19日在英国《金融时报》和匈牙利《生活与文学》杂志上发表了一篇颇具影响力的文章

(Kornai, 2019a, 2019b)。这份报告的主要结论之一是作者建议回顾过去40年的中国研究,以及西方对华研究学者(包括科尔奈本人)向中国领导层提出的建议。科尔奈的论点是,技术专家在20世纪70年代末所强调的内容,包括促进法治秩序、经济改革、私有化和宏观经济调控是远远不够的。科尔奈提出了专家(包括他自己)的责任,但很难确定西方顾问在经济政治决策中起到了多大的作用,不过可以肯定的是,科尔奈的最新著作可能会极大地改变经济学家们的思维方式,而开启一种新的思维方式。这是科尔奈一直追求的政治经济学,因为政治经济学是对长期政治文化价值体系要素的经济运行的研究。我们可以从科尔奈的文章中了解到,研究价值体系话语是任何一种研究的一部分,既然目前全球稳定没有其他选择,那么只能提出这样的经济政治建议,支持中国(当然还有所有其他国家)和谐地适应全球化。在我们的研究中,我们想根据以上的论点来概述匈牙利的学术发展。

我们的研究分为三个阶段,分别概述了1949—1986年、1986—2013年以及2013—2016年的中国研究文献。科尔奈的《短缺经济学》(Kornai, 1980, 1986)的发表证明了将1986年作为分界线的合理性。由于我们讨论的是理论历史的分节,因此我们没有选择1978年。即使在毛泽东时代也能找到邓小平改革的序幕,我们认为选择理论历史节点比历史节点更为合适。

二 从开始到出版《短缺经济学》

匈牙利1949—1986年的经济和社会科学研究基本上可以分为两类:一是农业政治是一个精确、实用的经济政治问题;二是理论形成问题:亚洲生产方式与社会主义的关系。

（一）农业政治与中国经验

理论问题是由不同的政治战略决定的，特别是出于对工人阶级和农民之间关系的判断。在苏联模式中，只有工人阶级才有机会转入社会主义，而中国共产党从一开始就主张农民在社会主义革命中扮演同样重要的角色。这一争论不仅具有理论意义，而且决定了集体主义和城乡关系的特点，以及相关的政治战略。这些关于经济政治的争论最先出现。

1953年以来，中国在经济政治方面做出了强有力的、勇敢的尝试，即加强农户的农业作用，以稳定城镇和全体农民。专家开始强调，利用某种资本主义的因素发展农业是不可避免的。经济被分为两个部门：一个是社会主义部分，另一个是存在市场关系的大规模工业和农业，其中运用了资本主义要素。在后一种情况下，主要问题是，它们不是指西方在市场上实行管制的市场经济，而是基于19世纪甚至更早以前的小规模生产模式。农业市场的盛行并不是用于农业的技术发展，而是为了保护一个较为低下的技术水平。

农业的经济政治纲领包含两个要素：家庭农业和后来的宅旁园地（side-plant）制度。经济政治关系使农业合作社倾向于在村里建立生产工厂。他们的工作效率很高，成本也很低，其原因不是技术发展，而是农村地区的工资水平较低。这两个改革因素在中国都产生了强烈的影响。在20世纪50年代后半期，许多政策进行了调整。事实证明，苏联模式是不稳定的，此后，中国领导人尽一切努力使中国避免这种不稳定。

（二）亚洲生产方式研究

亚洲生产方式研究在国际文献中有着悠久的历史，在匈牙利的社会科学中也是如此。马克思是第一个使用"亚洲生产方式"来反思欧洲哲学历史传统的人。亚洲生产方式将亚洲社会的专制和停滞与欧洲的活力相联系在一起（即与该研究项目一起，有助于避免欧洲陷入亚洲"野蛮"状态）。马克思探讨了具体的亚洲生产过程出现停滞的原因，即自给自足的乡村社区体系。他确定了欧洲发展中城市的主导地位的特殊性。

匈牙利的社会科学在第二次世界大战后也开始研究亚洲生产方式，研究建立在农业经验的基础上。关于亚洲生产方式的讨论，反映了农民和农村的稳定和发展的长期机遇。关于亚洲生产方式的国内研究，一个关键人物是费伦茨·特凯伊（Ferenc Tőkei），他分析了"亚洲生产方式"这一术语及其在中国多部文献中的使用情况（Tőkei，1965，1982，2005）。在特凯伊的作品中，中心要素是乡村经济，社区与个人之间的不和谐。他认为，亚洲生产方式不适合管理个人的流动：自由与亚洲的生产方式相对立，自由必然涉及对共同体的破坏。亚洲大帝国只有控制人民、指挥民众，不偏离农业或乡村中心主义的情况下，才能确保稳定。

特凯伊用一个三要素模型试图阐释亚洲的生产方式：个体—社区—生产工具之间的关系。特凯伊的论点是，这种关系是亚洲生产方式所特有的，即个人只能通过社区获得其生产工具，而在西方，这种方式是无效的。因此，在东方，社会能够压制个人和个人主义，而个人主义在西方却盛行。这个模型导致了错误的结果，把自由定义为个人主义。与资本主义一样，把它分配给了西方。这既没有得到西方的支持，也没有得到东方的支持，因为西方主要奉行自由崇拜。自由无疑与14—19世纪的资本主义相联系，尽管对它的批评在西方哲学和政治经济学中长期存在。此外，东方高级文化也不能用缺乏自由来形容，虽然在14—19世纪这一时期，自由价值体系仅仅更靠近西方。特凯伊的分析是不准确的,即如果包括中国在内的东方国家希望将自由纳入自己的政治和经济模式,那么它必须选择资本主义。今天,我们对这一观点有了更明确的认识,这是一种错误的二分法。

三 从《短缺经济学》的出版到匈牙利对华研究的出现

匈牙利在20世纪80年代和90年代对中国社会科学的关注主要聚焦于寻找和平改革和过渡的模式。一方面,匈牙利为中国提供了另一种模式,苏联模式通常被认为是不可持续的,并且当时正在走向崩溃。中国和匈牙利一样,在政治和贸易政策上开始了向西方学习,向西方经济学理论的学习可以在科尔奈的著作中找到。另一方面,匈牙利也成为欧洲的重要成员,成为中国潜在的战略伙伴。关于这个时期的文献,我们可以将其划分为四类:一是转型与改革;二是国际事务、全球事务;三是文化路径、中国传统与精神;四是经济和工业分析。2013年被认为是这一阶段的结束——下一节的开头我们将解释这一划分的原因。

(一)中国的改革时期,匈牙利的政权变更

中国的第一个经济学家代表团于1982年到达匈牙利,两国之间的学术交流一直持续到1989年。这一阶段的转折点是《短缺经济学》中文版的出版。在这一时期最重要的问题是改革进行的速度,特别是价格改革,这在理论上表现为"社会市场经济"。匈牙利的立场主要是建议应用休克疗法,并采取必要的步骤。1981年在雅典举行了一次名为"相对价格"的经济学会议,科尔奈自己

承认，他突然间得到了很多关注。他对社会主义经济现实的批判对听众产生了重大影响，中国著名经济学家吴敬琏也出席了那次会议。

科尔奈和其他西方重要经济学家一起参加了 1985 年在巴山轮上举行的会议。这次会议对中国的改革思想产生了重大影响，仅仅一年后《短缺经济学》就开始在中国广泛发行。科尔奈晚期研究中的一个反复出现的话题是对社会主义的系统理论和中国经济政治的研究（Kornai，1993，1999，2007，2010）。

匈牙利关于中国研究的学术小组大多于 1989 年之后成立，当时的条件不太正规，主要是由一名著名学者发起并组成小组。在众多因素中，体制环境的变化以及东欧剧变后西方经济政治起了重要影响。主持五个核心研究小组的学者分别是亚诺什·科尔奈（János Kornai）、叶桐（Ottó Juhász）与安德拉什·依诺泰（András Inotai）、久洛·乔旦（Gyula Jordán）、戴博纳（Barna Tálas）、以及盖尔盖伊·邵拉特（Gergely Salát）。

（二）中国的国际事务与全球角色

戴博纳（Tálas，2006，2012）和乔丹（Jordán，2007，2010，2012）两位顶级中国问题学者的成果为该领域进一步的研究的做了参照。戴博纳在 2006 年预测，到 2020 年中国可能会成为国际超级大国。匈牙利的乔丹是质疑"华盛顿共识"的先驱之一，并提出了"北京共识"。乔丹还认为，中国的发展为其他发展中国家提供了许多经验，但中国目前还没有建立一种新模式。后来，在 2010 年年初，又出现了一些预测未来的学术著作，都反映了西方的回应（Rácz L.，2011；Horváth，2012；P. Szabó，2012；Szunomár Á.，2012）。在以上的研究中，作者们主要从军事实力而不是政治稳定、文化和全面战略规划方面来解释中国的全球实力。

这一时期，有必要将每种具体关系的研究与一般的战略研究分析区分开来。被誉为"中国的南美"的非洲（Lehoczki，2009，2015a，2015b）是当时研究的焦点，当然也包括欧盟。中国与欧盟的关系基本上是历史性的，大体属于一种文化间关系（Bóka，2009，2011）。马都亚（Tamás Matura）简要介绍了 2010—2012 年的中匈双边关系（Matura，2012）。

（三）中国历史、文化、政治

中国文化一直是中国发展的重要源泉和推动力。匈牙利前驻华大使叶桐（Juhász O.，2012）的报告研究了中国从第一次鸦片战争到 2012 年之间的发展曲线，并得到了相似的结论。他甚至在章节标题中强调，传统文化服务于政治和战略目标，从而有助于中国的软实力（Nye，1990）。叶桐指出中国文化的"连续性"是由于儒家学派的影响，而儒家学说在整合不同意识形态方面发挥了十分重要的作用。

理解历史文献与专著的主要目的是为了解构中国庞大的整体形象，这种庞大形象一定程度上是由地理距离和文化差异所造成的（Polonyi，1988；Magyar，1991；Jordán，1999；Salát，2010）。

郝清新（Imre Hamar）和 Gergely Salát 共同出版的文集提供了一个历史性的文化综述（Hamar-Salát，2009）；Vámos 则研究了中国的医学传统（Vámos，1995）；叶桐（Juhász O.，2005）通过个人的经验和地理视角解释了中国的世界形象。

关于文化性的文献可以分为有关中国传统和基督教两种出版物。关于中国历史宗教的概述（Salát，2000a）、中世纪（Hamar-Salát，2005）、毛泽东时期（Salát，2000c），宗教和"文化大革命"时期（Salát，2000b）的内容都属于前者。后者则包括匈牙利僧侣 László Ladanyi SJ 的著作（Jesus's Company Hungarian Order Province，2013；Patsch，2011；Ladányi，1983，1992），László 是当时匈牙利《中国新闻分析》的编辑和作者，并在全球产生了广泛的影响。

（四）经济分析

在 1986—2013 年的经济方面的研究分析中，匈牙利学者认为匈牙利的目标是了解中国的改革（Csaba, L.，1996）、对私有化的作用和深度的研究（Jordán，1996）以及对中国农业改革经验的评价（Jordán，1988）。当时的一个基本问题是，中国是否被视为市场经济。在研究的系统方法论方面，Jordán、Tálas（Jordán-Tálas，2005）和 Mészáros（Mészáros，2005）联合出版的著作具有重要意义。

除了对中国经济发展的总结（Botos，2007；Mészáros，1999）之外，另一项研究分析了亚洲经济危机（Gáspár-Gervai-Trautmann，1999）、第十个五年计划（Jordán-Tálas，2002）。Gergely Gaál 则对中国的经济发展和现代化做了大量研究（Gaál，1993a，1993b，1993c，1993d，1995a，1995b；Gaál-Xu，1994，1998）。

匈牙利科学院的 András Inotai 和 Ottó Juhász 提出了最重要和最宏大的论点。出版的四卷著作是根据不同的主题要素编辑的：社会经济发展（Inotai-Juhász，2009a）、中国的国际政治角色（Inotai-Juhász，2009b）、中国与匈牙利未来关系的潜在影响（Inotai-Juhász，2009c）以及中国的国际经济角色（Inotai-Juhász，2009d）。在这个庞大的工程之前还有一本著作，他们在此书中思考了什么样的因素决定了中国的发展，在这方面存在哪些机遇（Inotai-

Juhász,2008）。研究继续分析中国在金融危机后的状况（Inotai-Juhász,2010a,2010b,2010c）。学者们后来又撰写了两本书，这两本书关注中国的内部事务和改革（Inotai-Juhász,2011a），以及中国的国际地位、经济作用和中匈关系（Inotai-Juhász,2011b）。

有一项独立的研究明确分析了中国劳动力市场的发展趋势。除了进行明确的统计分析之外，作者还研究了中国的社会分布、城乡迁移以及政府和私营公司的作用（Jordán,1997,1998；Artner,2010a,2010b,2011）。

四 匈牙利对华研究的现状趋势

关于匈牙利对中国经济的印象，我们必须强调在匈牙利国家银行新设立的研究中心，其作用非常重要。这个研究机构使匈牙利的中国研究变得更加广泛，超越了历史水平。这个阶段开始于2013年，也就是新银行行长捷尔吉·毛托尔齐（György Matolcsy）被任命的那一年。

近五年来发表的研究成果可分为七大类：中国的国际事务、军事战略与工业、中国传统的作用、理论形成与科尔奈学派的影响、中国宏观经济绩效和管理层级分析、产业分析以及金融业的状况。

（一）中国国际事务

在过去的几年里，匈牙利学界特别关注中国贸易政策的文化和地缘政治属性。在这期间，匈牙利学界总是强调儒家背景。总的来说，根据中国的主要目标，学者研究了中国对全球治理的参与及其制度框架的贡献，并从这个角度解释了贸易政策的过程。

根据中国的文化传统，Eszterhai（Eszterhai,2013b）认为，根

据卡尔·波兰尼的理论，由于援助的制度和内容，贸易政策产生的好处不能仅仅解释为物质利益（Polányi，1957，1971）。Gergely（Gergely，2013）认为亚洲贸易体系，特别是中国、日本和韩国之间的贸易可以从不同身份之间冲突的角度来理解。在另一种解释中，Zsinka（Zsinka，2013）将中华文明的延续视为一个起点，认为这种稳定也反映在贸易政策中。Kozjek-Gulyás（Kozjek-Gulyás，2013）从另一个视角研究了这个问题：外国华人社区的认同。Kozjek-Gulyás认为这些群体在过去几十年里获得了完全不同的认同——被称为后现代儒家思想，移民融合了中国传统和全球认同。

在分析中国在国际贸易中的地位方面，对"一带一路"倡议的分析成为一个独立的研究领域，发表的文献也越来越多。

Sárvári的研究项目（Sárvári，2016a，2016b，2017a，2017b，2017c，2017d）最清楚地表明这一结论："一带一路"倡议不仅仅是地缘政治重组的结果，不能作为一个简单的专业政治术语来讨论。与之相反，"一带一路"倡议是建立在文化基础上的国际合作秩序的形式，中国是一个全球领先大国，是老牌世界强国的平等伙伴。按照这种逻辑，"一带一路"倡议表明中国对亚欧稳定负有更高的责任。当然，倡议将由亚欧国家之间的合作所主导，研究并不认为"一带一路"倡议是一个封闭的过程。其他著作将中国的和平崛起、外交政策与"一带一路"倡议（Tarrósy，2017）联系起来，并将"一带一路"倡议（Juhász O.，2015）进行文化嵌入分析，将古代和现代丝绸之路联系起来。

另一些研究"一带一路"倡议的学者从中国超越亚欧大陆的地缘政治战略的视角出发进行了研究（Tarrósy，2013；Moldicz，2016）。而现实主义学者研究考察了"一带一路"倡议对非洲的影响（Fehér-Poór，2013），以及对南美，特别是巴西的影响（Lehoczky，2015a，2015b），研究也讨论了技术转让的问题。Tischler（Tischler，2013）指出，关于中国南海诸岛的争端只能从现实主义的角度来理解，而且只能用现实主义方法来解决。Deák 和 Szunomár（Deák-Szunomár，2015）也从现实主义视角出发，研究了中国企业营业额的规模，发现俄罗斯只是中国众多贸易伙伴之一。因此，北京不需要对莫斯科给予额外的关注，因为莫斯科的国际实力基本上来源于其在能源上的重要地位。对中国贸易政策的部门层级分析是一个独立的研究问题，然而目前对这个问题的研究不足。在关于技术发展对贸易政策的影响的研究中，Tamás（Tamás，2014）介绍了中国新智能和中国高等教育改革成果如何在国际市场上得到更好使用。

（二）军事战略与工业

对中国军事和国防政策的分析主要集中在中美关系上。关于中国的国防战略，匈牙利学者发现中国的战略利益是避免冷战，即避免出现结构上的中美对立。然而，对立的可能性在后来的研究中被证明更可能成为现实（Háda，2014，2015；Klemensits, P. -Hajdú, F. -Sárhidai, Gy. 2015a，2015b，2016a，2016b，2016c；Rácz，2013）。在这种情况下，中国的目标可以是建立适当的陆军能力优势，使其能够实现相对优势。关于中国的海军战略，Rónaháti（2015）的出版物提供了一个概要。

另一组研究从实践的角度对军事技术进行了考察（Sárhidai，2015，2017，2018；Keszthelyi，2015）。

（三）中国传统的阐释

与全球主流观点类似，匈牙利的研究也反映了这一观点，即中国的全球立场只能通过其自身的文化遗产来理解。匈牙利在历史上处于西方和东方政治经济制度的中间，因此确定这些可能与每种结构协调一致的要点至关重要。本研究表达了对这种科学争论的普遍需求，它可以为合作的潜在水平提供答案，以及为协调不同方法提供可能。

通过分析中国传统，Gervai 和 Trautmann 认为中国是世界上第一个现代国家。因此从历史的角度看，在构建未来稳定的国际秩序时，中国权力的行使是有意义的（Gervai-Trautmann, 1999, 2014）。

Sárvári（Sárvári, 2016c, 2018）详细分析了三大中国传统（儒、道、法）的经济政策相关性。Sárvári 还研究了各个学派基于政治经济因素对社会的影响（例如：创新、稳定、利润、信任等）。Sárvári 认为，中国未来的角色在很大程度上取决于每种文化学派在决策过程中的地位。

除了用欧洲语境分析中国文化和传统的哲学学术成果之外（Várnai, 2016），匈牙利国内还有关于中国历史（Jordán, 2016）、中国文化史（Bakay, 2013, 2016a, 2016b, 2017a-g, 2018）、中匈关系史（Juhász O., 2014; Fazekas, Gy., 2015; Szunomár, 2015; Matura, 2017a）以及中国的世界形象和习俗（Kalmár, 2016; Salát, 2015, 2016a; Sárközi, 2017; Zsubrinszky, 2016）等学术成果。

按照西方的逻辑，只有通过选举产生的领导人才能获得权力。中国的稳定虽然基本上是通过不同的权力行使自上而下进行的，但其代表着权力与责任的相互关联，没有任何矛盾。除了这些区别之外，这两种方法也可以用同样的原则来解释，使人们有机会比较和协调它们。中国传统文化是实际学术讨论中的主要参照点。

在代表规范立场的各方之间的争端中,匈牙利必须学习或永远不采用"中国模式"。科尔奈的著作讨论了不论其规范方面如何,如果国家的规模、特征和文化如此不同,是否有可能仿效对方的榜样(Kornai,2014)。

在文明层面的研究成果显示,中国不仅拒绝复制西方的模式,而且为国际空间的其他参与者树立了自己的先进文化榜样(Salát,2016b)。有关中国先进文化的来源讨论,学者研究考察了儒、道、法三家在中国政治经济过程中的作用(Kasznár,2016a,2016b,2017;Sárvári 2016c,2018)。

(四)形成理论与科尔奈学派

在过去几年中,科尔奈学派的成员主要致力于在中国的实际条件下找到对资本主义和社会主义这两个术语的解释。这主要可以在 Székely-Doby 的研究中找到(Székely-Doby,2014a,2014b,2017),其他学者也有过类似的探讨(Árva,2013;Csanádi,2017;Juhász I.,2014a,2014b;Nemeskéri,2017)。这些学者普遍认为中国经济可以用资本主义工具来解释,其分析的出发点来自科尔奈关于中国的论文。而 Székely-Doby 的文章(Székely-Doby,2014a,2014b,2017)指出了三个影响因素:即城乡发展差异、补贴需求高,以及国家在韩国、日本和中国扮演的角色的相似性。

(五)宏观经济绩效与管理层级分析

一些学者分析中国的宏观经济表现(Rippel,2017;Balogh,2017;Losoncz,2017),还有一些研究了中国公司的管理体系(Vaszkun,2018;Li et al.,2016,2016)。大多数学者认为,中国的最新宏观经济表现,即"新常态",基本上可以理解为试图避免

"中等收入陷阱"的努力。通过经济增长创造的新中产阶层，促进新的社会结构形成。通过新常态的经济合作，经济红利分配应与物质和非物质保持一致。面临的长期现实问题是中国领导人是否能够建立适当、连贯的经济政治计划。学者同意，目前的国际经验不足以回答这个问题。一方面，不可避免的是，中国必须摆脱过去几十年来专注国外市场的趋势，转而重视国内市场（Inotai，2011）。在需求方面，国外市场也正在考虑是否愿意继续购买更多的创新产品。

（六）产业分析

其他研究者将他们的课题聚焦于中国的某一个产业上。Bojnec 等（Bojnec et al.，2014）关注中国农业。他们的主要论点是，提供食品供应是中国经济政治争论的中心。Csutora 和 Vetőné（Csutora-Vetőné，2014）则研究了环境问题。Kurmai（Kurmai，2016）研究了中国的苹果汁市场，而 Stukovszky（Stukovszky，2013）则研究了中国汽车行业。

Kozjek-Gulyás 的研究（Kozjek-Gulyás，2013）指出青年更需要获得知识。Gondos 研究了影响中国旅游业发展的因素（Gondos，2013）。

在匈牙利学术界，最受关注的独立学术领域之一是中国高等教育制度。其原因是匈牙利高等教育制度也需要进行现代化变革，中国高等教育制度的变革可以被匈牙利看作是一个样本。研究重点主要聚焦于高等教育的三大发展趋势：应用型人才培养数量的增加、人才质量下降和人数的下降、政府结构的分散化三者之间的关系（Kerekes，2014；Setényi，2014；Keczer，2015，2016a，2016b）。

最后值得一提的是，匈牙利必须开展关于中国信息通信技术行业的研究。Simai（Simai，2017）指出，中国经济的实际问题是政府控制和通信产业之间的不协调，这将成为中国发展的严重障碍。然而，由于贸易协定、国际合作，特别是G20等主场外交都会促进中国的通信产业发展。Marján（Marján，2015，2016a，2016b）认为中国可以利用欧洲的经验，尤其是可以借鉴斯堪的纳维亚模式，通过社会政策和地区政策的协调来缓解或消除地区之间的不平等。

（七）中国金融系统研究

匈牙利国家银行的官员和研究者为理解和模仿中国金融部门做了诸多工作，这也为其他研究人员提供了广泛的基础（Horváth，2016；Kajdi，2017；Komlóssy，2017；Matura，2013，2017b；Pencz，2017；Sütő-Tóth，2016；Varga，2017）。

Csoma认为，由于中国经济不断增长，中国的证券业也正以极快的速度发展，这得益于中国国内巨大的市场潜力。而证券业也开始从一开始的倾向美国转向欧洲，这是中国金融政策的一个重大变化。Komlóssy（Komlóssy，2015）研究了中国金融系统从计划经济向现代银行体系的制度转型。而Gerőcs（Gerőcs，2017）也认为，中国的金融系统正在走向国际化，但仍必须解决一些不可避免的问题。Gerőcs认为，尽管中国的金融系统目前还不能完全适应国际标准，但都反映了多极系统，可以遵循德国或美国模式来解决这些问题。

在对中国金融系统的研究中，科尔奈学派的影响在学术界较大。Bihari、Csanádi等作者还研究了政治体制与财政经济体制之间的关系。比哈里（Bihari，2016）在他的研究中重点关注中国央行的独立性。比哈里认为，这种独立性近来并没有提高，因此阻碍了经济进一步的发展。Csanádi 的研究（Csanádi，2014）关注未来金融经济动荡的可能性，以及领导人与政府之间的关系。

五 总结

《礼记》写道："大道之行也，天下为公。"过去和现在的中国的高雅文化总是能适应全球化的要求，尽管实际的争论清楚地表明了适应上的困难。然而，从第二次世界大战后中国的发展我们可以得出这样的结论，即中国在理论上和实践上都是适合共同进化的（Kissinger，2011），中国领导人过去提到的和平崛起不仅是一个口号，也是中国经济政策的真正尝试。匈牙利社会科学特别是经济科学一直能够为中国发展作出贡献。中国发展的每一个阶段都可以呈现给匈牙利学术研究发展的一个阶段。当中国站在新的发展轨道上，匈牙利公众可能会将其解释为一种新的挑战。在此，我们的研究目的就是希望提供一个发展的概述。

（翻译：吴佳岳）

中匈两国建交后中国文学在匈牙利的传播

郭晓晶[*]

匈牙利对中国的早期认识主要是通过英语、意大利语等其他媒介语言来实现的，同欧洲很多其他国家一样，匈牙利最早对中国的兴趣主要来源于王公贵族和一些传教士，开始只是抱着猎奇的心理，主要着眼的是中国古玩、古建筑等方面。1760年，在莫尔娜尔·亚诺什的《著名的古建筑》（Molnár János：*Régi jeles épületek*）一书中提到了关于中国的情况，这是在匈语中首次正式提到中国。后来传教士把中国历史、文化引入欧洲，匈牙利学者对中国的了解逐渐加深。19世纪初，匈牙利学术界出现一股"寻根问祖"热，很多学者怀着极大的热情来到东方探寻匈奴与匈牙利民族起源的关系，但无法证明亚洲的匈奴就是匈牙利人的祖先。虽然没有达到寻根的目的，但是发现了欧洲人眼中的"神秘的东方"。于是以研究亚洲语言文化为中心的"东方学"学科在匈牙利兴起。"东方学"的先驱者是克洛什·乔玛·山道尔（Kőrösi Csoma Sándor，1784—1842年），最后一个探险家是李盖提·劳约什（Ligeti Lajos，1931—1987年），他于1924—1927年在法兰西学院

---

[*] 郭晓晶，北京外国语大学副教授，匈牙利研究中心副主任。研究方向：匈牙利语言文学，中匈文化交流史等。

师从著名法国汉学家伯希和（Paul Pelliot）和马伯乐（Henri Maspero）学习东方学，曾任罗兰大学中亚系兼东亚系系主任，培养了年轻一代的汉学家。[①] 1924 年匈牙利罗兰大学东亚学院创建，成为培养汉学家的摇篮。

中华人民共和国成立后不久，1949 年 10 月 6 日匈牙利便与中国建立了外交关系。在社会主义阵营和相同的意识形态下，两国关系发展进入崭新的历史时期，文化交流得到持续发展，两国图书馆经常交换资料、书籍，这些第一手的资料为汉学家的研究提供了极大便利。从 20 世纪 50 年代起两国开始交换留学生，1950 年，匈牙利首批留学生赴北京学习，到 1966 年，一共有近 30 名匈牙利学生在中国学习，其中包括高恩德（Galla Endre）、尤山度（Józsa Sándor）、米白（Miklós Pál）、戴博纳（Tálas Barna）、梅萨罗什·维尔玛（Mészáros Vilma）、鲍洛尼·彼得（Polonyi Péter）和姑兰（Kalmár Éva）等。留学生主要集中在清华大学和北京大学，中国政府也十分重视对他们的培养，很多知名教授亲自授课，这批留学生成为两国交往的中坚力量，不仅培养出了很多优秀的外交人才，也出现了很多通晓汉语和中国文化的杰出汉学家，推动了汉语教学、研究和文学的译介，推动了汉学的蓬勃发展。

一 中国文学在匈牙利的传播阶段

第一阶段，从 19 世纪至 20 世纪中叶，从其他语言转译阶段。

从 19 世纪起，伴随着兴起的"寻根问祖"热，匈牙利读者对中国古代文学有着强烈的欣赏需求。为满足这样的需求，人们将

[①] Horányi Gábor - Pivárcsi István, *Magyar világjárók kalandjai*, Budapest: Palatinus, 2000, pp. 84 – 87.

中文小说的其他语言译本转译成匈语版本。这些从英语、德语和俄语版本转译过来的匈语版本,因匈牙利作家们杰出的翻译而进一步提升了自身的文学价值,书中的插图也具有相当高的艺术品质,创造性地再现了原著的意境,读者借此能够更真切地感触到在那个遥远国度演绎的故事和历史。从 19 世纪开始,包括诗歌在内的中国文学中的经典逐渐进入匈牙利。[1]

匈牙利三大诗人之一奥洛尼·亚诺什(Arany János,1817—1882 年)非常热爱中国文化,他翻译过三首中国诗歌(分别是"A szép horgany tű""A tőr"以及"Wangné asszony"),被视为匈牙利翻译中国诗歌的开端,是从英语转译的。19 世纪末 20 世纪初,许多著名的匈牙利诗人加入了译介中国诗歌的行列。如科斯托拉尼·戴热(Kosztolány Dezső,1885—1936 年)、萨博·洛林茨(Szabó Lőrinc,1900—1957 年)、伊雷什·久劳(Ilyés Gyula,1902—1983 年)等,但他们的译作是从英语、德语或者法语转译的,匈牙利文坛公认库斯托拉尼·德若(Kosztolányi Dezső)翻译的《中国与日本诗人》(Kínai és japán költők,1931 年)和伊耶什·久拉(Illyés Gyula)翻译的题为《中国魔匣》(Kínai szelence,1958 年)的精选集是经典著作。此外,韦莱什·山道尔(Weöres Sándor,1913—1989 年)和法鲁迪·久尔吉(Faludy György,1910—2006 年)也有许多译作。汉学家姑兰(Kalmár Éva)在《科斯托拉尼·戴热眼中的中国形象》(Kosztolányi dezső Kína-képe)一文中认为,"真正重要的是我们能够读懂并理解科斯托拉尼·戴热作为中国文化的推崇者从中国人的思维方式中学到了什么,理解了什么,并且通过写作和诗歌翻译又将哪些东西引入到了匈牙

---

[1] Ferenczy Mária, "Kína kultúrája magyarul—Válogatás az utolsó harmincüt év könybtermésésből", in *Kína kultúrája Magyarországon*, Budapest: MTA Orientalisztikai Mnkaközösség, 1985, p. 83.

利的文化之中"。①

为满足匈牙利读者对中国的浓厚兴趣，在美国已经卓有成就的中国作家林语堂以英文写作的小说和散文出版不久，在匈牙利就迅速有了译本。1939—1945 年，匈牙利雷瓦伊出版社（Révai Könyvkiadó）以精装本出版了他的多部作品，并接连再版重印。首先翻译林语堂作品的是优秀的文学家、史学家和翻译家拜奈戴克·马赛尔（Benedek Marcell）。与在西方一样，林语堂的作品在匈牙利的口碑也是褒贬不一的。一些不以为然的读者认为他介绍中国文化所写的东西过于肤浅且漫无边际，另外一些人则对他清淡的幽默和自嘲风格推崇之至。不管怎样，林语堂在海外介绍中国文化方面起到的作用是巨大的，第一代匈牙利汉学家也深受他的影响。欧洲出版社（Európa Könyvkiadó）1991 年开始再次出版他的作品。

第二阶段，建交后至 20 世纪 70 年代，直译为主、转译为辅的繁荣时期。主要是直接从原文翻译，或者懂汉语的翻译者与文学家合译，也有其他人通过通用语言（如英语、俄语和德语）来翻译中国文学。在该时期，中国文学翻译进入高峰时期。

20 世纪 50 年代起中匈两国开始交换留学生，留学生的交换推动了汉学的蓬勃发展。此外，匈牙利主要是罗兰大学中文系也培养出了一批优秀学者，如杜克义（Tőkei Ferenc）和陈国（Csongor Barnabás）。他们一起为匈牙利的汉学发展打下了基础，翻译了大量古典和现代中国的文学杰作。

20 世纪的中国现代文学作品也是从这个时期开始被介绍到匈牙利的，但是第一批翻译的作品大多是从俄语转译的，如丁玲、周立波和赵树理的小说。由于译者和编者缺乏对汉语的理解，这

---

① Kalmár Éva, "Kosztolányi dezső Kína-képe", *Studia literaeria*, 2018, pp. 1 - 2, pp. 23 - 34.

些匈牙利译本在诸如人名等方面有许多不规范和不正确的地方。

伴随着精通汉语的专业群体的形成壮大，翻译家开始从中文原文直接翻译中国文学作品，达到了匈译中文作品的高峰期。在转译和直接翻译这两个时期中间有一个过渡，就是以包括中文在内的多种语言为蓝本混合翻译，如以《阿 Q 正传》为书名的鲁迅短篇小说选就是同时参考中文版、俄译版和英译版翻译的。

1950—1970 年，甚至到 20 世纪 80 年代，都有大量中国文学和哲学作品被翻译成匈文，比如包括李白、杜甫、白居易作品的唐代诗人作品选，以及《西游记》《红楼梦》《水浒传》和《金瓶梅》等名著。

匈牙利汉学史上，从中文原文翻译的文学作品价值更高，杜克义、米白、陈国和高恩德（Galla Endre）等杰出的汉学家作出了重要的贡献。陈国在古典中国文学领域走在了前面，他翻译了《西游记》和《水浒传》，高恩德和米白主要将老舍、鲁迅、郭沫若、田汉的作品介绍给匈牙利读者。优秀的中国古典文学几乎都已经有了匈牙利语版本，除此之外，一批中短篇小说和剧作也从原文译成了匈牙利文。比如《今古奇观》《中国古代短篇小说选》、蒲松龄的《聊斋志异》、曾朴的《孽海花》、刘鹗的《老残游记》、吴敬梓的《儒林外史》、溥仪的《我的前半生》等。戏剧作品如关汉卿的《窦娥冤》和《救风尘》、王实甫的《西厢记》等。另外还有从德语翻译的《红楼梦》和《金瓶梅》等优秀作品。在翻译文学作品的同时，中国古代哲学的重要典籍也被介绍给了匈牙利读者，这主要也是杜克义所做的努力。这些译著都来自中文原著，而且附有丰富的哲学注解和历史典故。《杜克义全集》出版，其中涵括了中国古代哲学重要人物的作品，包括《论语》《道德经》《大学》《中庸》等，以及墨子、孟子、荀子、庄子、韩非子等作品中重要章节的匈文翻译版本。匈牙利读者对中国哲学著作兴趣浓厚，很多匈牙利的知识分子都是看了他的翻译，才了解了中国的思想和哲学。后来有多位译者对经典都进行了再译，其中《论语》有三种翻译，《道德经》是被翻译成匈牙利语版本最多的古典文学和哲学著作，前后至少有12个版本的翻译，近20年的时间内，独立出版13—15次。在匈牙利文坛上，对一部外国文学作品的关注，只有普希金的作品能与之媲美，拥有8个不同的译本。①

中国现当代经典作家的主要作品也几乎均被译成匈文出版发行，这些作家包括鲁迅、郭沫若、老舍、茅盾和巴金等，作品有鲁迅的小说集《阿Q正传》《故事新编》、散文集《野草》和杂文集《文学·革命·社会》，茅盾的《子夜》和《春蚕》，巴金的《家》和《憩园》，老舍的《骆驼祥子》《黑白李》和《猫城记》，曹禺的话剧《雷雨》和《北京人》，郭沫若的《屈原》，老舍的《茶馆》，等等。

一大批优秀的匈牙利诗人在汉学家直译的基础上进行润色，完成了很多优秀诗篇。在杜克义的努力下，他们共同参与完成了《诗经》的翻译。李白和杜甫的诗选也分别出版有单独的集子。1967年出版的由杜克义和陈国两位汉学家编辑的两卷本中国古代诗歌代表作选集——《中国古代诗歌》是诗歌翻译方面的巅峰之作，书中收录了从《诗经》到19世纪末的300多位诗人1000多首诗作。匈牙利当代诗人后来根据汉学家们的初译将作品进行了润色。译作中的诗句借助匈牙利诗人的翻译呈现在读者面前。

第三阶段，20世纪70年代至80年代，冷却期，文学翻译的繁荣阶段到了20世纪70年代戛然而止了。70年代随着匈牙利和中国

---

① Kósa Gábor, "Laozi és a Daodejing", in *Bölcselők az ókori Kínában*, szek. Kósa Gábor-Várnai András, Budapest: Magyar Kína-kutatásért Alapítvány, 2013, pp. 161 – 185.

关系的降温，很难买到中国图书了，读者的兴趣也被导向了别处。

第四阶段，20世纪80年代至2000年，随着中匈交流的日益加深，很多经典得以重新出版，翻译作品呈现出复苏趋势。

20世纪80年代以后，由于中国的逐步开放，中匈关系日益密切，很多汉学家重新投入到对中国现代文学的译介中来，很多当代作家的作品得以与匈牙利读者见面。为满足读者的兴趣，中国古代文学的部分经典在20世纪90年代按照原有的译本重新再版。

20世纪80年代，匈牙利几家比较大的出版社还有汉学家编辑，尽管他们年岁已高，到20世纪90年代，出版社已经没有汉学家编辑了。很多出版商把市场利益放在了首位。不过，几家历史悠久、负有盛名的出版社，还是尽可能地出版了一些具有较高文学性的中国作品，或在文学杂志中刊登一些中国主题的作品。

科苏特奖得主、汉学家、作家卡拉琼·加博尔（Karátson Gábor）于20世纪90年代从中文直译的《道德经》和《易经》，也是中国古典哲学匈译本中的精品。特别是《易经》（三卷），其中两卷是他对照欧洲哲学撰写的注释。

值得一提的还有匈牙利当代著名作家、布克文学奖得主克拉斯诺霍尔卡依·拉斯洛（Krasznahorkai László），他本人不是汉学家，但热爱中国文化，20世纪90年代以来四次赴中国访问，先后创作了《乌兰巴托的囚徒》（Azurgai fogoly，1992）和《苍穹下的废墟与哀愁》（Rombolás és bánat az Ég alatt，2004）等名作，对匈牙利知识分子了解中国文化的今昔起到了重要的推动作用。

20世纪90年代以后翻译的中国现代文学作品不是很多，有古华的《芙蓉镇》、谌容的《人到中年》等。近年比较多产的翻译家宗博丽（Zombory Klára），在她翻译的《当代中国小说选》中收录了苏童、余华、刘震云、马原、韩少功这五位当代中国作家的中篇小说，她还将姜戎的长篇小说《狼图腾》译成匈文。另外，罗兰大学的一些中文系学生也零散介绍过白先勇、残雪、三毛、王小波、陈村等当代名家。

第五阶段，2000年至今，文学翻译呈现多元发展时期。

得益于两国关系的稳定发展，孔子学院的相继成立、"一带一路"倡议的提出，为文学翻译的发展提供了得天独厚的土壤，文学翻译呈现多元发展时期，在出版基金相对得到保证的前提下，出版出现了主题化、组织性的趋势。匈牙利的图书出版市场呈现出追求纯文学翻译和通俗文学翻译共存的二元化特点，匈牙利读者对于既是中国的经典名著，而且西方读者也能够读懂并接受的中国文学作品非常感兴趣，已经在其他西方国家取得成功的作家及其作品也同样激发读者的兴趣，同时那些能够洞察当今或旧中国社会特征和历史进程的人物传记以及小说也具有很大的市场优势。

2003年，宗博丽翻译的《妻妾成群——中国当代中篇小说集》出版，其中包括五篇中篇小说，分别是余华的《世事如烟》、苏童的《妻妾成群》、马原的《虚构》、韩少功的《爸爸爸》、刘震云的《一地鸡毛》。该书的出版获得了广泛关注。

2007年秋出版的《现代中国小说选》，让朱自清、沈从文、许地山、张爱玲、扎西达娃、郑万隆等作家的名字也进入了匈牙利读者的视野。2007年9月开始，匈牙利首次在中国举行文化年活动，11月在北京举行了"津渡——中匈书展"，书展上展出了用汉语出版的匈牙利题材书籍以及用匈语出版的中文题材书籍，其中翻译作品占了主要部分，共计展出156本匈译本书籍以及85本中译本书籍，这是两国间首次举办此类书展，见证了中匈文化关系的发展。2008年4月开幕的第15届布达佩斯国际图书节有50多本关于中国的图书出版发行，在同一时间内出版如此之多的关于一个国家的新书在匈牙利图书出版史上是绝无仅有的。这些新书包括了高恩德翻译的《朝花夕拾》《灵山》《中世纪初的中国哲学与宗教》《狼图腾》等。

2010年之后出版的最重要的著作涉及以下几方面：其一，享誉国际的中国现当代文学作品，如莫言的《酒国》《蛙》，余华的《兄弟》（从英文转译），苏童的《米》等；其二，针对匈牙利汉语学习和中国文化爱好者，促进其汉语学习的通俗读物、词典等；其三，学术著作，汉学研究论文集，如《远东研究》（*Tával-keleti Tanulmányok*）专业期刊发表的年度刊物，或是为推广中国文化，以科研标准撰写的，但针对更广泛读者群体的作品，如《丝绸之路的历史》（*A selyemút története*，2017）等。

匈牙利读者对于中国当代社会、经济和政治相关的著作非常感兴趣，如《习近平谈治国理政》（*Kína Kormányzásáról*，2017），亨利·基辛格（Henry Kissinger）的《论中国》（*Kínáról*，2017）等。很多这一主题且有价值的学术著作在匈牙利出版，这些著作将中国的历史和现状放在更广阔的东亚背景下进行分析，如邵莱特·盖尔盖伊（Salát Gergely）、拉茨·加博尔（Rácz Gábor）和奇曼恩·拉斯洛（Csicsmann László）主编的《南亚和东亚的政治制度》（*Politikai rendszerek Dél-és Kelet-Ázsiában*，2017）等。

在匈牙利，中医和中国传统的保健方法也越来越受欢迎。因此，这类题材的书籍，翻译作品和匈牙利作家撰写的学术著作在匈牙利图书市场的出版数量相对较多，例如奥拉维茨·马克（Márk Oravecz）的《中医基础》（Orarecz Márk：*A hagyományos kínai orvoslás alapjai*，2013）等。

关于中国古代宗教和各哲学流派的作品和学术专著一直都很受欢迎，虽然与之前数十年相比出版数量呈下降趋势。不但这一类型的学术作品得以出版，如郝清新（Hamar Imre）所著《中国佛教史》（*A kinai buddhizmus története*，2004），而且给现代人介绍中国古代哲学的可读性更强的文章也得以发表，如《于丹〈论语〉心得》《老子如是说》等。

在匈牙利的图书市场上还可以找到介绍中国少数民族文化的作品，例如从中文翻译过来的西藏作家的作品：丹增（Tenzin）的《西藏的儿童僧侣》（*A tibeti gyermekszerzetes*，2017）。

如今闻名遐迩且深受欢迎的中国人物的传记小说也陆续在匈牙利出版，成龙的传记小说《巅峰状态》受到了匈牙利影迷的喜爱。

2016年，麦家的《解密》出版，2018—2019年，刘慈欣的《三体》三部曲，即《三体》《三体Ⅱ·黑暗森林》《三体Ⅲ·死神永生》相继出版，但是都是从英文转译的。2019年金庸的武侠小说《射雕英雄传》与读者见面，也是从其他语言转译的。

二 中国文学在匈牙利译介的特点分析

第一，作为"他者"的异域审视。中国一直深深吸引着匈牙利人，不仅因为古时匈牙利人与匈奴人可能有的千丝万缕的联系，另一方面，研究孤立于欧洲发展的、历史悠久的中国，可以使同样来自亚洲的匈牙利人从另一个角度审视自己。

不同于西欧其他国家的文学，匈牙利文学对于欧洲以外的世界所发生的事情感兴趣的焦点具有独特性。匈牙利文学并不是通过文字记载和文献出版物来探寻不同的历史时期和地域空间，而是通过欧洲的转型，以及对异国风情的追求。18世纪下半叶，当时对中国的研究和认知在西欧的影响力已经相对较广，在寻找解决欧洲问题的思想出路的过程中，出版具有东方特色的政治道德类书籍成为一个典型的方式。①

匈牙利首部对东方这一欧洲以外的世界有所记载的作品是斯戴洛尔·费伦茨（Szdellar Ferenc）修道士的著作，他的作品是当时典型的、富有哲学性的仿旅行文学和游记的综合体。匈牙利还出现了对话体的文学作品，例如马勒伯朗士（Malebranche）所创造的中国与希腊哲学家间的"谈话"，以及晚些时候伏尔泰的"对话"。《安尼乌斯（Annius）和尼加诺尔（Nicanor）的对话》（*Az Annius és Nicanor beszélgetései*）一书赞扬了中国思想，歌颂了中国的统治权威，并将中国村庄共同体为维护帝国的统治当作样例撰写在书中。该书记载了中国的社会制度，并以此为模型，该模型是托马斯·阿奎纳所设想的理想社会的其中一种实现方式。②

第二，寻根问祖的东方情怀。

匈牙利人的祖先是从亚洲游牧到匈牙利的，因此他们对中国文化情有独钟，不仅催生了匈牙利东方学的产生，还使匈牙利对于中国文学产生了异乎寻常的探求与喜爱。几乎所有的中国古典文学和现当代文学都有了匈语翻译，而且从出版的书籍再版的次数可以看出匈牙利人对中国的喜爱程度。1975年《诗经》第一版的1000册在半个小时内销售一空。两年后，该书第二版的1万册也销路不错，后来出版的第三版现在也已经买不到了。许多中国古典小说多次再版、重印。《水浒传》第二版，即补充版本（《世界文学精品选》第1—3册）创造了销售14.6万册的记录。③ 据我们

---

① Várnai András, "A kínai-kép változásai a magyar történetszemléletben", *in Kína kultúrája Magyarországon*, Budapest：MTA Orientalisztikai Mnkaközösség, 1985, p. 31.

② Várnai András, "A kínai-kép változásai a magyar történetszemléletben", *in Kína kultúrája Magyarországon*, Budapest：MTA Orientalisztikai Mnkaközösség, 1985, p. 31.

③ Ferenczy Mária, "Kína kultúrája magyarul—Válogatás az utolsó harmincüt év könyvterméséből", in *Kína kultúrája Magyarországon*, Budapest：MTA Orientalisztikai Mnkaközösség, 1985, p. 83.

所知该书现已经售罄。读者对这些作品的极大兴趣，使得在中文直译的版本面世之前，为尽早跟读者见面，这些作品只能从其他语言更早地转译出来，例如，《红楼梦》的转译版目前至少已出4版，均已售罄，而从中文直译的版本目前仍在初期阶段。

第三，诗人与汉学家合作，妙笔生花，经典流传。许多文学大家匈牙利诗人加入到了翻译队伍中来，最优秀的匈牙利抒情诗人根据汉学家直译的翻译成果创做出很多既忠于原文又优美的诗歌。比如：科斯托拉尼·戴热、萨博·洛林茨、韦莱什·山道尔等，不过遗憾的是，他们只是从中介语言（英语、德语、法语）做间接翻译，所以译作有时和原文相差甚远，我们甚至可以视之为作者原创的"中国灵感"诗。尽管如此，这种介绍对匈牙利读者是有利的，因为诗人通过某种方式亲身体味到中国诗人的感受，所以他们能够表达某些与他们心灵相通的、实质性的东西：韵律、宁静与冥思。

天才诗人韦莱什·山道尔对屈原、杜甫和李白的诗歌情有独衷。他还在杜克义的帮助下完成了《道德经》的翻译。乔纳迪·伊姆雷（Csanádi Imre）、伊耶什·久拉和亚诺西·伊斯特万（Jánosy István）等人对杜克义翻译的《诗经》进行润色，翻译出了脍炙人口的诗句。《离骚》《乐府诗》等都是用这种方式翻译成了匈语。原文翻译作品具有很大欣赏价值，这些高水平的学者对原著的研究细致入微，移植成匈牙利语时在忠实程度和意蕴上都保持了原文的意境。原著中的故事和情节通过翻译家精湛的艺术加工鲜活再现，让那些不懂得、不了解中国及其语言、文化和传统的人也能深切地感受其中的奥妙。正如汉学家杜克义所言："中国诗歌的匈牙利语翻译无论从语言的忠实性角度来看，还是从翻译诗人的地位来看在世界上都是独一无二的。匈牙利的优秀诗人非常愿意承担中国诗歌翻译，把经过汉学家初译的文字变成优美的诗歌。那些诗歌翻译后来很多成为经典，构成诗人创作的有机组成部分，甚至中国诗歌的匈牙利语翻译也已经逐渐成为匈牙利诗歌的有机组成部分。"[1]

第五，文学翻译受两国关系影响很大，两国建交后随着精通汉语的汉学家的出现，中国文学作品尤其是古典文学译介进入黄金时期。20世纪70年代随着两国关系的冷淡出现了文学翻译的停滞期。

第六，出现了以出版中国书籍而闻名的出版社。起初出版中国文学作品的一直是匈牙利欧洲出版社。匈牙利欧洲出版社是致力于介绍世界文学作品的出版公司，在向匈牙利介绍中国文学方面也作出了特殊的贡献。1957—1967年，汉学家杜克义曾任该出版社负责东方文学的编辑，在他的直接作用下，该出版社先后出版了一大批中国古代和现代文学的经典作品。虽然这些译本不是作为一个系列出版的，但这些书籍都保持统一的开本和风格一致的装帧，同样都配有出自匈牙利名家之手的插图。这些书如今已成为旧书市场上和收藏者间不可多得的珍品。

第二次世界大战之后，匈牙利文学出版社出版过中国诗歌选集。

从20世纪70—80年代开始，出版专业文学性作品的播种者出版社也加入到出版中国作品的行列。

20世纪90年代中期，杜克义与巴拉什出版社合作，对当时出版的一些中国古代文学作品做了修订，出版了匈中双语的版本。

匈牙利科学院出版社出版了一套以克洛什·乔玛·山道尔的名字命名的系列图书，出版的目的是让更多的读者了解匈牙利东方学研究的成果。这一系列先后出版了匈牙利汉学家们的研究成果和作

---

[1] Tőkei Ferenc, *A kínai elégia születése: Kü Jüan és kora*, Budapest: Kossuth Könyvkiadó, 1986.

品。这一系列丛书有汉学家高恩德所写的《走遍世界的匈牙利文学》（*A világjáró magyar irodalom—A magyar irodalom Kínában*），第一次介绍了匈牙利文学在中国的译介情况，比如翻译裴多菲诗歌的中国翻译家们。

科舒特出版集团是匈牙利出版行业中的领航者，历来有出版中国图书和中国主题书籍的传统，尤以出版匈牙利著名汉学家、哲学家、匈牙利科学院院士杜克义的著作和译著最多，包括《中国文学概略》（*Vázlatok a kínai irodalomról*，1970）、《中国哀歌的产生：屈原和他的时代》（*A kínai elégia születése*，1986）和7卷册的《杜克义全集》〔包括《中国古代哲学》（Ⅰ-Ⅲ册）（*I-III. Kínai filozófia*，2005）、《亚洲生产方式，原始社会和封建社会》（*IV. Ázsiai termelési mód, antikvitás, feudalizmus*，2005）、《社会形式和群众》（*V. Társadalmi formák és közösségek*，2005）、《古代中国美学》（*VI. Esztétika a régi Kínában*，2006）、《汉学书房》（*VII. Sinológiai műhely*，2007）〕等。近年来，诺贝尔文学奖得主莫言的《酒国》和《蛙》均在科舒特出版集团出版，另外《现代十日谈——二十世纪中国短篇小说选》（*Modern Dekameron-Huszadik századi kínai novellák*，2008）、《世界文明古国：古代中国》（*Nagy civilizációk：Ókori Kína*，2010）、《中国智慧》（*Kínai bölcsességek*，2016）、《传统中医药的汉匈英国际标准基本术语》（*A hagyományos kínai orvoslás nemzetközi szabványú kínai-magyar-angol alapterminológiája*，2017）等书也是近年来颇受读者关注的书籍。2018年4月科舒特出版集团与外研社联合创建"中国主题编辑部"，将匈中两国的优秀作品介绍给对方。2019年匈牙利语版《孔子的智慧》《老子如是说》和《米》与读者见面。

中匈两国自1949年建交70年以来，通过汉学家和翻译家的不懈努力，中国文学逐渐走入匈牙利读者的生活中，成为文坛有机的组成部分，使人们认识到中国古典文学和现当代文学的思想精髓，促进了文化交流和互补，为两国的关系发展提供了文化层面的基石。中国文化自"走出去"以来，越来越受到重视，尤其是孔子学院的创建，为中国语言文化的推广提供了一个更为广阔的平台，伴随"一带一路"倡议的提出，与匈牙利"向东开放"不谋而合，更多的学者有机会接受中文教育，研究中国、翻译中国文学，为文学作品翻译出版提供了良好的契机，中国文化也将得到更为广泛的传播。

中国—匈牙利的高等教育与科研合作：两国建交 70 周年概览

伊斯特万·塔罗西[*]　佐尔坦·弗洛斯[**]

一　前言

当今国际舞台上的中国，无疑具有极强的影响力。从 1949 年中华人民共和国成立以来，它在自己辽阔的疆域上逐渐发展，慢慢变成足以影响全球事务的重要力量。中国以各种形式存在于世界的各个角落。中国的外交政策成功地让全世界都与这"中央之国"建立了联系，同时也加强了中国同世界联系的紧密程度。[①] 国际舞台上的任何参与者都不能忽视中国任何的政治、经济、文化或军事政策，相反，应给予认真对待。这条亚洲巨龙最近的努力表明，中国已经成为世界上最重要的引力中心，并完全具备制定计划和议程的能力。从上海合作组织到"中国—中东欧国家合作"，中国制定了一系列的区域联盟框架，展示出其积极加入全球

---

[*] 伊斯特万·塔罗西，佩奇大学政治学与国际学院副教授，博士生导师，博士。本研究由匈牙利科学院芭莱雅（Bolyai）研究基金支持（2018—2020 年）。

[**] 佐尔坦·弗洛斯，佩奇大学政治学与国际学院副教授，博士。

[①] 从古代开始，中国的外交政策就一直强调要加强外部和内部的联系，以此来稳固这个国家。有时是用和亲这种温和的方式，有时是用其他的同化"软"政策。详见 Bárdi, *Őstörténetünk ösvényein*, Pécs：Pro Pannonia kiadó, 2016, p. 21.

事务的政策。这些政策最终都可以归在"一带一路"倡议框架下。不管是沿着丝绸之路经济带还是海上丝绸之路，中东欧地区对中国而言都是一个战略区域。

中国可以在同中东欧国家发展关系的过程中，发现许多务实的合作伙伴，他们根据自身的发展计划寻求投资和贸易伙伴。从这个角度来说，中国看起来是个非常重要的参考项。在中东欧国家中，匈牙利具有一些竞争优势，并且成为对中国投资最具吸引力的地方之一。马都亚（Matura）指出，尽管中国同中东欧 16 国都签署了合作协议，其中有 11 个还是欧盟成员国，但其中真正的关键国家只有捷克、匈牙利、波兰、罗马尼亚和斯洛伐克，这几个国家的 GDP 占全部中东欧国家的 82%，与中国的贸易额达到 640 亿美元，占全部中东欧国家的 89%。[①]

1949 年 10 月 1 日，毛泽东主席宣布中华人民共和国成立后不久，匈牙利就承认了新中国的地位，并与之建立了外交关系。双边的合作框架不只局限于政治和经济合作，还有文化领域的合作活动。早在 1950 年，双方就设立了留学生和研究人员交换奖学金项目，第一批匈牙利的奖学金获得者由此开启了北京的学习之旅。邵莱特（Salát）介绍说，20 世纪 50 年代前期是双方互相了解的初级阶段。[②]

本文将主要分两个时间段概述双边合作：第一个时间段是 1949、1950 年至 1988 年春天这几十年，其中又将细分为几个具体的时期；第二个时间段是从东欧剧变至今，也根据相关事件和活动分了几个具体的时期。

---

① Matura, "China-CEE Trade", Investment and Politics, Europe-Asia Studies 71, 2019, No. 3, p. 389.

② Salát, Gergely, "Budapesttől Pekingig, a magyar-kínai kapcsolatok múltja", *Konfuciusz Krónika* 3, 2009, No. 2, pp. 8 – 11, http：//www.konfuciuszintezet.hu/letoltesek/pdf/Konfuciusz_ Kronika_ 2009-2. pdf.

二 拘谨的 20 世纪 50 年代、停滞的 60 年代，崭新的 70 年代末、全面的 80 年代

在建交初期，双方交往的任何进展都由双方的党和中央政府决定。第一批交换项目是进行语言教育培训，学生拿到政府奖学金后前往布达佩斯学习匈牙利语，或前往北京学习汉语普通话。第一批赴北京的匈牙利学生中诞生了恩德雷·加拉（Endre Galla）、山多尔·尤若（Sándor Józsa）、彼得·波洛尼（Péter Polonyi）等对建立罗兰大学东亚学院中文系作出突出贡献的人。罗兰大学（ELTE）建于 1924 年，为之后汉语和汉文化的教学与研究提供了温床。如邵莱特（Salát）所言，其中很多学者将中国古典和现代文学片段翻译成了匈牙利语。另一方面，第一批赴匈牙利的中国留学生由政府部门选拔，着重培养他们的外交能力。在他们毕业之后，很多人在中国驻匈牙利使馆担任职务，然后再回到中国的外交部，之后也会经常来到布达佩斯。

雅虎达（Yahuda）认为，1955—1959 年中国在与东欧的跨国关系中扮演了一个积极的、具有建设性的角色。[①] 其中最值得一提的重要事件是，早在 1952 年匈牙利就积极参与到中国与埃及的和解进程中了。彼时埃及想和中国建立外交和贸易关系，所以就寻求了匈牙利的帮助。[②] 两年之后，匈牙利的反抗进程和苏联戏剧般的反应带来了深远的影响，让毛泽东重新思考社会主义社会的

[①] Yahuda, Michael B., "China and Europe: The Significance of a Secondary Relationship", In *Chinese Foregin Policy. Theory and Practice*, edited by Thomas W. Robinson and David Shambaugh, Oxford: Clarendon Press, 1994.

[②] Békés, Csaba and Vékony Dániel, "Unfulfilled Promised Lands: Missed Potentials in Relations between Hungary and the Countries of the Middle East, 1955 – 75", In *Warsaw Pact Intervention in the Third World. Aid and Influence in the Cold War*, edited by Philip E. Muehlenbeck and Natalia Telepneva, London-New York: I. B. Tauris, 2018, p. 274.

问题。① 为了巩固卡达尔的政权，中国从政治和经济上都对其进行支持，从两次高访活动就能看出。先是周恩来于 1957 年 1 月访问了布达佩斯，随后卡达尔·亚诺什（János Kádár）于同年秋天访问了北京。② 1959 年 3 月，由朱德率领的中国党政代表团访问了布达佩斯，随后由匈牙利总理明尼赫·费伦茨（Ferenc Münnich）率领的匈牙利代表团于同年 4—5 月访问了北京，并于 5 月 6 日同中国签订了《中匈友好合作条约》。双方一直同意加强和发展政治、经济和文化领域合作。当时的卡达尔政府正因 1956 年的革命活动而面临着大规模的国际封锁，与中国建立这样的一种正常交往和活动对匈牙利的外交政策影响颇深。那时的匈牙利不仅需要来自社会主义邻国的支持，也很需要发展中国家和不结盟国家的支持。③ 1963 年，匈牙利与美国邦交正常化，国际封锁也随之而解除。那时中国与苏联关系逐渐疏离，而匈牙利隶属于苏联领导下的东欧集团，所以双边关系开始停滞不前。1960—1966 年和 1966—1969 年这两个时间段中，两国关系曾出现一些摩擦。1960—1966 年，中匈两国的共产党之间意识形态差距加大，双边关系恶化。④ 然而，在高等教育领域，匈牙利语教学逐渐在北京外国语大学（BF-

---

① Yahuda, Michael B., "China and Europe: The Significance of a Secondary Relationship", In *Chinese Foregin Policy. Theory and Practice*, edited by Thomas W. Robinson and David Shambaugh, Oxford: Clarendon Press, 1994, p. 276.

② Salát, Gergely, "Budapesttől Pekingig, a magyar-kínai kapcsolatok múltja", *Konfuciusz Krónika* 3, 2009, No. 2, pp. 8 – 11, http://www.konfuciszintezet.hu/letoltesek/pdf/Konfuciusz_Kronika_2009-2.pdf.

③ 例如，匈牙利外交部副部长于 1957 年夏天率出访团到访了印度、缅甸、印度尼西亚、尼泊尔、锡兰、叙利亚、埃及和苏丹。更重要的是，印度尼西亚总统苏加诺（Sukarno）和加纳总统恩克鲁玛（Nkrumah）分别于 1960 年和 1961 年对匈牙利进行正式国事访问。详见 Romsics, Ignác, *Magyarország története a 20. században*, Budapest: Osiris Kiadó, 2003, p. 512; Ginelli, Zoltán, "Hungarian Experts in Nkrumah's Ghana. Decolonization and Semiperipheral Postcoloniality in Socialist Hungary", *mezosfera.org*, May 2018, 2019, p. 2, http://mezosfera.org/hungarian-experts-in-nkrumahs-ghana/.

④ Ministry of Foreign Affairs, "Sino-Hungarian relations", June 8, 2004, http://www.chinadaily.com.cn/english/doc/2004-06/08/content_337607.htm.

SU）的欧洲语言与文化学院机制化。教学的内容主要涉及语言和文学，毕业生毕业后具备较高的匈牙利语水平，但不掌握其他领域的知识和技能。然而，在那个时代，所有毕业生都能找到工作，主要在政府部门和机构任职。①

经过了20世纪70年代大部分时间的低水平双边交往之后，"中国在70年代末期踏上了改革的道路，国内和外交政策都发生了变化，让中国可以开始重新接触东欧国家"②，包括匈牙利。80年代初期，匈牙利采取了独立的外交政策，并因为其坚定的立场，甚至因一直在宣传两个对立阵营和平共处的可能性和必要性，而得到国际社会的认同。也因此，在80年代早期，卡达尔主席被很多人看作是东方阵营里"值得尊敬的伟大老人"。③

在20世纪70年代末80年代初的中国赴匈牙利留学生潮中，一部分人获得在匈牙利进行非全日制学习的机会。其中一些人在匈牙利停留几个月的时间，只有部分时间是在布达佩斯的罗兰大学进行学习训练，其余时间可以参观乡村，也有机会在佩奇待上两天。为了加强科研互访和科研人员流动性，中国和匈牙利的科学院于1984年签署了合作协议。

双边教育合作繁荣的第一时期的最末阶段，我们将在本文中分析一个来自北京的14人毕业班，他们从1987年3月到1989年1月在佩奇的雅努斯·潘依尼乌斯大学（Janus Pannonius University,

---

① Gong, Kunyu, "A magyartanítás múltja és jelene Pekingben", *THL2: journal of teaching Hungarian as a 2nd Language and Hungarian Culture*, 2008, No. 1 – 2, p. 44, https://epa.oszk.hu/01400/01467/00004/pdf/044-047.pdf；第一批毕业生在五年之后，也就是1966年拿到了大学毕业证书。21世纪初10年，共有超过250名毕业生获得了匈牙利的学位。

② Yahuda, Michael B., "China and Europe: The Significance of a Secondary Relationship", In *Chinese Foregin Policy. Theory and Practice*, edited by Thomas W. Robinson and David Shambaugh, Oxford: Clarendon Press, 1994, p. 278.

③ Romsics, Ignác, *Magyarország története a 20. században*, Budapest: Osiris Kiadó, 2003, p. 521.

下称"佩奇大学")进行非全日制学习。中国专家拉斯洛·巴尔迪(László Bárdi)在一次采访①中提到,这些学生毕业后的就业方向并不完全由党组织决定,他们其中一些人去了公司,也有一些人选择留在了匈牙利。巴尔迪也是佩奇大学的一名教师,负责教这些中国学生匈牙利教育体系、结构、政策和机制的相关知识。课程也包含一些实地考察项目,参观当地的学校和国家机构,中方也觉得这种课程很有效果。在匈牙利也能够找到一所大学参与这种人文交流,这一政府决定的背后,很有远见并且人脉很广的教授玛丽亚·奥尔莫斯(Mária Ormos)②贡献颇多,在那个时期她是佩奇大学的校长。那些选择了外交专业的中国学生,在毕业之后都找到了不错的职位,并且获得了成功的职业生涯。根据巴尔迪回忆,他可以叫出一些优秀毕业生的名字,比如梁才德,他一开始在中国驻匈牙利使馆做政务参赞,这是使馆里第二重要的外交官,之后他在一家中国大公司里干了几年,现在是中国驻马来西亚领馆的总领事。王宏亮,曾负责中国驻匈牙利使馆的经济事务,现在是中国驻亚美尼亚使馆的参赞。陈新,曾在佩奇大学学习经济,之后还考取了法学博士学位,现在是中国社会科学院欧洲研究所副所长,也是中国—中东欧研究院执行院长和总经理。中国—中东欧研究院是2017年在布达佩斯注册成立的中国智库。巴尔迪教授十分谦虚,认为自己也从这三名学生身上学到了很多。下面一章将关注20世纪90年代的其他校友对双边关系的其他方面作出的突出贡献。

---

① 作者于2019年2月,在佩奇对László Bárdi进行了半正式采访。László Bárdi(1932—),东方学家,中国专家,佩奇大学荣誉教授,佩奇名誉公民,曾获得多种奖项,包括2017年中国最佳图书奖。

② Mária Ormos(1930—),历史学家,匈牙利科学院成员,佩奇大学荣誉教授,曾于1984—1992年任佩奇大学校长。

三 匈牙利20世纪90年代的改革，21世纪成为欧盟成员国，以及加入"一带一路"倡议

匈牙利政府在1988年年末做出了一个令人欢呼的决定，对中国公民实行免签（一直持续到1992年）。1987年的两次高访活动促成了这个决定：先是赵紫阳访问了布达佩斯，随后卡达尔·亚诺什于10月9—15日回访了北京。在匈牙利体制改革的那些年里，原来在匈牙利和东欧国家学习过的一些留学生对促进两国关系贡献良多。戴秉国，1989—1991年担任中国驻匈牙利大使，从2008年起，他成为中国政府中最重要、级别最高的外交政策专家。戴秉国现任暨南大学董事会董事长。陈之骦，曾于1992—1996年任中国驻匈牙利大使，在他的任期内曾负责组织过两次高访活动：1994年根茨·阿尔帕德（Árpád Göncz）总统访华，1995年江泽民访匈。然而，这个时期的匈牙利，还没有开始重视强化同中国（或其他亚洲国家）的合作，当时匈牙利外交政策的三大支柱是：第一，跨大西洋关系，加入北约；第二，欧洲一体化，加入欧盟；第三，喀尔巴阡山盆地的匈牙利人聚居地，匈牙利大区域的邻国政策。[1] 同中国的关系一直都不是匈牙利的主要关注点，直到2003年匈牙利政府才开始把中国纳入外交政策之列。在教育和科学领域，双方达成了几项重要的机制化合作。1997年12月2日，双方达成关于相互承认学历、学位证书的协议。2002年6月，双方签订科学与技术合作协议，为双方发展科技交流作出突出贡献。为落实协议，双方政府设立了两个专设机构，并且成立了共同研究

---

[1] 更多关于外交政策变化的内容参见 Tarrósy, István and Vörös Zoltán, "Hungary's Global Opening to an Interpolar World", *Politeja* 2, 2014, No. 28, p. 140。

基金，以实现合作项目的资金流动。①

自20世纪90年代开始，双方的合作开始进入第二个大规模合作阶段——以个人为主阶段。双方政府也认为应该继续推进合作，并对许多合作项目提供政策和资金支持。但这个时期的合作主要以私人机构为主导，两国间任意的大学都可以签署合作协议。个人选择十分多样，可以自行挑选学校攻读学位、进行非全日制学习、参加暑期班、开展合作研究。所有学科都可以，不仅仅再局限于语言和文学的培训。

2004年匈牙利加入欧盟后，中匈教育合作领域发生了很多里程碑式的事件，并开展了一些旗舰合作项目。② 2004年9月，第一所中匈双语小学③建立，并开始招收学生。2006年12月，罗兰大学开设了匈牙利第一所孔子学院。如今，这所孔子学院成为了中东欧地区教师培训中心（于2014年11月正式运营）。匈牙利总共有4所大学承办了孔子学院并运营教师培训中心，除了罗兰大学外，还有赛格德大学（2012年），米什科尔茨大学（2013年）和佩奇大学（2015年）。根据段洁龙大使所言，佩奇大学是中东欧地区、乃至整个欧洲地区第一家中医药主题的孔院。④ 这家孔院的中方合作院校是位于河北省唐山市的华北理工大学，现在已在唐山开设了匈牙利研究中心。

为了通过加强双方合作来提升双边高等教育的国际地位，两国

---

① Embassy of Hungary, Beijing, "The Outlines of the Hungarian-Chinese Educational Relations", 2019, p.1, https://peking.mfa.gov.hu/eng/page/magyar-kinai-oktatasi-kapcsolatok-diohejban.

② 官方名单见匈牙利驻华使馆网站：https://peking.mfa.gov.hu/eng/page/magyar-kinai-oktatasi-kapcsolatok-diohejban.

③ http://magyar-kinai.hu.

④ Hanban News, "Europe's firstConfucius Institute for Traditional Chinese Medicine Celebrates Its First Anniversary", April 13, 2016, p.1, http://english.hanban.org/article/2016-04/13/content_637979.htm.

使用了很多提高软实力的工具。其中第一个也是最重要的一个，是增强了奖学金的设立。除此之外，文化外交为两国在赢得民心和民意方面扮演了重要角色。例如，北京匈牙利文化中心举办的众多活动中，有几项活动都与教育有关。拿科达伊重点项目（Kodály Point Program）举例，这个项目始于 2015 年 10 月，给 3—12 岁的儿童和成年人提供小班音乐课程，组织邻近的贫苦孩子举办合唱班。①

最具决定性的工具是由政府机构天普斯公共基金（TKA）设立的大规模匈牙利奖学金项目（Stipendium Hungaricum Scholarship）。这样一个国家奖学金项目，可以为双方交流提供坚实的基础，并加强长期的可持续交流。使用该项目获得了学位的学生，毕业后都自然而然变成了"文化大使"。根据 2011 年 204 号法案对高等教育的授权，以及 2011 年 290 号法案对国家公共教育的授权，匈牙利政府设立了匈牙利奖学金项目，旨在通过落实政府间教育协议和负责匈牙利外国学生教育的相关部门协议，促进外国学生在匈牙利高等教育机构进行学习。② 外交与外贸部文化与科学国务秘书斯蒂芬·鲍克（István Íjgyártó）强调这个项目是一项外交政策工具，因为在当今全球化的背景下，学术与科学移民的重要性正在逐渐体现。这种文化支配的人才外流在全世界，甚至发达国家都开始了，这些国家不仅可以吸引学生，还能让这些高素质的劳动力为本国劳动力市场服务，他们可以长期依靠这些人的知识和劳动。③ 这个项目并不是个新现象，而是苏联时期项目的延

---

① Embassy of Hungary, Beijing, "The Outlines of the Hungarian-Chinese Educational Relations", 2019, p.1, https://peking.mfa.gov.hu/eng/page/magyar-kinai-oktatasi-kapcsolatok-diohejban.

② 见 285/2013. (Ⅶ.26.) Korm. Rendelet [Government Decree], http://net.jogtar.hu/jr/gen/hjegy_doc.cgi? docid = A1300285. KOR.

③ Országgyűlés Külügyi Bizottsága, "Jegyzőkönyv" [Protocol of the Committee on Foreign Relations of the Hungarian Parliament], May 20, 2015, p.6, No. KUB – 40/72 – 2/2015, http://www.parlament.hu/documents/static/biz40/bizjkv40/KUB/1505201.pdf.

续,那个时候就已经很成功地从匈牙利学校毕业的人中招募到合适"人选"。在中匈合作的框架下,中国政府也为匈牙利学生提供了很多的奖学金机会,包括给新生代科学家提供博士课程。①

在双边合作中,中国的"一带一路"倡议也包含了很多政府奖学金计划,主要是由中国教育部设立的"丝路项目"。这个项目支持中国的大学吸纳来自共建"一带一路"国家的留学生。除此之外,一些大学和省政府也自行提供了一些奖学金。国家层面最知名的是"中国政府奖学金",这是对所有留学生都开放的项目,可提供在中国留学基金委员会注册的243家大学的所有学位课程。②

四 匈牙利奖学金项目和双边大学协议: 2019年全国范围中国留学生一览

截至2018年,匈牙利已与超过50个国家签署了双边合作协议,并有超过5000名留学生通过双边项目留学。匈牙利奖学金项目成为国际高等教育与科技合作背景下,给留学生提供出国机会的示范案例。2018—2019学年,共有28338名学生递交了申请要到匈牙利的28家机构留学(各大学以及巴拉西学院,后者现在已隶属于外交与外贸部)。③ 作为合作国家之一,2019年中国有265个名额(最初只有200个)。来自中国的申请可被22家高等教育

---

① Embassy of Hungary, Beijing, "The Outlines of the Hungarian-Chinese Educational Relations", 2019, p.2, https://peking.mfa.gov.hu/eng/page/magyar-kinai-oktatasi-kapcsolatok-diohejban.

② 参见 https://scholarshipfellow.com/chinese-government-scholarship-china-government-scholarship-process/。

③ 数据来源:Tempus Public Foundation website, https://tka.hu/palyazatok/7619/statisztikak。

机构接受，包括巴拉西学院。

表1   2017—2019年中国申请匈牙利奖学金项目的大学分布图

中国的申请和获批情况	2017年申请	2017年获批	2018年申请	2018年获批	2019年申请	2019年获批
应用科技大学——布达佩斯商学院	34	9	31	20	29	15
布达佩斯科技与经济大学	55	36	67	43	66	29
布达佩斯考文纽斯大学	65	31	74	20	105	37
罗兰大学	22	8	35	9	35	16
埃斯泰尔哈齐·卡罗利大学	2	3	1	0	3	2
匈牙利美术大学	2	0	0	0	2	0
卡罗里·加斯帕尔归正教堂大学	1	0	0	0	0	0
李斯特音乐学院	4	2	11	4	9	0
布达佩斯莫霍利纳吉艺术设计大学	25	12	16	4	na	na
巴拉西学院	2	4	0	0	2	2
国立公共服务大学	2	2	3	0	1	0
奥布达大学	9	4	0	1	4	3
塞梅尔维斯大学	0	0	1	0	10	0
塞切尼伊斯特万大学	0	1	23	2	4	3
圣史蒂芬大学	15	13	38	10	18	14
德布勒森大学	26	9	2	23	44	19
多瑙新城大学	1	3	0	0	0	0
米什科尔茨大学	3	3	3	1	3	1
潘诺尼亚大学	4	7	4	2	7	2
佩奇大学	30	21	2	1	43	9
肖普朗大学	0	1	19	14	1	1
塞格德大学	15	8	19	14	16	5
总计	317	177	348	168	401	158

资料来源：笔者根据天普斯公共基金会2019年数据制作。

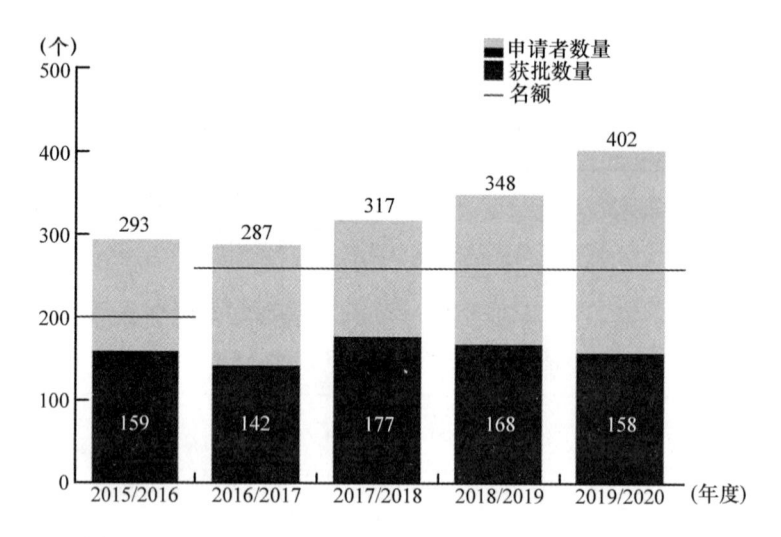

图1 2015—2019年中国申请和获批SH奖学金项目的数量

资料来源：笔者根据天普斯公共基金会2019年数据制作。

中国学生既可以选择英语教学的学位课程，也可以参加匈牙利语教学的课程。大部分中国学生选择英语教学课程，不管其攻读哪个一学位（本科、硕士、博士）。2017年和2018年，博士生都超过了30人（见图2），这是符合匈牙利奖学金项目思想的，现在奖学金项目强调要多招收博士生并发展合作研究。

上文提到的中国—中东欧研究院也进行研究活动。该院于2017年由中国社会科学院（CASS）设立，旨在建立和增强跨中东欧学术和研究机构的联系与合作。"研究院欢迎中东欧国家的学者和研究人员进行合作研究、实地研究，举办研讨会和系列讲座，为青年学生进行培训，翻译和出版"。[①] 双边科学与技术协议（TéT）继续支持匈牙利和中国学者的互访。双边最近期的一次学术方面发展是中国社会科学院与匈牙利国家行政大学（NKE）于

———
① 详见 https://china-cee.eu/structure/。

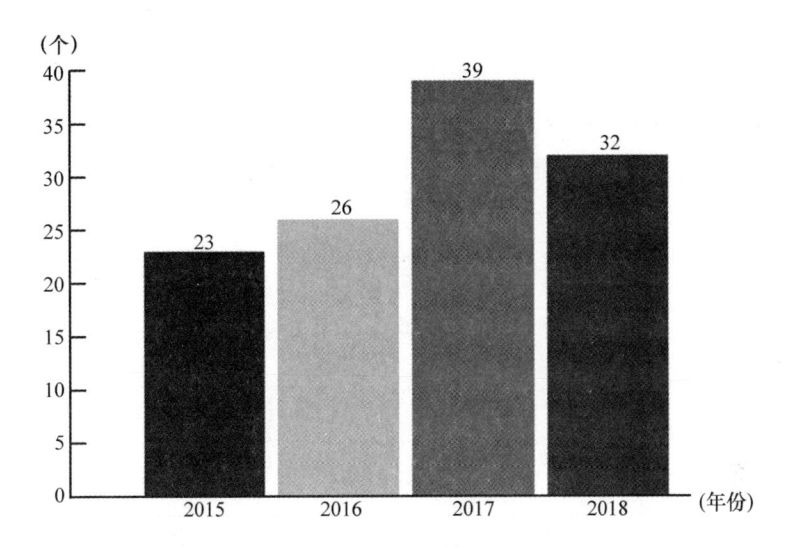

图2　2015—2018年匈牙利奖学金项目中的中国博士生

资料来源：笔者根据天普斯公共基金会2019年数据制作。

2019年5月签署了合作协议，这也是作为两国建交70周年活动的一部分。中国社会科学院积极推动各种合作，其中之一是想要依托与国家行政大学的合作，建立一个中匈大学。

匈牙利的学生也能从双边大学协议中得利，比如通过2010年以来的努力，现在双方已经签署了许多的合作谅解备忘录（MOU）。在梦迪校园框架（Campus Mundi Program）下，匈牙利学生可以申请到合作大学进行一个学期（3—5个月）的交换。除此之外，这样的双边协议也会加大赢得伊拉斯莫国际流动信贷补助（Erasmus + International Credit Mobility Grant）的可能性，也为后续的留学生交换、教学和行政管理提供资金支持。

只要两国的高等教育领域（包括政府各个部门、下属单位，以及高校本身）看中质量（不是只看中数量，盲目增加双边的接触数量），那么就应该鼓励建立优质、可持续的伙伴关系。兰普顿在他的书中写到关于"中国力量的三张面孔",他强调,中国教育的发展是基石,决定了未来政治、贸易和领导力的层次。[1] 建立具备国际认可和排名靠前的大学,保证教育质量,是中国长期发展和保持稳定地位的关键,不管是国内事务还是国外事务。

五 案例研究:佩奇大学和 2019 年中国与佩奇大学的关系

最后一部分,我们将以匈牙利一座小城作为案例分析的对象。佩奇大学始建于 1367 年,是匈牙利第一所大学。在匈牙利奖学金项目落地后,成为最受欢迎的五所大学之一。以 2018 年为例,有 8.2% 的学生在申请奖学金时,选择佩奇大学作为第一志愿,仅次于布达佩斯科技与经济大学(19.1%)、德布勒森大学(17.3%)、罗兰大学(10.5%)和考文纽斯大学(9.7%)。[2] 佩奇大学也是近 30 年中,自费学生选择较多的地方之一,尤其是普通医学、牙科和医药学。表 2 让我们对中国学生的数量有一个全面的了解。

表 2　　　　　　　　中国学生数量和所属省份

中国省级行政区	学生人数
浙江	135
山东	106
江苏	103
新疆维吾尔自治区	96
四川	75

---

[1] Lampton, David M., *The Three Faces of Chinese Power. Might, Money, and Minds*, Berkeley-Los Angeles: University of California Press, 2008, p. 124.

[2] 数据来源 Tempus Public Foundation website, https://tka.hu/palyazatok/7619/statisztikak。

续表

中国省级行政区	学生人数
北京	54
河南	54
江西	47
广东	36
辽宁	36
湖北	35
上海	33
河北	32
重庆	30
山西	27
湖南	25
安徽	24
甘肃	24
黑龙江	18
陕西	14
云南	13
吉林	13
天津	12
内蒙古自治区	12
贵州	11
广西壮族自治区	10
福建	9
宁夏回族自治区	8
青海	5
海南	1
香港特别行政区	1
西藏自治区	0
澳门特别行政区	0

资料来源：笔者根据佩奇大学国际化与联络中心2019年数据制作。

只要去寻找学生数量与城市签署MOU、省市级合作协议之间关系，就可以发现省市级活动越多，学生数量越多。以佩奇大学为例，2019年12项MOU落地佩奇大学。任何现有的跨区域政策都可能会加深合作，为纪念浙江省和潘依尼亚州建立友好关系15周年，双方升级了合作协议，这势必会给教育、科研交流和留学生交换提供一个新的契机。[①]

最近的6个学年，中国学生数量在不断上升（见图3），佩奇大学来自110多个国家的留学生群体中，中国学生人数排名第三。大部分学生都在国际研究中心参加了一年的预科班，这是一个在学位学习之前复杂和综合的预备课程，满足了学生强化语言的需求，并促进他们融入匈牙利的高等教育体系。2014—2015学年注册的学生很多，所以第二年（2015—2016学年）的时候，工程和信息技术学院，以及商务和经济学院都提供了更多的名额。中方

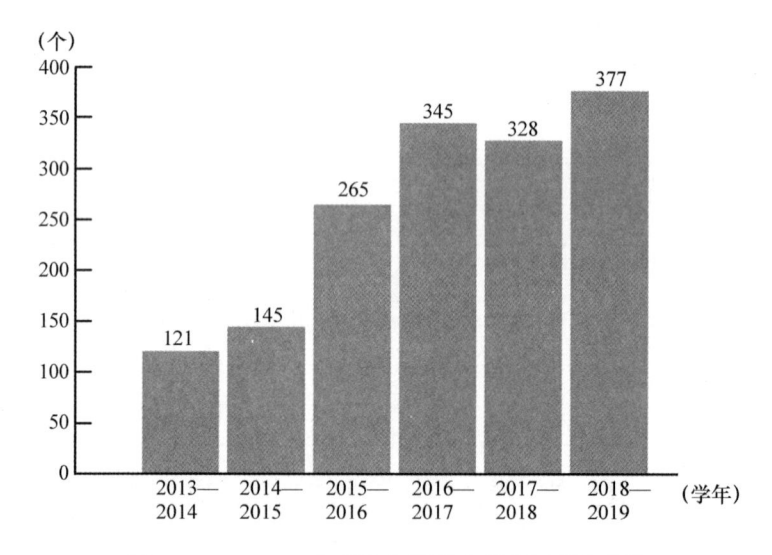

图3　2013—2019年每学年佩奇大学中国学生人数

资料来源：笔者根据佩奇大学国际化与联络中心2019年数据制作。

---

① 参见http://govt.chinadaily.com.cn/a/201905/30/WS5cf0d300498e079e680221b8_2.html。

的 MOU 合作者也对这种增长贡献颇多，但是我们可以说，中国学生更喜欢接受这样的学位课程。很多在人文学院学习的学生，在来佩奇之前，会先在布达佩斯（巴拉西学院）上一年的匈牙利语预科班。也有很多中国学生，会在中国高中一毕业就来匈牙利的大学进行本科学习。还有一个人数激增的时期，是 2018—2019 学年，因为很多人都来参加暑期班（一般是 2—4 周）。这些学生中有很多人在一年之后，又选择回到佩奇学习一个学期或者攻读学位。

六　结论

为纪念中国与匈牙利建交 70 周年，本文对于双方在高等教育和研究方面的关系进行了梳理，展示了很多为中匈关系做出杰出贡献者的个人轨迹。我们可以看到，在匈牙利学习过或从这里毕业的学生，对于维护和发展双边关系起到了重要作用。他们不仅掌握对象国语言，还能建立起持久的桥梁，因为他们一直与母校和在这边建立的关系保持联系。我们细观每一个历史时期，把中匈合作放在大的国际关系背景下。匈牙利奖学金项目是受到了特别关注的，事实证明，它作为一项软实力工具，在增进匈牙利和签约方的交流方面起到了非常显著的作用。天普斯公共基金会最新的国家范围数据和佩奇大学的案例研究，都强调了双边关系最近的突飞猛进，也反映出在国际化背景下，全球高等教育合作正面临着风险，希望各高校可以创新并且培养双方提升形象和标准的机会。

（翻译：陈思杨）

中匈高等教育交流合作视域下的孔子学院发展研究
——以匈牙利罗兰大学孔子学院为例

刘晓辰[*]

一 前言

当今世界面临着百年未有的巨大变革,政治多极化、经济全球化、文化多样化和社会信息化潮流不可逆转,各国间的联系和依存日益加深,但也面临诸多共同挑战。中国国家主席习近平提出的人类命运共同体理念,为推动全球经济发展、走向和平之路指明了方向。"一带一路"倡议的实施和扩展,则为构建人类命运共同体这一理念提供了实践平台。然而,相关专业人才匮乏,成为掣肘"一带一路"建设的重要问题。长期以来,中国高等教育国际合作的主要对象是欧美等发达国家。在"引进来"方面,目前开展中外合作办学的共建"一带一路"国家只有10个,仅占总数的约15%,占所有"引进来"合作办学项目国家总数的比例就更低。在"走出去"方面,目前中国赴共建"一带一路"国家办学的只有新加坡等9个,中亚5国、西亚18国、中东欧16国都处于空白状态。[①]

---

[*] 刘晓辰,北京外国语大学孔子学院工作处办公室副主任、马来西亚马来亚大学孔子学院汉语教师,主要从事汉语作为第二语言教学、孔子学院管理方面研究。

① 曹国永:《围绕"一带一路"建设发展跨境高等教育》,《经济日报》2018年12月20日。

2017年,中国政府提出中国高等教育与教育对外开放发展规律性认识的重大理论创新,首次将国际交流合作确定为中国高校的职能之一。如果将中国高校职能中的前四项,即人才培养、科学研究、社会服务、文化传承创新比喻成中国高等教育四大基石,那么国际交流合作可以说是串联四块基石的"彩虹桥",同时,它也是促进中外高校互学互鉴的"高速公路"。通过国际间交流,中国高校不仅可以与世界各国高校和教育机构开展教学科研、文化交流活动,还能促进中国与世界、高校与高校之间的教育合作,"培养大批具有国际视野、通晓国际规则、能够参与国际事务与国际竞争的国际化人才"。①

为适应世界各国(地区)人民对汉语学习的需要,增进世界各国(地区)人民对中国语言文化的了解,加强中国与世界各国教育文化交流合作,发展中国与外国的友好关系,促进世界多元文化发展,构建和谐世界,孔子学院应运而生。自2004年第一所孔子学院在韩国建立以来,截至2018年12月31日,全球154个国家(地区)共建立了548所孔子学院和1193个孔子课堂。② 匈牙利罗兰大学孔子学院成立于2006年12月7日,由北京外国语大学与匈牙利罗兰大学共同建设,是匈牙利第一所孔子学院,也是全球首批"示范孔子学院"之一。

孔子学院作为联通中外的纽带,在促进教育合作、文化交流、学术交往等方面有着不可替代的作用。笔者认为,北京外国语大学与罗兰大学依托孔子学院平台开展的一系列合作项目,以及对

---

① 《国家中长期教育改革和发展规划纲要(2010—2020年)》2010年7月29日,教育部网站,http://old.moe.gov.cn/publicfiles/business/htmlfiles/moe/info_list/201407/xxgk_171904.html。

② 《关于孔子学院/课堂》,国家汉办网站,http://www.hanban.org/confuciousinstitutes/node_10961.htm。

中外高等教育交流模式的探索，具有一定借鉴意义和研究价值，值得深入挖掘和探讨。

二　孔子学院中外合作模式的构建

1. 孔子学院理事会制度

根据孔子学院总部的要求，以及《孔子学院章程》的相关规定，孔子学院组织和运行核心机构为孔子学院理事会。孔子学院理事会成员由中外高校领导、专家、学者共同组成，指导并监督孔子学院的运营和发展。以罗兰大学孔子学院为例：

表1　　　　　　　　罗兰大学孔子学院理事会架构

匈方4人	中方3人
理事长（校长） 理事（前校长，孔子学院总部荣誉理事） 理事（副校长） 理事（文学院院长）	副理事长（外事副校长） 理事（孔子学院工作处处长） 理事（匈牙利语专业教授）

孔子学院理事会成员并不参与孔子学院日常管理，理事会的主要工作职能包括：

·承担孔子学院正常运转的主要责任

·参与制定孔子学院工作计划并审议工作总结

·参与制定孔子学院财务预算并审议财务决算

·任命孔子学院中外方院长等

可以说，理事会制度保证了孔子学院的正常运营，对孔子学院的发展起到了关键的指引作用。孔子学院多年来取得的辉煌成就，离不开理事会的决策和引导。虽然孔子学院理事会议原则上每年仅召开一次，但是在理事会议上，各位理事将听取孔子学院实际的"运营官"中外方院长关于孔子学院一年来运营情况的陈述，以及孔子学院下一年的发展计划。理事们不仅会研判孔子学院一年来的"成长状况"，给予具有可行性的意见和建议，还会根据中外双方高校自身发展计划，提出孔子学院未来"发展路径"，对中外方院长提出的孔子学院发展计划进行修正。这些发展建议促进了孔子学院提升自身教学水平、扩大本土影响力、深入大学和当地社区、融入对象国文化，从而实现孔子学院可持续发展。

从高等教育交流合作的角度看，孔子学院是中外双方高校在两国政府教育交流合作框架下的深度探索，是超越普通校际交流合作的创新模式。它不仅限于一纸协议，也不止于学术交流、师生交换、语言传播，孔子学院实际上为中外双方高校的全方位合作提供了平台。孔子学院理事会则为这个平台的稳定运营提供了制度保障，让这项合作既可以在双方高校的高层领导层面上获得政策的支持，又可以在相关院系领导和专家的层面上探讨具体项目的实施，还可以在孔子学院中外方院长的经营下，完成孔子学院落户海外的最基本使命——教授汉语、传播中国文化。

2. 校际交流合作机制

如果说孔子学院是中外高校间合作交流的"固定动作"，那么，通过孔子学院的穿针引线，双方可供交流的"自选动作"发展空间甚广。

中外高校间的合作范畴包含且不仅限于以下方面：

· 汉语国际教育/外语教育

· 中外文化交流互鉴

· 科研学术交流（教师间、师生间、学生间）

· 学分、学位项目合作（合作办学）

- 海外学院/中心建设
- 高等教育研究
- 高等教育周边产业合作（教育咨询、后勤、出版、科技孵化）

中外高校间的合作交流一般依赖两校签署的合作协议，两校间的合作项目需依据协议而进行。校际交流协议一旦签署，在有效期内通常不会做过多的变动，以保证校际合作的稳定性，但这也给双方合作带来了一定程度的禁锢。当然，补充协议的签署，可以增减原有协议的内容，弥补不足。但如果没有两校间长期、紧密的接触，没有彼此间的理解和信任，这种合作往往流于表面。

与之相比较，中外高校间搭建孔子学院平台后的校际交流合作项目，往往可以随着双方的互敬互让而逐步深入。首先，孔子学院提供了两校领导层定期会面的平台——孔子学院理事会制度；其次，孔子学院为两校间建立互信、长远规划提供了保障——孔子学院的可持续发展；再次，孔子学院为两校开展多学科、全方位合作提供了机遇——孔子学院的教育属性；最后，孔子学院为两校学科建设、社会影响力提升奠定了基础——孔子学院的社会属性。孔子学院在保障自身发展的同时，对中外高校间的校际交流合作有着不可小觑的促进作用。拥有合办孔子学院的中外高校间，其校际交流合作往往更为持久稳定，合作项目更为灵活多样，项目执行情况更为顺达通畅。

3. 孔子学院中外方院长工作模式

根据《孔子学院章程》，孔子学院的核心运营模式为理事会领导下的院长负责制。理事会对孔子学院的生存与发展负责，指导并监督中外方院长对孔子学院的日常管理。

在大多数孔子学院，中外方院长的分工为"中主内，外主外"。中方院长主要负责孔子学院内部管理，包括教学的组织实施、文化活动的组织、中方人员管理、制度建设、与汉办和中方院校联络等;外方院长负责活动宣传、经费使用、本地资源的拓展与协调、外方人员管理、与当地政府和外方院校联络等。只有中外方院长通力合作,孔子学院的运营才能得以保障并延续下去。

从中外高校交流合作的角度,孔子学院中外方院长的"岗位制",为高校间交流合作提供了人员保障。

第一,孔子学院的运营离不开人的因素。中外方院长的岗位就是为孔子学院的管理而设。其中,中方院长通常为专职,由中方选派至当地孔子学院担任工作;外方院长或为专职或为兼职,但是会在孔子学院外方院长这个岗位上投入较多精力。中外方院长的工作保证了孔子学院发展的稳定性、校际交流合作的持续性。

第二,孔子学院中外方院长的岗位属性有利于拓展两校间孔子学院以外的校际交流合作项目。孔子学院作为校际间的高级交流合作项目,其意义不仅局限于汉语国际教育,它应该有更广泛的外延。上文中笔者提到校际交流合作的"自选动作",这些项目的提出、落地、实施均需要人员的推动。而熟悉两校间合作的孔子学院中外方院长,则是项目策划和前期沟通的不二人选。

第三,孔子学院中外方院长的工作模式为双方高校间的合作疏通了渠道。两校间的合作,实际就是两种不同文化、两个不同制度下的实体求同存异、共谋发展的结合。孔子学院中外方院长在共同工作中打磨出的理解与信任是开启项目合作洽谈的"金钥匙"。例如,某一项目在实施过程中,中外双方肯定会尽力争取各自利益,这可能会给合作谈判带来不利影响。但因为有中外方院长的理解和互信为前提,中外双方高校达成一致意见、促成项目实施的几率将大大提升。

三 罗兰大学孔子学院发展历史沿革的启示

罗兰大学孔子学院在其发展的 14 年中，为匈牙利各兄弟孔子学院做出了表率，其发展历程也在全球孔子学院中独树一帜。笔者将分阶段，从罗兰大学孔子学院发展的时代背景、文化教学活动、社会影响力、院长工作特点，以及高等教育交流合作等角度，对罗兰大学孔子学院的历史沿革进行梳理和探讨。

1. 脚踏实地，推动孔子学院扎根本土

2006 年 11 月，匈牙利教育与文化部部长希勒·伊什特万率团访问中国，有力地推动了孔子学院落户匈牙利。同年 12 月，罗兰大学孔子学院正式挂牌成立，开启了中匈两国语言和文化交流的新起点。作为匈牙利成立的第一所孔子学院，在当时的历史时期，它是中匈两国文化、教育合作的一个成功范例。罗兰大学孔子学院的中匈双方承办高校罗兰大学和北京外国语大学早在 1988 年就签署了教育科研协议，而共建孔子学院为两所高校的合作增添了新的内容。

罗兰大学孔子学院建立初期，其工作主要集中在以下三个方面：传播汉语，开设汉语以及其他类型的培训班；进行多角度、多层面的中国文化推广；作为一个桥梁推动中匈文化交流的发展。

从表 2 中可以看出，罗兰大学孔子学院学员人数、文化活动数量逐年增长，孔子学院在匈牙利的社会影响力逐步提升。罗兰大学孔子学院建设初期就十分重视对外宣传，孔子学院每次举办大型活动均联络当地主流媒体、华文媒体、中国驻匈牙利媒体进行相关报道，如：多瑙电视台、匈牙利一台、匈牙利二台、新导报、欧亚新闻报、新华社、凤凰卫视欧洲台等。随着孔子学院知名度的提升，匈牙利社会各界也逐步认识和接受孔子学院。匈牙利著名网站 origo 在一篇讲述匈牙利外语教育的报道中指出，孔子学院是与歌德学院、英国文化协会同等重要的外语学习机构。2009 年，时值中匈两国建交六十周年之际，《匈牙利民族报》用"指南针"专栏大篇幅报道了孔子学院举办的庆祝中匈建交六十周年研讨会。在短短的三年内，罗兰大学孔子学院已经为不少匈牙利人所熟知，孔子学院也成为匈牙利人民了解中国的新窗口。

表 2　　2007—2009 年罗兰大学孔子学院学员和文化活动数据

年份	孔子学院注册学员人数	孔子学院文化活动数量及参与人数
2007	290	15 项，6210 人次
2008	449	16 项，5077 人次
2009	972	54 项，17000 人次

罗兰大学孔子学院有这样快速、高效的发展，中外双方院长功不可没。孔子学院匈方院长郝清新教授是匈牙利著名汉学家，对中国语言文化造诣颇深。时任孔子学院中方院长的郭晓晶副教授为北京外国语大学匈牙利语专业教师，对匈牙利国情文化深谙其道。中匈双方院长在共同工作的三年中，合作愉快，配合默契，在孔子学院扎根本土发展上作出了杰出的贡献。其中，匈方院长多次接受当地媒体采访，向匈牙利社会民众介绍中国、孔子学院的发展情况；中方院长则专注孔子学院精细化管理，在语言教学、文化活动组织、孔子学院制度建设等方面，为罗兰大学孔子学院的后续发展打下了良好的基础。

罗兰大学孔子学院在此发展阶段所开展的中匈两国高等教育交流合作工作内容主要包括两方面，即基于语言教育的学术合作和基于文化交流的主题活动。其中，2007年，罗兰大学与北京外国语大学共同举办了"首届中匈翻译研讨会"。2008年，中央音乐学院张前教授、刘月宁教授受邀参加罗兰大学孔子学院举办的"中国音乐之夜"活动。这两项活动直接反应出孔子学院在初创期建设的重点，即本土发展，开展跨境学术和文化活动，为本土发展策略服务。

2. 奋发有为，深化孔子学院内涵建设

随着罗兰大学孔子学院发展的逐步深入，孔子学院的教学范围也随之扩大，2010年前后，罗兰大学孔子学院的发展策略从本土发展向内涵建设转向。

2010—2016年，孔子学院注册学员规模保持在2500人左右。与此同时，罗兰大学孔子学院也开展起各类汉语水平考试，2016年参加HSK/HSKK/YCT考试人数接近600人。在文化活动组织方面，活动数量从2010年的四五十项、参与人数一万余人，发展到2016年的七十余项、参与人数三四万人。除保持"汉语桥"比赛、"春节文化体验""匈牙利儿童日"等传统文化活动的组织以外，罗兰大学孔子学院还有所突破和创新。比如，2010年组织了"中国文化走入盲人学校"活动，2012年组织了首届"汉语桥——匈牙利中学生夏令营"活动，2014年起每年组织"孔子学院日"活动，2015年接待并组织北京外国语大学艺术团匈牙利巡演活动，2016年组织罗兰大学孔子学院十周年庆祝活动，等等。上述数据充分说明，罗兰大学孔子学院虽在发展策略上有所转向，但其一直延续并重视本土发展策略，且孔子学院保持不断向上、向好发展。

自2012年起，随着匈牙利多所孔子学院的相继建立，罗兰大学孔子学院在匈牙利的"唯一性"减弱。如何在众多孔子学院中保持罗兰大学孔子学院的优越性？做好"人无我有、人有我优"

的内涵建设是罗兰大学孔子学院保持领先地位的重要发展策略。所谓孔子学院内涵建设，即孔子学院提质增效，转型升级。所以罗兰大学孔子学院从"三教"问题入手，编写了匈牙利首部本土汉语教材《匈牙利汉语课本》，建立"中东欧汉语教师培训中心"，在孔子学院和中东欧汉语教师培训中心平台上组织各类教师培训项目，并承办首届"欧洲汉语教学研讨会"等学术活动。在此期间，罗兰大学孔子学院共更迭中方院长三任。三名中方院长有着相似的学科背景——对外汉语教学、汉语言文学。她们不但为孔子学院带来更为专业的汉语教学体系，参与本土汉语教材的编写，还有力地推动了"中东欧汉语教师培训中心"建设，并为孔子学院开展本土汉语教师培训提供了极大便利。而孔子学院中外方院长的默契配合，极大限度地拓展了孔子学院的发展规模。2015年，罗兰大学孔子学院成为全球首批"示范孔子学院"，显示出其在匈牙利全境甚至全球孔子学院中处于领军地位。而上述成果也体现了罗兰大学孔子学院为中匈高等教育交流合作所做的贡献。

3. 砥砺前行，促进孔子学院融合发展

在新的历史时期，罗兰大学孔子学院若期望一直保持优势地位，就需要不断完善自身，全面深化改革，实现创新发展。需要孔子学院的掌舵人具有前瞻性视野，促进孔子学院融合发展。融合发展需要孔子学院具备更明确的发展目标，更强劲的综合实力，更务实有效的院校支撑能力，以及更为灵活多样的合作机制。

罗兰大学孔子学院一直具有明确的发展方向，即将自身打造成为集汉语教学、文化传播与学术研究为一体的综合型孔子学院。作为"全球示范孔子学院"，罗兰大学孔子学院在之前十余年的发展遥遥领先。但从罗兰大学孔子学院现行发展情况来看，虽然在语言教学、文化传播、学术研究等各方面均居于全球孔子学院的

下篇　人文和社会

领先水平，但是保守有余，创新不足，孔子学院的后续发展稍显乏力。可喜的是，2017年8月，罗兰大学孔子学院匈方院长郝清新教授出任罗兰大学副校长，这为孔子学院未来发展开拓出更为广阔的发展空间。而如何更好地将融合发展思维与孔子学院未来发展道路相结合，则是罗兰大学孔子学院突破瓶颈，实现腾飞的巨大机遇。需要罗兰大学孔子学院中匈承办院校、理事会、双方院长缜密研究，为孔子学院未来发展进行顶层设计，为孔子学院设定新的发展计划和目标。

四　罗兰大学孔子学院中匈高校合作的实践

在孔子学院总部的指导下，在罗兰大学与北京外国语大学的共同支持下，罗兰大学孔子学院秉承办学宗旨，为中匈两国人文交流作出了诸多贡献：开设汉语及各类型培训班，努力推动汉语教学；组织各种文化活动，多角度、多层面开展文化交流；结合匈牙利汉学研究优势及各方面力量，推动当代中国的研究；以语言与文化为桥梁，推动中匈人文交流和民心相通。[①]

1. 以孔子学院为平台，促进两国人文交流

国之交在于民相亲，民相亲在于心相通。声乐、器乐、舞蹈作为人类共通的艺术语言，在促进中匈文化交流、展现中国时代风貌的过程中发挥着重要作用。以孔子学院为纽带，罗兰大学和北京外国语大学曾组织过两次文化互访之旅，展现了中匈两国高质量的精神文明交流成果。2015年9月，北京外国语大学艺术团前往匈牙利，以"中国之声·律动金秋"为主题，开展巡演活动，

---

① 《罗兰大学孔子学院》，2017年12月31日，北京外国语大学孔子学院工作处，https：//oci.bfsu.edu.cn/info/1128/1084.htm。

为当地观众奉上了多场精彩的中华文化盛宴。同年10月，匈牙利罗兰大学贝拉·巴洛克合唱团、室内乐团赴华演出，首站就选在了北京外国语大学。两场大型文化活动，为两国人民带去了文明的碰撞与激荡，文化的交流与互鉴，在中匈两国文化艺术领域产生了积极影响。

"你和我·在北京"北外夏令营是北京外国语大学自2008年起开展的面向所承办孔子学院学生的来华夏令营项目，迄今已举办十二届。罗兰大学孔子学院每年均组织孔子学院学生参与此项目。通过参与夏令营活动，匈牙利学生们不仅提高了汉语水平，在不同文化的交流互动中结识了不同国家的朋友，收获了友谊，还对活动组织方罗兰大学，以及活动举办地中国北京，产生了弥足珍贵的感情。这种感情会支持学生们不断了解中国，继续在罗兰大学及孔子学院学习汉语，他们中的一些人以后也许还会成为中匈两国文化交流的使者，续写两国人民之间的友谊。

自2013年起，北京外国语大学策划实施了"文化中国你我谈"中国学者海外巡讲项目。该项目以海外孔子学院为平台，让中国学者近距离接触当地民众，介绍中国近现代国情文化，并为学者们提供与外国同领域专家交流探讨的机会。该项目曾于2015年和2017年走进匈牙利罗兰大学及孔子学院，向罗兰大学师生和当地民众介绍中国经济、法律、历史、信息技术，以及中医保健等方面的现状和知识，为中匈两国学者沟通交流打通了渠道。

表3　"文化中国你我谈"中国学者海外巡讲信息（罗兰大学孔子学院）

时间	讲座题目
2017年3月	诗人W. H. 奥登的"抗日战争" 从商业视角看互联网如何改变中国

续表

时间	讲座题目
2015 年 11 月	中国经济犯罪与经济刑法概览 新常态下的中国经济——挑战与机遇 中医养生与保健

世界需要了解中国，中国需要世界理解。讲好中国故事，向海外民众展现真实、立体、全面的中国，是让世界了解现代中国发展理念最好的途径。专家学者通过孔子学院巡讲项目向听众阐释的中国立场、中国智慧、中国价值的标准、规则、理念，让中国得到越来越多的认同和响应。而在交流探讨中，两国学者互相交换观点和理念，正是传递彼此声音，建立互相信任最好、最有效、最真实的途径。国与国之间的互信也正是通过这种文化与文化价值的包容和认同逐步实现的。

2. 以孔子学院为基础，推动专业人才培养

自罗兰大学孔子学院成立以来，作为中方承办高校，北京外国语大学每年都根据孔子学院需求，派遣一定数量的志愿者教师赴匈任教，支持孔子学院建设。

表4　　罗兰大学孔子学院 2010—2018 年志愿者教师数量一览

年份	2010	2011	2012	2013	2014	2015	2016	2017	2018
北京外国语大学选派志愿者人数	2	4	4	18	14	9	13	18	18

这些志愿者教师通常为北京外国语大学汉语国际教育专业在读研究生，他们经过理论学习并通过孔子学院总部组织的选拔考试，在罗兰大学孔子学院进行为期一年的教学实践。从表4数据可以看出，北京外国语大学为罗兰大学孔子学院选派的志愿者数量逐年

增多，而罗兰大学孔子学院也成为北京外国语大学重要的学生海外实习基地。

在上文中笔者提到，孔子学院理事会制度为中匈双方高校提供了高层领导定期会晤的可能。在孔子学院理事会议上，双方高校领导、理事不仅会探讨孔子学院发展情况，也会讨论校际交流合作项目等重要话题。通过孔子学院理事会议，北京外国语大学与罗兰大学筹划实施或已经达成多项校际交流合作项目，促进了两校间的师生交流和人才培养。例如，在2019年年初召开的罗兰大学孔子学院理事会视频会议上，双方就增加每年两校学生交换名额的议题进行了探讨，并达成初步意见，决定将两校每年学生交换名额增至5名。会后，两校相关部门迅速进行深入研究，并起草了《北京外国语大学与罗兰大学学生交换补充协议》。2019年3月，罗兰大学副校长访问北京外国语大学，正式签署这一补充协议，落实了在孔子学院理事会议上探讨的议题。

随着中国对外开放和国际交往程度不断加深，既懂外语，又熟悉当地国情，具有国际视野和胜任力的国际化人才炙手可热。孔子学院逐渐成为国际汉语教育人才和非通用语人才培育的基地和桥梁。特别是近年来，不少共建"一带一路"国家孔子学院的中外高校建立起"汉语/非通用语+专业"的人才培养模式，为学生提供汉语/非通用语和专业技术教育，为"一带一路"的建设输送了高质量的人才。

3. 以孔子学院为桥梁，鼓励科研学术交流

2011年6月，《匈牙利汉语课本》第一册在匈牙利正式发行。该书由罗兰大学汉学家、孔子学院中匈双方院长和教师团队共同编写，由北京外国语大学负责排版和设计。这种中外人员合作编写，中外机构合做出版，图书海外发行的模式为海外本土汉语教

材的编写和出版提供了范例。这种模式不仅可以达到中外互动、优势互补,解决目前国内汉语教材海外使用针对性不强的问题,还能克服国内汉语教材在海外市场上发行的诸多困难。①

2014 年,匈牙利罗兰大学与孔子学院总部合作,建立"中东欧汉语教师培训中心"。该中心的成立为中东欧本土汉语教师提供了一个接受汉语教学培训的平台,为提升中东欧地区汉语教学的整体水平、促进中国与中东欧国家的传统友谊作出了积极的贡献。中东欧汉语教师培训中心与罗兰大学孔子学院合署办公,共享孔子学院教学资源。北京外国语大学作为该中心重要的合作单位之一,多次派遣专家赴匈举办讲座。2018 年,北京外国语大学、外语教学与研究出版社、罗兰大学、罗兰大学孔子学院联合举办"多元文化视角下的'产出导向法'国际论坛"。中东欧本土师资培训中心于论坛同期举办了本土汉语教师培训,北京外国语大学中文学院执行院长张晓慧携汉语教师团队以"产出导向法"在国际汉语教学中的应用为主题,对 50 余名中东欧本土汉语师资进行了培训,取得了良好的反馈。

为孔子学院所在地提供优质的教师、权威的教材、先进的教法,是孔子学院在海外立足的根基。孔子学院在坚持语言教学的同时,一直积极拓展学术交流合作的新模式,比如出版学术著作、译作,开展学术研究项目,组织高端学术会议等。孔子学院只是中国海外交往愈加紧密的一个缩影,中国通过孔子学院平台越来越多地向世界展现建设持久和平、普遍安全、共同繁荣、开放包容、清洁美丽的世界的愿景。学术交流层次和种类的不断提升,将使中国与世界的融合更加紧密,为建设人类美好未来贡献更多

---

① 蒋文燕:《国别化汉语教材的出版模式、编写理念与推广策略——以〈匈牙利汉语课本〉为例》,《云南师范大学学报》2014 年第 1 期。

的智慧和力量。

五　结语

　　孔子学院是具有中国特色的文化教育交流合作机构，其广泛而富有成效的发展，是中外人文交流项目的重大突破，也必将在中国教育对外开放的历史进程中留下浓墨重彩的一笔。随着"人类命运共同体"和"一带一路"倡议的逐步实施，中国与海外高等教育交流合作的脚步将不断加快。孔子学院在中外高等教育交流合作的舞台上，不仅会扮演语言文化传播者、学术交流促进者的角色，还将随着中国改革开放与中外交往领域的不断扩大，进一步拓展其文化和教育领域之外的职能，向教育产业化、科研项目落地转化、创业创新国际化、孔子学院特色化等方向融合发展。作为孔子学院背后有力的支持者，中外合办高校将成为创新项目实施的推动者和引领者，并会在中外高等教育交流合作的发展历程中探索出更多、更为有效、更加利于双方发展的创新模式。

中国学界对匈牙利人起源与迁移的思考

舒荪乐[*]

在 19、20 世纪之交的中国，曾经出现过不少未来小说。出版于 1908 年左右的小说《新纪元》开篇想象了这样一幅场景：当时的中国社会欣欣向荣，中国人"异常固结，各种科学，又异常发达"。忽然，中国大皇帝颁布一道圣旨，要使所有的黄种人国家使用皇帝纪年，以"联络黄种的先声"。白种诸国害怕黄种诸国联合起来形成黄祸，便决定开一次万国和平会，以商讨"抵制黄种的办法"。然而，除了非洲的黑种土人各国、美澳两洲华工后裔新建之两共和国（此为作者想象的国家）之外，只有欧洲的"匈耶律国"没有受到邀请。因为"匈耶律国，一向杂处于欧洲白种各国之中，久已渐染欧化……此番因他是匈奴的后裔，特地将他摈在欧洲各国之外，不许他与闻会议"。[①] 从作者的这种设想，不难看出 20 世纪初时的中国人认为匈牙利人就是匈奴人的后代。那么这个认识又是从哪里习得的呢？

早在 18 世纪，法国人约·德金（J. Deguignes）就提出了匈牙利人是匈奴人的猜想，这使得匈牙利人的来源问题成了匈牙利史

---

[*] 舒荪乐，博士研究生，供职于中国社会科学院外国文学研究所，主要研究领域是匈牙利文学与中匈文化交流。

[①] 详见碧荷馆主人《新纪元》，广西师范大学出版社 2008 年版，第 2 页。

中国学界对匈牙利人起源与迁移的思考

前史学界、突厥学、蒙古学甚至人类学领域颇有争议的焦点。从目前掌握的资料来看，匈牙利人的来源问题无法从单一的民族来源来解答，通过多方史料的佐证，尤其是国内学界主要通过搜寻中国古代史籍经典中的蛛丝马迹，对匈牙利人的源流做出了较为可信的考证。

匈牙利位于欧洲中部的喀尔巴阡盆地，多瑙河和蒂萨河自北向南滋润着广袤的匈牙利大平原。不难想象，这片水土丰茂之地在劳动生产力低下的千年前，自然成为了当时各民族争相抢占的聚居地。事实上，喀尔巴阡盆地的匈牙利大草原自古以来就是欧洲各民族的混居地，但这片土地上的人们真正以国家形式被统治，则要追溯到896年匈牙利建国以后。那么，这里的匈牙利人究竟来自何方？

我们可以将"匈牙利人来自何方"这样一个问题剖析成两个部分来解读：首先，这片土地为何被称为匈牙利？其次，这些生活在这片土地上的人从哪里来？也就是说，匈牙利与匈奴的关系，可以从两个方面来定义：其一是今天的匈牙利，便是曾经的匈奴人在欧洲建立匈奴帝国时的统治中心，这是地理上的意义。其二，匈牙利人与匈奴人是否存在亲缘关系？另外，从世界史的角度来考察匈牙利与匈奴之间的关系，有什么实质意义？要回答以上这些问题，首先要从匈奴的西迁史开始谈起。

1919年，章太炎在《匈奴始迁欧洲考》中认为"今之匈牙利及匈奴音转。尚考匈奴西迁在后汉永元之世。……（其西迁）一出乌孙，一趣大秦。趣大秦者，所谓匈牙利矣"。[①] 这是国内最早的关于匈奴与匈牙利二者关系的论述，但该文简短，仅三百余字，

---

① 章太炎：《章太炎全集（四）·太炎文录初编》，上海人民出版社1985年版，第381页。

亦无甚考古与史料证据，不足为信。随后，又有丁谦的千言之文《汉以后匈奴事迹考》。丁谦认为，公元374年，匈奴人入黑海北境后大败当地哥特人，自此深入欧洲腹地。此文对进入匈牙利的匈奴人种问题提出了自己的见解，认为入匈牙利境之匈奴人实为杂合种，后入俄境之斯拉夫族乃匈奴之真种。①

  对于匈奴和匈人的概念，中国学界是在接触到韦尔斯的《世界史纲》后才普遍接受的。有观点认为梁启超因受到韦尔斯的影响，举匈奴西迁的例子以说明"一波才动万波随"的观点。② 1927年，由梁启超校订的韦尔斯的《世界史纲》出版，此书在中国风靡一时，成为当时国内教授世界通史的主要教材。该书中，"Hun"被译作"匈奴"，匈人即匈奴的观点也在中国学界流传开来。1930年，姚从吾的《欧洲学者对于匈奴的研究》在《世界史纲》的基础上，系统介绍了当时的欧洲学者，如德金、夏德和底格柔特等人对匈人和匈奴问题的研究成果，进一步证明了"侵入欧洲的匈人与中国的匈奴系同一民族"③ 这个观点。这篇文章对国内的影响颇深，以至于后来的一些文章基本都是沿着这一思路进行论述，主要有金元宪的《北匈奴西迁考》、何震亚的《匈奴与匈牙利》与佟柱臣的《匈奴西迁与欧洲民族之移动》，但篇幅都不大。

  上述论述基本都认为匈奴自公元48年分成南北两部后，北匈奴离开外蒙古地区，遁走乌孙，后又遭受汉将窦宪驱逐，离开乌孙之地，西走康居。公元360年，匈奴至粟特。金元宪没有什么创新之说，佟柱臣则在前人的基础上，引用了英国学者帕克（E. H. Parker）、吉本（E. Gibbon）和德金学说，以说明"匈奴与匈人

---

  ① 详见丁谦《汉以后匈奴事迹考》，《地学杂志》1919年第7、8合期。
  ② 详见梁启超《中国历史研究法》，河北教育出版社2003年版，第94—98页。
  ③ 姚从吾：《欧洲学者对于匈奴的研究》，《国学季刊》1930年第2卷第3号。

实为一族"。而何震亚则援引《隋书·四夷传》："铁勒之先，匈奴之苗裔也。种类甚多……拂林东则有恩屈、阿兰、北褥、伏𡢃，近二万人……虽姓氏不同，总谓之铁勒。"文章认为，昏国靠近罗马，在里海、黑海之间。而昏与匈（Hun）音相近。隋书载隋朝之事，自公元589年至617年，其时匈牙利已建国。但后文中又说"按匈牙利本国史载匈奴占据多瑙河后，仍不时受斯拉夫民族之攻击，故于896年正式成立匈牙利国"。[①] 很明显，何震亚在匈牙利何时建国的问题上，并没有进行详实的考证。1958年，章巽编译了美国学者麦高文的《中亚古国史》。该作认为，北匈奴西迁是推动日耳曼部落侵入罗马帝国的原动力。[②] 在推演匈奴人西迁的过程中，麦高文先回溯了公元200年以前在如今的匈牙利土地上生活的民族情况。直至公元200年左右，匈牙利境内发现有凡达尔人（Vandals）、瑞维人（Suevi）和吉匹特人（Gepids）等，这些民族都是来自中亚细亚地区的萨尔玛西安民族分裂而形成的。萨尔玛西安民族将来自中亚细亚的游牧或半游牧特质，也就是所谓的"马的文化"留在了中欧地区。[③]

20世纪50年代学界的主要关注点集中在匈人是否为匈奴人的问题上，而到了70年代，则将目光转移到了匈奴人西迁的路线问题上。齐思和在《匈奴西迁及其在欧洲的活动》一文称"否认匈人是匈奴，实质上是割断历史，对匈人的生活方式、社会组织、政治制度都无法做出正确的说明"。[④] 齐思和在这篇文章中，不仅使用详实的史料，观点鲜明地将"匈人就是匈奴"这一论点继续

---

① 详见何震亚《匈奴与匈牙利》，载林幹编《匈奴史论文选集》，中华书局1983年版，第111页。
② 详见 W. M. 麦高文《中亚古国史》，章巽译，中华书局2004年版，第14页。
③ 详见 W. M. 麦高文《中亚古国史》，第183—186页。
④ 齐思和：《匈奴西迁及其在欧洲的活动》，《历史研究》1977年第3期。

坐实，还以中国的古籍史料为据，将匈奴西迁的过程分为四个阶段，分别是：第一，悦般时期（约公元91—160年）；第二，康居时期（约公元160—260年）；第三，粟特时期（约公元260—350年）；第四，阿兰时期（约公元350—374年）。对于匈奴在抵达欧洲以后的一系列行动，因有西方史料的记载，学术界并无太大争议。吉本在《罗马帝国衰亡史》中详细记载了阿提拉于453年暴卒，匈奴帝国随后被欧洲各部联军击败后，余部逃到多瑙河下游，在现在的匈牙利定居下来。不过，齐思和澄清道："现在的匈牙利国人的主体是马扎尔人，他们于公元九世纪末自西亚进入欧洲，建立了匈牙利国家。匈奴人为数不多，早已和马扎尔人及其他各民族融合在一起。按：马扎尔这个名称，在中国最早见于《元史·速不台传》。"[①]

应该说，齐思和的文章是学界根据古代中国史籍寻找匈奴西迁路线的里程碑，随后的一系列论文都围绕匈奴西迁路线图来进行考证。肖之兴《关于匈奴西迁过程的探讨》在肯定了其人"对匈奴史研究作出了新的贡献"的同时，对文章中"悦般"的概念提出了不同的意见；郭平梁的《匈奴西迁及一些问题》提出"西迁匈奴先是游牧于伊犁河流域，后又进入康居属地中亚农业地区，后又进入波斯北境，后又越过高加索山进入欧洲"[②]。林干的《北匈奴西迁考略》认为匈奴西迁的第一站是乌孙，第二站是康居，第三站是阿兰聊，也就是奄蔡；入侵欧洲也分为三个时期：公元374—400年，公元400—415年，公元422—468年。另外还有对北匈奴西迁起始年及其路线提出了不同意见的《北匈奴西迁欧洲的历史考察》、分析了匈奴西迁原因的《略论北匈奴西迁的原因》、

[①] 齐思和：《匈奴西迁及其在欧洲的活动》，第139页。
[②] 郭平梁：《匈奴西迁及一些问题》，载《民族史论丛》第一辑，中华书局1987年版，第103页。

《论匈奴人西迁的自然地理原因》等一系列主要围绕北匈奴西迁的原因、影响等问题展开探讨的论文。

北匈奴西迁进而入侵欧洲，间接造成了西罗马帝国的灭亡，不仅是有记载以来的全球最大规模的民族迁移活动，更从客观上沟通了亚欧大陆的文明，一定程度上促进了某些地区的文明发展。不过，学术界早已通过考古、文献等各种途径证明了今天的匈牙利人并不是匈奴王阿提拉麾下的那支战无不胜的匈奴军队。有一句话描述了阿提拉的凶恶、狂傲："凡是他的马蹄踏过的地方连草都不长了。"① 从某种程度上来说，威尼斯城是在阿提拉入侵的背景下建立的。② 阿提拉在多瑙河畔的皇宫里去世后，他的三个儿子及其麾下的格皮达人、东哥特人、匈奴人、斯威弗人等各部族展开了争夺自由和皇权的内战，潘诺尼亚境内被东哥特人的各个部族占领了。阿提拉的大儿子战死，小儿子带着一支匈奴军队仍盘踞于多瑙河下游河畔，匈奴帝国彻底瓦解。

对于匈牙利人是从亚欧草原迁入欧洲的这一结论，应是没有疑问的。在从亚洲到欧洲腹地的长途奔波后，匈牙利人迁入欧洲的这一历史轨迹并未留下任何能够证明其来源的文字材料。游牧民族的快速移动性，也使得考古方面的成果同样比较匮乏。因而，语言学、人类学和民俗学就成了研究匈牙利定居前历史的重要手段。比较普遍的看法认为，匈牙利人发源于伏尔加河曲，生活在卡玛河和别拉雅河与乌拉尔山脉环抱的地带，也就是原始芬一乌

---

① ［英］爱德华·吉本：《罗马帝国衰亡史》（下），黄宜思、黄雨石译，商务印书馆2018年版，第93—94页。

② 现在一般认为，威尼斯城是在后来的伦巴第人入侵时形成的，但是根据吉本的描述，阿魁利亚、帕迪阿和附近市镇的许多从入侵匈奴人的刀剑下逃脱的人家，在附近的岛屿找到了隐蔽、安全的藏身之处。这应该是威尼斯城建立的初始。详见爱德华·吉本《罗马帝国衰亡史》（下），第94页。

戈尔民族的发祥地。从5世纪中叶开始匈牙利人从黑海以北的南俄罗斯草原向西移动，最终到达多瑙河下游。支持这一定论的主要有考古学和语言学两方面的证据。在匈牙利境内发掘出的古墓中发现了在眼部放置金制叶片、在嘴上放置铜制叶片的死者。匈牙利东北部的另一座大墓中也发现了类似的面具金叶。这种丧葬方式也出现在乌拉尔地区6世纪的古墓中，死者的眼部也出现了类似的叶片。而在卡玛河流域的一处8世纪古墓中也发现了相似的面具叶片。鄂毕河附近至今还存在着与匈牙利语有亲缘关系的语系。[1]

关于匈牙利人的早期居住地，1887年，德国史学家布莱希奈德（E. Bretschneider）说匈牙利人可能原居于伏尔加保加尔人之东北方，乌拉尔山的附近。[2] 该地区名为乌格拉，在这里居住的人叫乌格里人，也就是东罗马人所谓的乌古尔。13世纪时出使贵由的普拉诺·卡皮尼（Plano Carpini）曾把乌格里人在多瑙河上的新居叫匈牙利，而把乌格里人在伏尔加河流域的原居地叫大匈牙利（Magna Hungaria）。[3] 同一时期的欧洲人鲁伯洛克也把乌格里人的原居地称为大匈牙利（Greater Hungaria）。[4] 这一地区的匈牙利人大约在公元700年左右开始向西迁移。韩亦琦认为，乌格里源于突厥语奥诺古尔，是现代匈牙利人（Hungarian）一词的来源。[5]

---

[1] 详见［匈］弗尔多·伊斯特万《对匈牙利人起源与迁移的见解》，李振编译，《国际论坛》1991年第3期。

[2] E. Bretschneider, *Mediaeval Researches from Eastern Asiatic sources*, vol. 1, London: Kegan Paul, Trench, Trüben & Co. Ltd., 1910, p. 15.

[3] See Plano Carpini, *The Journey of Friar John of Pian de Carpine to the Court of Kuyuk Khan*, pp. 1245-1247, trans. W. W. Rockhill, London: Hakluyt Society, 1900, p. 12.

[4] See William Rubruck, *The Journey of William of Rubruck to the Eastern Parts of the World*, pp. 1235-1255, trans. W. W. Rockhill, London: Hakluyt Society, 1900, pp. 129-130.

[5] 匈牙利（Magyarország, Hungary），Hungaria为拉丁文，最早见于10—11世纪法国和意大利的著作中。在匈牙利文中，始见于1137年。从词源学看，Hungaria与德语 Ungarn，法语 Hongrie 等均含有同一词根 Onogur（详见刘志强《试述匈牙利和中国的诸亲缘关系》，《新疆师范大学学报》（哲学社会科学版）1990年第3期）。

1882年，匈牙利学者范贝利·阿尔敏（Vámbéry Ármin）提出匈牙利人起源于突厥，这与主张匈牙利的乌戈尔起源产生了很大的分歧。目前，学界已普遍认可匈牙利语属芬—乌戈尔语系，但是，从文献学的角度也可以得出匈牙利人拥有突厥人血统的结论。另外，从语言学、词汇学等诸角度，都可以说明这个问题。匈牙利比较可靠的信史始于阿尔巴德王朝，也就是公元10世纪左右。在研究匈牙利史前史的过程中，除了考古发掘的文物外，最常用的就是语言学上的证据，以及东罗马历史学家和伊斯兰教徒的记载，这其中牵涉庞杂的族名、地名和人名的考订。龚方震撰写的《十世纪前突厥与匈牙利的关系》一文，比较系统地提到了匈牙利人与生活在中亚地区的突厥民族之间的关系。

匈奴帝国崩塌后，剩余的匈奴人退到了斯基泰腹地以及伏尔加河流域和高加索地区，在这里逐渐形成了一些突厥部落，其中就有"萨拉古尔人"（Saragur）、"保加尔人"（Bolgar）和"奥诺古尔人"（Onogur）。[①] 匈牙利人的英文为"Hungarian"，法语为"Ungri"，德语为"Ungar"。这些名称都起源于拉丁语ungri，这一拉丁语又来源于5世纪的Onogur部落。该部落名称首先由东罗马历史学家普列斯克斯（Priscus）记载："Saragur人、Ogur人和Onogur人受到Sabir人之攻击，被逐出其本土，该Sabir人时为Avar人（蠕蠕人）所逼迁，而Avar人又因受到居住于大洋附近之其他种族所迫而迁移。其时（约公元461—465年），Saragur人、Ogur人和Onogur人遣使东罗马。"[②] 从词源学上，可以大概看出匈牙利人与Onogur部落有一定的联系。对于Onogur人与马扎尔人的关

[①] 详见刘志强《试述匈牙利和中国的诸亲缘关系》，《新疆师范大学学报》（哲学社会科学版）1990年第3期。

[②] 转引自龚方震《十世纪前突厥与匈牙利的关系》，载朱杰勤主编《中外关系史论丛》（第一辑），世界知识出版社1985年版，第35—36页。

系，很多史学家均有表述：10世纪时的波斯著作《世界境域志》（*Hudud al-'alam*）及11世纪的波斯史家加第齐（Gardizi）都认为，Vonodur这个民族与马扎尔人为邻，而马夸特则认为，Vonogur这个民族就是Onoghundur，Onoghun即为Onogur，-dur是突厥语的后缀。伊科诺米迪斯认为这就是马扎尔人。尽管米诺尔斯基翻译了《世界境域志》，但对于这部著作中的观点，他是持保留态度的，他认为，Onoghundur是古保加尔人（Bulgar）的一个部落，5—7世纪时，曾居于高加索北部的库班（Kuban）地区。这个地区的古保加尔人在2世纪时，同其他一些部族从中亚来到里海和黑海地区，这些部落中就包括了Onoghundur。

刘志强在匈牙利人的族源问题上提出，匈牙利人可能源于奥诺古尔人种。中国汉文古籍中，如隋代的"韦纥"，唐宋时期的"回纥""回鹘"，元朝时期的"畏兀尔"等称谓，在秦汉时代被称为"乌揭"，是Uigur、Uygur最早的汉译。乌揭就是Oguz、Uguz（乌古斯）。因为古代突厥语中"z"与"r"二音可转换，故Uguz = Ugur = Uigur。因此实际上中国文献中的乌揭、乌护、乌纥、乌古斯、回纥、回鹘以及元朝以后的畏吾、畏兀儿等均可作Uigur、Uguz和Oguz之音译。马札尔人属芬—乌戈尔族。乌戈尔（Ugor）是乌古斯部落联盟Onogur（十姓乌古斯）的成员之一。On Oguz（Uguz） = On Ogur（Ugur、Ugor） = On Uigur = On Ogur = Onogur（十姓乌古斯）。①

韩亦琦提出奥诺古尔人，也就是十姓部落联盟（Onogur）源于马扎尔人七部落与曷萨（Khazars）三部落合并为一政治联盟，合称为卡瓦尔人（Kavars），突厥人称之为奥诺古尔人，因而，"十"

---

① 详见刘志强《试述匈牙利和中国的诸亲缘关系》。

盖指此十部落联盟。不过，对于马扎尔人与曷嗟（也可称为哈扎尔或可萨）部落的关系，还有一些不同的看法。东罗马帝国皇帝康斯坦丁七世称："可萨可汗曾致函马扎尔人，要求里比蒂亚斯（Lebedias）前来，里比蒂亚斯即抵可汗处询其函召原因。可汗称，因汝高贵、聪明及勇敢，且为马扎尔人之一支 Voivode 首领，故命汝为马扎尔人国君，汝宜听命于吾。里比蒂亚斯答称，吾甚感可汗厚意，唯力弱不能膺此重任。虽然，不敢违命，兹推荐另一首领 Almo Utzis 或其子阿派德，两人俱堪就此重任，且听命于可汗……阿派德更聪明、勇敢，且善于处理国政，遂推荐其为国君。在阿派德之前，马扎尔人无国君。"① 从这段论述可知，马扎尔人的首领阿尔巴德是曷嗟族首领任命的，那么曷嗟三部落与马扎尔七部落之间是否真的是联盟关系，值得深思。

回到马扎尔人与突厥人的问题上来，中国的《北史》和《隋书》中的《铁勒传》记载："铁勒之先，匈奴之苗裔也。种类最多，自西海之东依山据谷，往往不绝……康国北，傍阿得水……得嶷海东西……拂菻东，则有恩屈、阿兰、北褥、九离、伏嗢昏等，近二万人。北海南，则都波等。虽姓氏各别，总谓为铁勒。并无君长，分属东西两突厥。居无恒所，随水草流移。人性凶忍，善于骑射，贪婪尤甚，以寇抄为生。近西边者，颇为艺植，多牛而少马。自突厥有国，东西征讨，皆资其用，以制北荒。"东罗马蔡马库斯于公元 568 年在《出使突厥纪行》中也说过："于是简选东方市邑宰官，西立西亚人蔡马库斯当其任……蔡马库斯……又至得嶷海，再经沮茹地多日，至阿得拉（即阿得水，今伏尔加河），再次至乌古尔国。"

---

① 转引自龚方震《十世纪前突厥与匈牙利的关系》，第41—42页。

对于以上两条中外史籍中的记载,张星烺先生说,恩屈"即东罗马蔡马库斯《纪行书》中之乌苟尔国(Ugur)也。蔡马库斯记载简略,其详情吾人不得而知也"。① 韩亦琦同意张先生的说法,认为《北史》记录的是5—6世纪,《隋书》记载的是6—7世纪,与6世纪的《出使突厥纪行》在时间上相符。6世纪时,马扎尔人七部落已汇入奥诺古尔部落,也就是《铁勒传》中的恩屈和《出使突厥纪行》中的乌古尔。从相对地理位置来看,得嶷海(里海)至拂菻(东罗马)这个区域与《出使突厥纪行》中的阿得水(伏尔加河)一带相吻合。

马扎尔人(Magyar)是匈牙利人对自己的称呼,不少学者也对Magyar这个词做了语音上的分析。埃里克·派特里奇认为该词的古读为 Mogyeri,词尾的-eri 是突厥语,即为"人"。② 米诺尔斯基则根据匈牙利学者的研究成果,将 Magyar 还原为了 Mojgher。他认为,Mojgher 一词由 Moj + gher 构成,gher 与突厥民族巴什基尔(Bashqir)有关。匈牙利学者内梅特认为,Bashghir 就是突厥语 Bash + ghur(五支部落)的意思。③ 因此,Magyar 一名应与突厥人的接触有关。

康斯坦丁七世在《帝国的统治》中记述:"马扎尔人原称 Sabartoi asphaloi。""Sabartoi asphaloi"是希腊语,意为"可靠的 Sabir 人"。但龚氏指出,这里并非指当时的马扎尔人都是 Sabir 人,而是有一部分 Sabir 人成为了马扎尔人。那么 Sabir 又是哪个民族呢?东方学家乔治·克劳森考订 Sabir 即为"鲜卑"。④ 普利斯克斯提到

---

① 张星烺:《中西交通史料汇编》(第一册),中华书局2003年版,第39页。
② Eric Patridge, *Origins: A Short Etymological Dictionary of Modern English*, London: Routledge, 1977, p. 372.
③ See Vladimir Minorsky, *Hudud al-'alam: The Regions of the World*, London: Messrs. Luzac & Co., pp. 318 – 319.
④ See Sir Gerard Clauson, *Studies in Turkic and Mongolic Linguistics*, London and New York: Routledge, 2002, p. 20.

诸回纥、乌护部落（即 Saragur、Ogur、Onogur）被 Sabir 所逐，Sabir 人又被阿瓦人（Avar，即中国史书中的蠕蠕人）所逼迁。这与《魏书》中记载的鲜卑族拓跋魏曾屡破韦纥，而蠕蠕族又频繁侵扰魏之北塞等细节相符。[①] 窦宪逐北匈奴后，鲜卑人占据匈奴旧地，与留下的十万匈奴人融合，也称为鲜卑，由此渐盛。一部分鲜卑人西迁后定居伏尔加河与高加索一代，其中一部分人是现代楚瓦什民族的祖先。匈牙利学者格姆伯茨从语音结构分析，现代匈牙利语词汇中的突厥语成分与楚瓦什语相同。[②] 这说明，在 10 世纪以前，有一部分 Sabir 人融入了匈牙利人中。

目前看来，史学界对于匈牙利人出自伏尔加流域这一判断，似乎已成定论。然而，还有更加大胆、却也从语音学上找到不少可靠证据的猜想，正在打破学界的这一定论。朱学渊的《论马扎尔人的远东祖源》从语言学的角度分析对比了《金史》中的女真部落语言与现代匈牙利语中的语汇以及匈牙利姓氏与《金史》中所列举的中国古代北方诸族中的姓氏，描绘了一幅靺鞨族在融合了蒙古族部落后，于公元 700 年左右开始西迁，并在西迁的途中裹挟融合了一部分突厥人的历史图景。

从语言学角度考察匈牙利语时，朱学渊指出："马扎尔语中有一个规模相当大的蒙古语词集合，它不仅包括了大量的基本物质、动植物、人体器官和家庭关系等方面的初等词汇，还包含了很多社会组织、军事、体育和娱乐方面的高等词汇。"[③] 因此，朱学渊将现代匈牙利语词汇与中国东北满族祖先使用的女真语进行比较，从而大胆假设了"马扎尔"就是女真—满族的唐代祖先"靺鞨"

---

① 详见龚方震《十世纪前突厥与匈牙利的关系》，第 35—36 页。
② See Denis Senor, *History of Hungary*, New York: Frederick A. Praeger, 1976, p. 10.
③ 朱学渊：《论马扎尔人的远东祖源》，《世界民族》1998 年第 2 期。

或"勿吉"的源音，古马扎尔民族是由靺鞨族和诸多蒙古语族部落（如契丹、室韦、奚等）以及部分突厥语族部落融合而成的群体。

文中，作者将现代匈牙利语与金代的女真语做了比较[①]：

客人——按答海，vendeg　　穷人——什古乃，szegeny
摔角者——拔里速，birkozo　　头——兀术，fej
牙——畏可，fog　　第二——益都，ketto
和谐——奴申，osszhang　　宽容——讹出虎，ehur
快——撒八，sebes　　买——兀带，vetel
刀刃——斜烈，el　　金——按春，arany
口袋——蒲卢浑，borond　　罐——活女，kosso
红色——活腊胡，voros　　铁——斡论，vas

作者还把从东北迁去新疆伊犁地区的锡伯族的语言与匈牙利语中的某些词汇进行了比较。

通过以上的一系列比较，朱学渊认为，匈牙利语言的远东祖源属于通古斯语族的古代靺鞨—女真语是毋庸置疑的。在此论断上，作者又依据古籍史料，从中国东北地区各民族历史演进的角度出发，对马扎尔人的身世来源做了推断。北魏年间，祖居于今东北黑龙江、松花江和乌苏里江三江汇合处的靺鞨族扩张到嫩江、扶馀和辽东地区，与当地属于蒙古语族的室韦、契丹和奚族以及扶馀等各族混居融合，并开始与中原地区接触。唐朝时，靺鞨与高句丽王室勾结反唐，后被唐平定，高句丽—靺鞨联盟瓦解，靺鞨两强部安车骨和伯咄西逃，而剩下的五个靺鞨部落则留在了东北地区。其中，留下的部落中，以粟末部拥有较高的政治技巧，他对

[①] 朱学渊摘取的女真语词出自《金史》后附的《金国语解》，该文本是金代女真统治部落的语词解译。

唐的不抵抗态度为自身的发展营造了稳定的外部环境。公元 700 年左右，粟末部建立了渤海国，下设十五府，其中有一府名为"郑颉"，下领郑、高二州。此二州的地理位置，恰为隋末唐初时期，安车骨部落的原居地。郑颉府境内粟末水入嫩江和松花江地区的吉林省扶余县，古名为"伯都讷"，有学者认为是"伯咄"部的原居地。综上，遁走的靺鞨强部安车骨和伯咄两个部落被留在东北地区的同族人指称为"郑颉"，也就是他们的本名"靺鞨"或"勿吉"。经渤海国和辽代二百年的统治后，生活在这一地区的民族完颜女真，即为靺鞨的后裔。因而，用匈牙利语与金代女真语做比较，并假设西去的靺鞨二部落与匈牙利人的亲缘关系，是极具史学价值的，而并非是毫无事实根据的空想。这之间的对应关系，也为马扎尔人的远东祖源提供了化石般的语言实证。

朱学渊在论文中还提到了马扎尔人或与蒙古语族部落也有亲缘关系，究其原因大致是兴盛于北魏中期（公元 4 世纪末）的靺鞨人在进入松嫩平原后，与当地呈弱势的蒙古语族室韦诸部融合，进而又吞并了扶馀族，并与其西南方的契丹、库莫奚等族混居。三个种族（靺鞨、室韦和契丹）的长期融合造成了至隋唐年间，该地区通古斯语和蒙语的混合，并朝着通古斯语化的方向演化。靺鞨语中也出现了大量的蒙语元素，甚至很有可能安车骨和伯咄部落使用的就是这种混合部落语言。

从契丹语、蒙古语和匈牙利语的对比中，我们可以清楚地看到这种亲缘性：

汉语	契丹语	蒙古语	匈牙利语
父亲	阿主	etseg	atya/apa
兴旺（1）	耶鲁	jolet	
兴旺（2）	蒲速	—	boseg

下篇　人文和社会

辅助	何鲁	—	helyetta
孝顺	得失得	tahim	(t)ahitat
法官	楚古	shuukh	szuri
营地	捺钵	—	tabor

《金史·百官志》和《金史·国语解》中的姓氏除了主体是典型的靺鞨—女真或后世的满族姓氏，如完颜、爱申、托特等，还包含着不少蒙古语族的姓氏和部落名，如契丹大姓移剌（耶律）、石抹；鲜卑大姓抹颜。且现代匈牙利姓氏与12世纪的金代女真族姓氏极其准确地对应，如Illyes（移剌）、Szima（石抹）、Major（抹颜）等。匈牙利的几个大姓如Nagy、Szabo、Turi、Szakal分别对应着靺鞨族姓氏中的粘割（粘葛、纳合、纳可）、塞蒲里、都烈、撒合烈等姓氏。因此，朱学渊大胆推测了7世纪末西迁的古马扎尔人中所融含的种族成分，已经和12世纪南下中原的女真族近似。

在中国北方诸民族的语言问题上，尽管还有不少疑问，但大体的结论已经成型，且大致的分布为：通古斯语族居于最东；突厥语族居西；蒙古语族居中。古籍中的一些突厥语族的姓氏也能在匈牙利语中找到对应，例如Csibi（契必）、Tokaji（独孤）等。另外，"Kocsi"一词在匈牙利语中意为"车"，该词显然来自于"hoca"，匈牙利学者甚至认为英文中的"coach"一词就是源于匈牙利语。作为姓氏，Kocsis意为"驾车的人"，他们大概就是一度强盛于大漠南北的高车族的后裔。"高车族"就是"驾车族"，作为铁勒的强部，回纥等部的先祖，高车族可能在蒙古高原的中央地带汇合了马扎尔人。高车族中的一个著名姓氏"贺拔"对应的就是匈牙利姓氏Horvath。韩亦琦在《九世纪以前匈牙利人的历史渊源》中考察乌古尔是否为匈奴苗裔时择《北史·高车传》如下："高车，盖古赤狄之余种也。初号为狄历，北方以为敕勒，诸夏以为高车、丁零。其语略与匈奴同而时有小异。或云：其先匈奴甥也。"经考证，"赤狄"即春秋战国时期，中国对匈奴的称呼。而高车为匈奴之余种，其先人也是"匈奴甥"，即可证明高车族是匈奴人的后裔。从这个角度来看，10世纪定居在喀尔巴阡盆地的匈牙利人中，也掺入了突厥人，与第一次进入欧洲的匈人之间同样也有着亲缘关系。

在匈牙利人来自何方的这一问题上，由于缺乏确凿的文字记载，学界只能在借助考古学、语言学等多种学科研究成果形成的旁证的基础上，对匈牙利人的来源及迁移问题做出大胆的猜测和假设。可以肯定的是，匈牙利人的来源并不单一，他们在从亚洲到中欧的迁移过程中，接触了途中的许多民族，甚至出现了民族融合现象。这也就是为什么匈牙利语中会出现通古斯语、突厥语、蒙古语这些亚洲的语音、语汇，而在民俗方面，也与中亚地区的许多民族风俗有高度的相似性。我们只能肯定地说，匈牙利人的来源不是一个能高度概括说明的问题，研究此问题的学者需要具备高水平的文献阅读能力、材料辨析能力、扎实的语言学功底等多种基本学养，才能胜任这一课题的研究任务。

未来愿景：匈牙利的中国儿童和成年人生活情况调查报告

克里斯提娜·柏思飞　阮卢·兰·安[*]

引　言

我们的研究主要是针对生活在匈牙利的中国年轻人和儿童的未来愿景所做的调查，并且结合了其社会经历的特定方面。

在涉及匈牙利的中国移民生活状况的研究领域，不时地会出现一些社会学、心理学以及跨学科方面的研究成果，但总体来说，这方面研究的数量还是比较少，特别是从中国社会自身巨大变化的角度所做的研究。关于中国近期社会—文化变化的研究已经对这一进程进行了说明，其中涉及当前中国文化的认同以及这种认同对人的性格、身份以及生活方式所产生的影响。例如张瑞[①]及其同事所进行的研究表明，中国文化所取得的成就能够让人产生更加积极的自我评价以及个性化水平，这就显示了新的认同以及愿景的出现，跟中国传统的谦虚品格并不一致。从移民角度来看，

---

[*] 克里斯提娜·柏思飞（Krisztina Borsfay），助理讲师，罗兰大学教育学和心理学学院，跨文化心理学和教育学学院；阮卢·兰·安（Nguyen Luu Lan Anh CSc），研究所所长，副教授，罗兰大学教育学和心理学学院，跨文化心理学和教育学学院。

[①] 张瑞等：《理解中国积极的自我评价：社会文化变革的作用》，《欧洲社会心理杂志》2017年第1期。

那些和母国保持联系的或者新来的移民容易受到当前最新环境和趋势的影响，进而形成新的生活方式和命运走向。年轻移民的未来愿景主要受其年龄段所特有的思维方式和动机特征所影响，就像社会学效应一样。

未来愿景

人类能够审视过去，畅想未来，例如，人类可以将自己投射到过去和未来当中，特别是对于未来的构想更是如此。通常来说，人类对于未来的构想会比对过去的回忆更加积极、更加简要，因为对看不到的未来进行细节构建是比较困难的。除了形式上的特殊性之外，我们还可以谈论未来愿景在内容方面的突出趋势，这同样也是由年龄所决定的，例如，在青少年和年轻一代当中，关于未来愿景的内容主要是由三大因素所决定的，分别是教育、工作和家庭。特别是在生活领域，诸如在对未来的计划当中，积极的反馈通常和优秀的工作表现相关。

让这类群体对未来进行想象是非常有趣的，他们必须想象自己在一个新的环境当中（诸如新的文化环境）如何适应，因为在这种情况下，个人的发展道路部分是未知的，可以学习的样本和文化场景也很少。在对移民生活及其对未来愿景的研究当中，本课题主要集中研究为什么人口流动可以实现以及其决定性因素。另一个较为重要的问题是，随着人口流动，家庭或者个人对于未来的规划。

世界以及匈牙利的中国移民——工作和教育

在关于移民的研究当中，有一个重要的因素，即具有多元文化背景的少数群体的第一代和第二代移民对于教育和职业的渴望是非常强烈的。在多数情况下,移民对于未来的愿景会比本地人要更加有雄心。移民最主要的因素通常和更好的教育和就业机会有关。

在亚洲移民特别是中国移民当中,其未来愿景通常以工作为中心,这点非常重要,在这种背景下,除了移民动机,文化因素也起到了关键作用。根据中国传统的儒家思想,学校表现以及学习学术非常重要。相信勤奋和努力是中国人的一种思维方式。尽管努力促进了移民期间的社会流动性,但是需要在母国的具体社会环境背景下去理解努力的重要性。中国庞大的人口数量在教育领域产生了巨大的竞争氛围,促使孩子们不断努力并取得好成绩。

在学习中所付出的努力是学生在学校取得好成绩的关键,那些对在匈中国人的生活进行调查的研究者已经描述了学校以及学习的重要性。在匈牙利的中国妈妈看来,走向成功人生的过程当中,起最主要作用的就是学校,很高比例(92.1%)的中国家庭都会要求孩子进入大学,他们对于生活最大的满足来源于孩子优秀的学习成绩。在中国移民家庭当中,通常认为在移民过程中第一代移民做出了牺牲(诸如做一些并不适合自己的工作),他们坚信这会给孩子带来光明的未来,所以移民家庭孩子的未来发展必须和家庭的发展策略相一致,因为孩子的成功与否是移民家庭成功与否的关键所在。

中国人,世界的移民——家庭

如前文所述,在对未来愿景的研究当中,学者通常会考虑生活最主要的三个方面——教育、工作和家庭。(高等)教育背景、工作环境、结婚和要孩子的时间与方式等受到一些因素的影响,特别是一个人的价值体系和社会文化背景、社会要求和社会期待等决定了其家庭和性别角色。

在研究移民的文献当中,经常提到的一点是移民关于传统性别角色的认知主要来源于集体社会。在进入一个新的、更加注重个人主义和平等的国家当中,这种性别角色认知受到了质疑,特别是在新一代的移民当中,传统性别角色认知发生了转变。这种现象固然属于移民经历和其角色转换的一部分,但是,随着全球化进程的发展,移民流出国也在经历着社会变革。例如,尽管中国向来被认为深受集体主义和儒家思想的影响,但是传统价值观也受到了挑战。在传统价值体系的一些维度上可以进行代际传递,但与此同时,年轻人当中出现了个人主义、物质主义以及享乐主义的价值观。

这种改变集中体现在性别角色领域。过去的几十年,中国女性取得了更多的工作机会,初婚年龄和要孩子的时间都推迟了,越来越多的年轻人倾向于同居而不是结婚,希望远离原生家庭或者出生地。周玲伊在对中美学生关于未来愿景的调查中强调,无论是在中国还是美国,学生们都倾向于接受高等教育,同时取得在事业和家庭领域的成功,而为了要孩子而中断事业并不在其考虑之中。[1] 跟美国女性相比,中国女性对事业表现出更强烈的欲望,并认为自己是有竞争力的、是勤奋努力的。女性在某些领域表现得比男性更有男子气概,尽管根据研究结果表明,中国社会上层建筑关于性别的认知非常传统;中国关于两性角色的认知是合理的,即"男主外,女主内"。

---

[1] 周玲伊:《中美大学生对于未来的认知、研究生教育、事业和未来家庭角色》,《两性角色》2006年第55期。

综上所述，我们可以看到，在中国家庭中也存在这样的社会阶层（在这里我们必须对受过高等教育的城市女性进行分类），她们在家庭中偏向用现代性别角色对自己进行定位。在中国移民研究当中，特别是生活在匈牙利的中国移民，我们发现了21世纪初期的一些数据，表明这些移民中女性独居或者离婚的比率相对来说比较高，包括那些经营生意的女性（其中三分之一的私企法人代表为女性），说明在移民过程中，女性的经济独立在匈牙利也得到了实现。

中国人，在世界各地进行移民，走或留？

在移民过程当中，最基本的问题是计划在目的国停留多长时间，在什么区域或者社会来规划自身的未来发展。在匈牙利的中国移民大多采用分离或者跨国策略，意味着他们远离了母国的文化和经济主流。另一方面，即使移民地和母国相距较远，其和自己的家乡也保持着紧密的个人和经济联系，跟其他中国移民也保持着密切往来。从跨国未来愿景来看，这点也很重要，因为移民这一过程需要来自多方面的支持，要持续地衡量社会文化和经济因素，如果条件允许，会出现更多的人口流动现象。

还有一些长期停留在国外的中国人是国际留学生，他们中的一部分认为自己是移民或者是未来的移民，国外留学或者永久性移民也在其计划当中，所以，我们将中国留学生和旅居者对未来的愿景也作为研究对象。在过去几十年当中，一些学者将研究生移民作为一种现象进行研究。在去与留的问题上，最主要的问题是研究决定移民去与留的因素。在这个问题框架中，宏观层面（社会、规则）以及微观层面（社会关系、个人因素、工作机会等）的因素已经得到了研究。在对中国留学生的调查当中，研究者发现留在目的国的主要因素是职业发展，而回国主要是因为个人因素。

研究问题

我们研究的主要问题是对当前生活在匈牙利的中国年轻人和儿童来说，在其未来愿景和自我规划当中，最为突出的主题是什么？他们用了哪些场景和词语对其未来进行描述？

另一个研究的重点是其关于未来生活方式的愿景。在第二部分的分析当中，我们把过去、现在和未来作为一个连续过程进行审视，并且考虑到不同的文化和社会经历，从细节方面阐释了影响移民对于未来愿景规划的因素。

研究对象

我们的研究对象主要包括中国移民儿童（小学和中学这个年龄组）和旅居者当中的年轻人。

其中，15名有着中国文化背景的小学生（5—8年级）平均年龄为12.86岁（最小11岁，最大15岁），性别比例方面，女生更多（6名男生，9名女生）。12名学生属于中学组，平均年龄为16.8岁（最小15岁，最大18岁），性别比例方面仍然是女生多（4名男生，8名女生）。年轻人数量为13人，平均年龄为21.23岁（最小17岁，最大26岁），性别比例依然不平衡（3名男生，10名女生）。

样本是通过访问采样的方式获得的，在可能情况下采取滚雪球的方式。在招募受访者的过程中，中国移民更倾向于我们通过拜访学校的方式进行访谈，此外，我们的策略还包括在中文—匈牙利文的网站上发布广告、通过朋友进行联系等方式，受访者也对研究样本采集作出了贡献。但是，参与率并不高。为了提高参与积极性，我们为受访者提供了礼物（礼品券）。

为了使访问能够成功进行，应受访者要求，我们在调查过程中使用匈牙利语和中文同时进行。此外，在对中学生和年轻人的访问记录中，英语也是一个选择，因为他们中一些人英语说得很好。

受访者中的学生来自匈牙利语—英语双语学校以及匈牙利语—汉语双语学校。年轻人组当中的受访者多数为大学生（9人），一些为研究生（2人）或者工作者（2人）。

测量工具

我们的研究使用定量数据分析方法，即生命线访谈法，这是一种系统访谈工具，目的是为了确认生命中发生的重大事件。此研究工具主要调查研究受访者对于过去、现在和未来出现在生命中的重要事件的主观认知。这种研究方法要求对受访者使用"轨迹""生命线"以及"生命中的高山和低谷"这些隐喻的频率进行统计，从而获得相关的图像数据。从这个方面来说，这是一种多维研究方法。受访者根据她/他过去和未来的生活画出自己的生命曲线，并就这些方面回答各种问题。在预先打印好的纸上面已经绘制了相关的图表，其中垂直线表示正负面的情感冲动，水平线表示时间变化，图形当中的垂直线表示当下。通过该方法，受访者可以展示出生命中所有重要的转折点以及提供与这些事件相关的口头描述和解释。

研究方法

访谈采用两人面对面的方式,并进行了录音,访谈地点是学校或者罗兰大学的办公室,访谈时间一般在45—60分钟。

在对数据进行评估的时候,我们充分考虑了受访者所做出的生命线图画以及相关的文本。图画进行了可视化处理,同时将录音材料整理成了文本(将中文录音翻译成匈牙利文),主要遵循定量分析的方法。

学习与工作

通过观察受访者生命历程中的积极和消极的变化,与学习和工作相关的未来愿景占据了主要地位,而其他与学习和工作无关的个人主题则处于次要地位。

和学习相关的积极愿景主要指的是进入一所好学校或者好大学,学习很好或者有很大的进步;消极的愿景正好与此相反,意味着学习将是一件比较难的事情,当进入一个新的、更高年级的学校时,学习要求也会随之提高。

在一定情况下,工作或者找工作应该在孩子和年轻人的未来愿景占有更加重要的地位,尽管根据研究结果的细节,这一点变化很大,但是,对于每一代人来说,工作都是相当重要的事情,在受访者当中,很少有人对自己的未来工作做出明确的规划。

有将近一半的小学生(15人中有7人)已经有了明确的兴趣爱好范围,他们希望未来甚至找工作的时候能从这种兴趣爱好中受益。在其余8人当中,有人有着广泛的兴趣范围,有人无法确定自己最感兴趣的领域，也没有设想将这些爱好在未来的工作选择中作为参考。在中学生受访者小组，很少人（3人）对于自身的兴趣爱好有明确的计划，其他人的兴趣范围要么很多元，要么即使有明确的规划，但实施起来也很困难，有些人甚至没有明确的兴趣范围（9人）。受访的中学组当中大多数人没有对于未来做出具体规划，但是他们唯一做出规划的事情就是首先到国外读书，而工作的事情到那时候再考虑（4人）。在年轻人组当中，没有明确规划的比例和其他两个小组类似，有不到的一半的受访者（6人）能够对未来工作做出明确规划。大学的学习并不能够使一个人对于未来的规划变得更加的清楚，许多人计划着能够在完成学业或者取得相关的资格证书之后再去考虑工作的事情。

在访问过程中，家庭期望在受访者的学习和工作选择中并没有起到显著影响。只有一些人提到自己未来会参与家族生意，而且父母也没有对子女未来的就业领域有明确规定。父母更多期望孩子在英语学习和高等教育方面取得更大成就。对于一些孩子来说，家庭的完整以及整个家族的成功是其在选择工作时的一个考虑因素。

在对未来找工作的认知当中，存在一个普遍现象，即在找工作初期，存在恐惧和为难情绪，其实最后的结果一般是好的。这在整个生命历程当中是一个典型现象和消极的变化过程，一般从找工作初期开始，认为自己找不到工作，得不到雇佣，工作不会变得好转；如果是在企业，则认为自己的商业伙伴存在欺诈或者拒不付款的行为。在多数访谈当中，访谈者在谈到这些苦难的时候并没有表现出消极的态度，而是认为这种困难是人生发展过程的一部分，实际上这是可以预期的，我们应该为将来可能发生的困难做好准备，因为这是世界运行的规律，苦难是可以预见的。尽管谈到了很多找工作时可能遇到的苦难，但是几乎很少有人提到对匈牙利相关背景知识的缺乏以及其少数族群的身份在找工作时会成为问题。

涉及工作的积极反馈，多数人认为工作的成功与否取决于一个人工作后的财务状况，特别是小学生甚至是中学生强调了工作所带来的工资收入。对于一些人来说，合适的工资水平就是工资达到一定数量，能够买房买车或者旅行，即"可以安心生活"，而对于其他人来说，合适的工资水平就是意味着挣更多的钱。

家庭、伴侣、孩子

作为生活的重要部分，家庭、亲密关系以及与此相关的愿景规划也被一些受访者所提到。受访的三代人不约而同地谈到了家庭，但是在提到与家庭相关的问题、主题和细节的比例方面，三代人之间的差异很大。

在小学组当中，某种特定情况下只有一半人（14人中有7人）提到了家庭、婚姻和伴侣。有些人认为在工作稳定之后才会考虑结婚成家的事情，这时候他们一般处在30岁左右的年龄。只有一个受访者愿意一毕业就结婚，主要是为了满足父母的愿望。该受访者对于父母的这种期望持消极态度，现实情况是婚姻在一个人生命历程当中的优先级呈现下降趋势。其对于未来的规划与中国的传统情况相符合，在完成学业之后立刻成立家庭，然后（或者同时）为了自己的家庭生活得更稳定富足而奋斗打拼。

在谈论关于家庭话题的时候，一些小学生谈论当前对于父母和家庭的未来愿景，释放出积极的、充满希望的信号，例如希望家人身体健康、开开心心。除了希望家庭成员幸福安康，在涉及到原生家庭方面，希望全家人生活在一起的这个主题也被提及。一位受访者告诉我们，未来她将和自己的家人生活在一起，但是她也明确表示，她的父亲非常开明，如果以后因为工作或者婚姻要离开他们，父母也是支持的，也不要求她为他们支付生活费用。

在中学组受访者当中，相当一部分（12人中有9人）提到了关于伴侣、婚姻和家庭的话题。大部分（9人中有7人）认为婚姻是未来生活的一部分。和小学组的回答相类似，大部分人计划按照"学业—工作—婚姻"这样的顺序进行人生规划。

受访者中只有两人不执着于婚姻，并表示如果条件允许的话，会选择不结婚。他们批评当前的婚姻制度，一方面强调离婚给女性所带来的负担以及所造成的财富分散，另一方面他们认为为了解决这一问题，社会开始崇尚"女性独立"的价值。如果有了孩子，就会出现各种批评的声音，给女性带来困境。这种困境主要出现在有孩子的时候，对于生育时的痛苦以及由此带来的财务负担有很多看法：太频繁的流动对于孩子成长是不好的，所以最好晚点再要孩子；孩子很麻烦，"折磨人"；生孩子、养孩子的经济负担非常大。

除了上述主题，父母的跨文化背景也被提及，但是只有少部分人（3人）提到了这一点。这三个人都提到了希望可以拥有一位外国伴侣，尽管他们非常清楚其中的利弊。有一种观点支持这种跨国婚姻，认为跨国婚姻可以顺利实现移民的目的。但是，文化认同能够使婚姻更加稳固，因为相似的文化背景更容易理解对方。受访者同时也提到了文化差异、文化认同以及代沟问题。例如，一位受访者能够接受跨国婚姻，但是他认为这会遭到家庭的反对。

"这里是有外国人，但是我认为我的祖父母不会让我和他

们结婚,我的爷爷经常说,'中国是最伟大的国家'。"(16岁中国女中学生)

其它的受访者强调文化差异对婚姻的影响,认为如果留在欧洲的话,要孩子的时间会更晚。

"我们在这结婚。当我28岁的时候,我希望有自己的孩子,但是我认为这在欧洲太早了,女性一般不愿意这么早生育。"(16岁中国男中学生)

在年轻人组,13人中有6人在绘制自己生命线的过程中主动提到了婚姻和家庭的话题,而这个话题出现在了每个人访谈过程中。13人中,只有少数人(4人)将伴侣和孩子作为未来规划的一部分,4人当中只有1人做出此规划的原因源于家庭的期待。

其他人都提出了关于婚姻、孩子或者两者兼有的问题、困境以及条件,而且不确定未来的婚姻生活是否幸福美满,其中两人明确表示自己不想要丈夫或者孩子。关于这个问题,受访者主要提到以下几个方面:

——可能因为家庭压力而做自己不想做的事情;

——在事业和财务状况比较稳定之后才想去考虑婚姻的事情;

——拥有孩子和婚姻是与生命阶段有关的经历,如果在特定的年龄段实现不了,也没有关系,并不是必须要完成的;

——如果真的碰到一个自己爱的人,就会走入婚姻,否则并不是绝对必要的;

——一个人最重要的价值体现在独立性、自决性和职业发展方面,如果之后有家庭,也是可以接受的。

总之,对于年轻的受访者来说,生活最重要的三大支柱——工作、婚姻和家庭在其价值观当中体现得并不是特别明显,虽然婚姻和家庭是生活固有的一部分。他们从更加多元、更加复杂的层面来考虑这个问题，前文所提到的那些个性的和共性的原因导致年轻人并没有把婚姻列为必然选项，正如一名年轻的中国女性在采访中所提到的：

  问：您愿意结婚吗？
  答：我没考虑过这个问题，不过我倾向于不结婚。
  问：您想有个孩子吗？
  答：孩子？或许吧，但是不确定。或许想要一个孩子，如果有一个孩子，我也是能够接受的，但是我非常明确自己并不想结婚。
  问：您为什么这么想呢？
  答：原因是当今大多数中国女性都很独立。她们能够获得成功，有固定的收入，能够很好地照顾自己。所以她们不需要伴侣或者丈夫。而且，结婚之后，她们要处理很多事情，被告知要做什么事情或者怎么做。这是女性恐惧婚姻的原因。我是这样认为的。我也不愿意结婚。我宁愿选择一个人奋斗成功。当今许多男人都很孩子气，他们不愿意长大，即使中国女性要结婚，她们也想找一个正常的人。（18岁的中国女孩）

  访谈中另一个反复出现的话题是接受家人对于职业选择和个人发展方面的意见。前文我们已经讨论了开明的家庭对小学生和中学生所产生的影响，但是，这一点对于年轻人来说更为重要。家庭的期待、传统的或者是更为现代的性别角色定位、各种不确定性、家庭成员内部之间的意见不一致等因素在访谈过程中都得到了体现。

答：你总是被问到为什么还不结婚，每个人都想给你介绍男朋友，每个人都很着急。

问：你今年22岁，还有三年的时间。

答：是的，3年。在中国，老师、家长甚至每个人都认为在高中之前谈恋爱太早了，但是当你进入大学之后，他们就会问你什么时候把男朋友或者女朋友带回来。一些家庭不让孩子在大学期间谈恋爱，而大学毕业之后，他们会问你什么时候结婚，你的伴侣是谁。（22岁的中国女孩）

问：你想要孩子吗？

答：对于我来说，事业比家庭更重要。但是我的家人和亲戚却不这么认为。所以，我真的不知道，但是，我相信我父母一定会支持我做自己想做的事情。（19岁的中国女孩）

成年人组的访谈资料中并没有很明确地体现多代人在一起居住的问题，在中国的家庭关系中，孩子对父母是负有责任的，这是中国社会中一个很重要的特征。其中一位受访者谈到他并不想跟父母一起生活，还有一位受访者提到，为了照顾父母她想回到自己的家乡。多数受访者谈到了自己的未来计划，体现出对家庭的渴望，但是他们并没有提及多代人生活在一起以及未来家人之间的亲密关系的话题。

未来的定居地——移民、文化适应等问题

在多数情况下，受访者并不会主动提到未来具体的定居地，但是，为能够对移民以及文化适应等问题有更为深入的理解，我们

会在采访过程中明确提出这一问题。尽管一些人对于未来的（向往的）定居地有明确的倾向，但是一般来说，移民的未来定居地充满了各种不确定性。多数情况下，移民会有一个首要的倾向，但同时他们也会列出其他的、潜在的影响未来定居地的因素。对未来定居地最不确定的群体是小学生（15人中有7人不确定）。其他两组的受访者当中有四分之一不确定未来会发生什么，但是，即使对未来有着清晰认知的人在对未来定居地点的问题上也会出现犹豫。可能的定居地点为：中国或者匈牙利，或者将两者同时列为未来定居地，此外，欧洲或者北美国家也是其未来可能的定居地。

在把匈牙利作为定居地的问题上，一些人持这样的看法：和中国相比，匈牙利是一个很平静的国家，生活节奏很慢。匈牙利拥有干净的空气和宜居的环境，对于在匈牙利生活了一段时间的人来说，他们对这个地方和语言已经有了自己的看法，认为可以在这里生活得很好，尽管一切都需要重新开始。对于匈牙利来说，种族主义可能是一个负面因素，但是对于受访者来说，只要采取躲避措施，这就不会成为一个问题。

> 我有点担心自己会遇到种族主义者，我认为匈牙利有很多的种族主义者，但是，现在我对此并不感兴趣，因为我已经适应了。你不用和他讲话，或者注意什么，只要假装自己听不懂他的话就好了。但是当我第一次遇到这种事情的时候，还是感觉很害怕。（17岁中国女中学生）

把中国作为定居地的最主要因素是中国有更多的机会，找工作更容易，生活节奏很快，科技高速发展，母语为汉语，国籍为中国，而且可以和亲戚朋友保持密切的联系，前提是他们回到中国或者在两地之间不停地来来回回。回到中国不好的方面在于生活节奏太快、太累而且压力太大。

"首先，因为我曾经在北京生活了五六年，我感觉这里的空气更好。我感觉北京的生活节奏更快，我跟不上生活的节奏。那里的生活更快。在这里我有时间休息并且能够更努力地工作。"（17岁的中国女大学生）

从理论上来讲，对于移民来说，回到中国有很多的可能性。例如，对于年轻一代的移民来说，如果能够考取中国的大学，可以将其作为融入中国主流的机会，但是在现实中这条路却不太能行得通。受访者并没有将回中国读大学作为一个选择，只有一名同学例外，这名同学是想学习一门中国艺术，这门艺术只有在中国才能学习到。有些人表示会在未来回到中国，但是需要在国外先完成学业，包括匈牙利、欧洲或者其他盎格鲁—萨克逊国家，因为他们认为在受过国外的中学教育之后，他们进入中国大学的几率很小，即使进去了也不会有较好的表现。此外，他们认为，在国外学习是一个很好的增长见识的机会，例如他们可以说不同的语言，获得更多的关于世界的知识。同样的，在国外工作也是提升阅历的机会。

尽管相关文献以及我们之前的研究已经提出了诸如此类的观点，但是出国学习，特别是到欧洲或者北美国家留学对于中国移民来说具有巨大的吸引力。我们只能根据此次研究的结果部分地确认这种观点。几乎在每个人的生活当中，学习英语或者其他西方语言扮演着重要的角色，但是在很多情况下，这跟国外关于工作雇佣的要求是无关的,其认为语言只不过是更好的工作或者职位的一种保障,如果是终身职位的话,还可能就在国外。所以,没有人一开始就可以做出最明确的决定,重要的是能够抓住机会并且在机会来临之前做好准备。

在小学生当中,欧洲或者美国移民所占的比例是最低的,几乎没有人对这一群体进行研究,但是在未来的定居地问题上,这个群体的不确定性是最大的,所以只有在这个阶段才会出现更多的移民流动。在中学生组(12人中的6人)和年轻人组(13人中的2人),有人将西欧和北美作为未来接受教育和工作目的地国家。这些计划也并不是完全明确的,在一些案例中,一些人会为这一计划开始做准备,比如学习目的地国家的语言。目的地国家并不仅仅包括盎格鲁—萨克逊国家,还包括西班牙、斯堪的纳维亚国家和德国。一些受访者将后者列为未来可能的定居国,因为考虑到未来英国可能脱欧,对于一些人来说,学习德语被列为最主要的目的。对于一些受访者来说,在国外接受高等教育或者工作是一种生活方式和认同方式,在这些案例中,成为世界公民最主要的动机是可以到全球各地旅行。

整个生命线中的未来愿景
——多元社会背景和移民经历

对于未来愿景的审视在整个生命线中得到了评估。在社会背景和移民经历方面,我们主要使用两个主要的评分标准对受访者进行分类,然后对每个组所描述的未来愿景进行阐释。

第一个分类的标准是其展开社会活动的地点和背景。以其生命中是否出现文化背景的转换为基础对受访的中国人进行分类,如果答案是肯定的，那么转换了多少次，每次持续多长时间，每次都是在什么样的社会文化背景下生活的。通过考察受访者在不同的文化背景中所生活的时间，基本上将其分成了三种不同类型。第一种类型是那种出生在匈牙利、只有匈牙利社会文化背景的移民，为了探亲每次仅仅在中国待上一小段时间。第二种类型的移民被冠之以"双重文化转换者"（9人），这部分人被列为此类型的原因是他们出生在匈牙利，但是孩童时代（4人）和上学期间（5人）在中国度过了相当长的一段时间，最终返回匈牙利。第三种类型是那些在中国出生，后来来到了匈牙利的人，到达匈牙利的时间点可能发生在小学阶段（8人）、初中阶段（5人）或者是成年时期（12人），一共是25人。

第二个分类标准适用于那些经历过文化背景转换的人，所以这种分类方式对于那些一直生活在匈牙利的人并不适用。这种分类方式主要聚焦于移民自身的背景情况：全家有多少人进行了移民以及他们之间的家庭关系。

在受访者的回答当中，有三种不同的移民形式。

其一，孩童时期的移民方式通常是跟随父母进行迁移。（9人）

其二，孩子暂时与父母分开的情形包括：

①当父母到达移民国家时，孩子留在中国和大家庭的其他成员生活在一起（例如姑姑或者阿姨）。（留守，4人）

②跟大家庭的其他成员一起移民到目的地国家，父母留在中国国内。（送出，2人）

③孩子从匈牙利回到祖国和大家庭成员共同居住一段时间。（返乡，6人）

其三，孩子或者成年人独自达到移民目的地国家。（12人）

下篇 人文和社会

从整个生命历程看未来愿景
——过去经历以及未来期待

我们在前文对具有不同社会文化背景的移民进行了分析，主要研究其过去和未来的特定方面，由此揭示了"过去发生的事情会体现在当前和未来的目标当中"。此外，还对"具有不同的社会背景和移民经历的群体之间是否存在显著的差异"这一问题进行了详细调查。我们对经历过文化转换的移民群体的移民动机和未来愿景之间的关系进行了总结：对以下两类移民儿童的经历进行了评估：一种是起初最主要受中国社会文化的影响，后来随父母移民到匈牙利；另一种是那些和父母分开过一段时间的孩子。

在前文关于未来愿景的描述当中，我们可以看到学习对每一代人来说都是非常重要的主题。对于拥有不同背景的群体来说，学习都处于最核心的地位。例如，对这些孩子来说，根据他们的解释，跟随整个家庭、父母或者家庭的其他成员（姑姑或阿姨）移民的最主要原因之一（推动因素）是他们在中国学校不能取得好成绩。在中国的教育体系当中，首先是六年的小学教育，然后是三年的初中教育，接着是三年的高中教育，高中比较难以考取，取决于孩子的学习成绩。因为有很多孩子，所以竞争非常激烈；中国的教育主要是以成绩为中心，在每一个教育阶段的最后都有一场非常正规的考试，从而可以对孩子的学习成绩进行排名，这对他们来说非常有压力。我们搜集到的相关材料显示，部分孩子的心理负担很重，因为他们认为自己在中国不会有任何未来，不会有好的表现。此外，即使不考虑学校成绩和排名等因素，一些孩子也很难适应中国那种严格的教育体系，而且还可能和老师产生冲突。移民的另外一个因素是考虑到中国的学校给孩子带来的困扰，希望在另一个国家给孩子提供更好的学习环境。对于这些孩子来说，不论是过去还是未来，因为移民带来的新的学习选择是最重要的。

另外一个小组包括了那些离开父母一段时间的孩子，也出现了因为学习问题而进行移民的情况。"留守"或者"返乡"孩子们的共同特征就是孩子和父母的分离。在中国移民儿童的生活当中，和家庭成员之间的分离是常见现象。孩子经常和自己的父母分开，和另外的家庭成员居住在一起，但是根据我们的访问材料，我们还发现这样一个案例，一个孩子被父母比较亲近的同事在中国抚养了一段时间（1.5年）。在集体主义的家庭中，由于"大家庭"的概念，当自己的孩子和大家庭的某个成员或者是被认为是大家庭的成员之间关系很好的话，父母或者整个家族就不会认为父母和孩子分离是一个问题。父母让孩子"留守"或者"返乡"最主要的动机是学习汉语，学习处理社会关系，体验中国的教育体系，这来源于中国人对民族文化延续性以及保持祖辈民族认同的要求。

除了与学习相关的、不同的移民动机之外，我们的调查报告中还出现了一种更为一致、更为基本的动机，就是为了享受更好的"西方生活方式"。对于那些随着父母移民的孩子以及一位成人受访者来说，他们主要具有中国社会文化背景，移民意愿主要来源于父母，他们或者从其他家庭成员中了解到了这种机会，或者他们自身就具有国际经历。在对更好的"西方生活方式"渴望的背后，不一定伴随着孩子在中国学校的失败表现，但是这两个因素却会相互影响。一部分受访者特别强调，他们的父母是非常开明的。对新的、更好的生活的渴望主要体现在经济和教育层面，但是有少部分人移民主要是社会—经济原因，比如父母在国内受到了各方面的批评与排挤。在一些特定案例中,"更好的生活"意味着全家人可以在一起,因为在中国,内部移民很频繁,这就意味着和家人的分离或者是在寄宿学校学习。从相关的报道中可以了解到,和西方国家相比,匈牙利更有能力接纳整个家庭的移民,而不仅仅是让孩子作为先锋队先到移民国家(在移民术语中,这一现象被称为"降落伞孩子")。通过对移民未来愿景和未来定居地点的考察,可以发现其对西方生活方式的向往是非常有意思的现象:什么样的生活方式是西方的、更好的生活方式?从这个方面来看,那些跟随父母移民或者单独移民的孩子的未来愿景是非常复杂的。这些孩子一般是在念小学期间到达匈牙利的,尽管他们已经过上了西方的生活方式,但是有孩子想着自己以后会回到中国,而把移民经历看做是一种投资,同时,还有一些孩子想在未来过上更加西化的生活方式,有些人准备到欧洲其他国家去,还有一些人会继续留在匈牙利。

通过对那些跟父母分开一段时间的孩子进行调查,发现其进行移民的动机也包括过上更好的生活,但是,在这些案例当中,追求更好的生活是移民的长期目标,与家庭成员的暂时分离是实现这一目的手段。返乡或者留守现象出现的原因之一与生活和工作相关:父母在移民地的工作很忙,无法为孩子提供正常的生活条件,所以宁愿选择将孩子送回中国一段时间或者将孩子直接留在中国。在访谈材料中,我们发现了将第一个孩子送回国内或者留在国内的情况,这跟第二个孩子的情况不同,第二个孩子的出生通常伴随着家庭财政状况的改善,即使将其送回国内,也是为了学习汉语。在这个群体当中有一个很有趣的问题,在他们的未来愿景中,更偏向哪种生活方式?和那些跟随父母移民的孩子的答案相类似,他们的回答也很多样,匈牙利、欧洲其他国家和中国都出现在他们的答案中。

总结与讨论

未来愿景中最重要的主题是学习、工作、家庭和伴侣，同时我们也将未来定居地点的问题纳入到我们的讨论当中。

在学习领域，首要的愿景就是与成功相关，例如，考试的成功或者进入理想中的学校。另一方面，在工作领域，尽管有很明确的计划，但是却充满着不确定性。在小学组和成年组当中，不确定的比例占到了一半，这个比例比中学生组要高，因为中学生最主要的目标就是考入大学。在对工作的未来愿景中，受访者有的持消极看法，有的想象着未来事业的成功。有些受访者指出了刚开始工作时的困境，不少受访者从全球视野对未来工作进行规划，有些受访者考虑不同国家所提供的工作机会。可预见的困难包括以下几个方面：竞争激烈，难以满足内在和外在要求。对于受访者来说，工作上的成功有多个标准，但毋庸置疑，工资水平是激励他们最强有力的因素。

除了学习和工作，家庭也是受访者认为重要的方面。受访的三个不同群体都谈论了这个问题，小学生和中学生对于这一问题的反馈比较积极，强调了家庭构成和寻找伴侣方面的内容，但是年轻人对于伴侣和家庭的看法呈现多样化，包括一些消极的反馈，非常清楚地勾勒出家庭期望、文化传统和重新定位的、更现代的社会性别角色之间的矛盾。我们的调查结果表明，正如一些受访者所认为那样，已经出现了这样的趋势：不仅新一代移民在与当地国家的社会文化接触的过程当中，学习接受更加现代化的性别角色定位，而且一些开明的家庭本身就持有这种现代的社会性别角色认知。在性别角色认知的问题上，家庭表现出更加现代化的态度，他们可以将这些观念进行实践，并且可在欧洲检验其可行性。当然，我们的受访者当中有多数家庭持有比较传统的价值观，所以他们可能会选择一种更加传统的生活方式。

除了那些未来愿景中重点强调的领域，诸如学习、工作和家庭之外，考虑到中国人的移民背景，我们希望将其未来的移民方向纳入研究主题当中，所以提出了关于未来定居地点的问题。根据相关调查，中国和匈牙利都是可能的定居国，或者将二者同时列为定居目的地国家，此外还包括其他欧洲国家或北美国家。

对于生活在匈牙利的中国移民来说，将中国列为定居目的地国家可能有多方面的考虑。要了解中国，有必要把中国移民和普通中国人放在一个背景下进行考察。在涉及文化适应的相关文献当中，主流社会通常会将不同的移民群体分为有价值的群体和没有价值的群体两种类型，在匈牙利，中国移民被视为"没有价值的群体"，尽管在匈牙利学习汉语已经呈现出上升趋势，并且中国对于中匈关系和双方政府之间的交流做出非常积极的评价。和匈牙利相比，中国在政治经济方面的世界大国地位是毋庸置疑的，但是，从某种程度上来说，对中国的评价却充满着争议。所以，生活在匈牙利的中国人会发现自己处在一个陌生的环境当中，属于少数族裔群体的一员，并且被主流社会认为是没有价值的，尽管族裔身份使其和一个政治经济强国联系在一起。在关于未来定居地点的选择方面，这种情况很明显，中国有更多的机会，科技更加发达。其中一部分受访者也提到，父母和孩子都认为，从语言方面来看，中国身份认同有更多益处。

通过对生命中过往事件的分析，我们认识到，在一些案例中，汉语学习也伴随着牺牲，特别是对孩子来说，需要他们在中国学校待更长的时间,但是,学习汉语的益处也会在未来逐渐体现出来,汉语作为一种技能增加了潜在的赚钱机会。但是,中国也存在美中不足的地方,这一点在分析受访者的整个生命历程及其未来愿景的过程中已经得到清楚确认:中国的生活节奏太快,压力太大,生活很累。

生活在匈牙利的优势首先是平静和干净的环境,以及较慢的生活节奏,从心理因素来说,中国移民对于这里已经比较熟悉了。在对匈牙利和对匈牙利人的评估当中,出现了种族主义现象,尽管受访者通过无视或者远离这种情况甚至搬到种族主义发生率更小的社区避免了其骚扰。

特别是中学生受访组,不少人将西欧或者北美列为将来移民目的地国家。我们通过分析这一群体的特点了解到其中的原因:我们的中学生受访者主要来自双语学校,所以,对于他们来说,集中的语言学习是为了进入西方的大学做准备的。

通过观察不同移民群体所绘制的生命曲线,他们之间对于未来定居国家的选择并无太大差异。调查结果表明,在涉及未来居住地的问题上,旅居者的首要选择是回到国内或者进入另外一个国家。因此,我们的研究结果与先前的研究结果一致,突出了跨国关系的重要性,中国移民的高流动性,但是,在我们的样本当中,留在匈牙利也是不少人的选择。

(翻译:谷亚平)

北京—布达佩斯，布达佩斯—北京：
2019年我们将如何看待彼此

嘉博尔·彼得[*]

引 言

在中国度过的两年中，经常有人问笔者是哪里人。每次回答这个问题的时候，笔者都要等着别人的反应，而笔者得到的答案大多数是积极的。连出租车司机都知道匈牙利在哪里。人们的谈话通常涉及奥匈帝国、茜茜公主（Sissi），还有费伦茨·普斯卡什（Ferenc Puskas），当然还包括美丽的布达佩斯。笔者印象深刻的一次经历是与一名93岁的男子在浙江的一个村庄的麻将桌上的闲谈：当他得知笔者来自匈牙利，他立即告诉笔者，自己清楚地记得1956年和1989年发生的事件，他是多么高兴遇见从前社会主义国家来的旅客。2015年夏天，笔者在中国待了一年之后回到匈牙利，也有过类似的惊人经历，当时笔者在渔人堡（Fisherman's Bastion）偶遇了一个中国旅游团，这在笔者看来说明了中国人对匈牙利日益浓厚的兴趣。这些经历促使笔者对近年来中匈关系的演变进行研究，最重要的是，中国人对匈牙利的了解，越来越成为中国人

---

[*] 嘉博尔·彼得（Gábor Péter），北京大学燕京学院研究生。

日常生活的一部分。

第一个问题的答案显然是，近来两国关系日益紧密，从高层政治合作到民间春节活动，再到建立匈汉双语小学。这样的官方和公共活动成为了私人活动的补充，有时是令人惊讶的相互了解，例如1950年代中国演员陈强决定为他的两个儿子取名为陈布达和陈佩斯，两个名字来源于布达佩斯。超过一半的受访者听过中国古典音乐超过三分之一阅读过中国文学。鉴于上述情况，相互理解无疑是一个必要和有益的进程，它有助于加深对双方各种关系的理解，并有助于确定进一步合作的方向。作为一个出发点，本研究试图绘制观点图。

理论背景与先期研究

本研究中最常使用的术语是"软实力"，约瑟夫·奈（Joseph Nye）在1990年发表的一篇文章中首次对其进行了描述。奈将一个国家的软实力定义为"让别人想要你想要的结果"的能力，而不是强迫[1]。他举了一个例子来说明，当孩子的观点和价值观受到教育的影响时，父母对孩子的影响会持续得更久，而当父母不断地公开干涉孩子的决定时，这种影响会持续得更久。对于一个国家来说，这意味着如果它所代表的价值观被国际社会所接受，并且某个国家可以就重要问题定义一般性的话语，那么它就可以对国际政治产生持久的影响。

奈指出：如果一个国家能够使其权力在别人眼中显得合法，它的愿望就会受到较少阻力。如果它的文化和意识形态具有吸引力，

---

[1] Joseph S. Nye, "Soft Power", *Foreign Policy*, 1990, No. 80, p. 166, https://doi.org/10.2307/1148580.

其他人会更愿意效仿。如果它能够建立与其社会相一致的国际规范，它就不太可能改变。如果它能够支持那些使其他国家希望以占统治地位的国家所喜欢的方式引导或限制其活动的机构，它就可以免于代价高昂的强制或强迫权力行使。①

按照这种逻辑，从 20 世纪下半叶开始，好莱坞和布雷顿森林体系加强了美国在世界各地的影响力。有迹象表明，在 21 世纪初，中国也在努力提升自己的软实力。有许多文章认为中国以自己的方式试图增加其在世界各地的不同国家的软实力。提高软实力的尝试在某些地区取得了良好的效果，在一些地方也遭到了抵制。②笔者在写这篇文章的时候借鉴了这些文章，但是笔者对软实力的理解略有不同。

笔者是 2019 年约瑟夫·奈在北京大学演讲的听众之一，他在演讲中谈到软实力，用他自己的话来说，软实力是积极的，在这方面不同于"锐实力"和"巧实力"，后者试图有目的地改变另一个国家的制度。"锐实力"试图暗中影响一个国家的政治体系和信息流动，而"巧实力"最好被理解为结合使用硬实力和软实力来促进自身利益。相比之下，在奈看来，软实力主要是通过更好地相互了解来建立信任。因此，在谈到当时已经恶化的中美关系时，奈表示，他希望看到美国的软实力在中国得到增强，反之亦然，因为这将意味着两国人民更加熟悉彼此，更加信任彼此。鉴于上

---

① Nye, "Soft Power", p. 167.
② Jordán, Gyula, "A kínai soft power kérdéséhez" [On the question of Chinese soft power], *Nemzet és Biztonság* 3, No. 1, 2010, pp. 50-65; Ingrid d'Hooghe, "The Limits of China's Soft Power in Europe: Beijing's Public Diplomacy Puzzle", in *Public Diplomacy and Soft Power in East Asia*, ed. Sook Jong Lee és Jan Melissen, New York: Palgrave Macmillan, 2011, pp. 163-190, https://doi.org/10.1057/9780230118447_9; David Shambaugh, "China's Soft-Power Push", *Foreign Affairs*, 94, 2015, p. 99; Joseph S. Nye, "The Rise of China's Soft Power", *Wall Street Journal Asia*, 29, 2005, pp. 6-8.

述情况，研究北京和布达佩斯的居民了解对方的程度非常有必要。本研究的假设是，两国之间的文化关系越深越意识到公民彼此的文化，两国关系越能更有效地提高。

研究方法

笔者为本研究选择了一种混合方法论，这意味着笔者同时使用了定量和定性研究方法，并从尽可能广泛的来源中获取数据。鉴于笔者的主要目标是研究两国首都人民对彼此国家的看法，因此该调查使用了电子问卷，问卷发给两个城市中最多元化的社会群体的代表。由于这两个国家在规模和国际影响力方面存在显著差异，因此尽管调查目的相似，但两个调查表的结构略有不同。针对北京居民的调查问卷假设他们不一定对匈牙利有全面的了解。因此，首先要从匈牙利的地理位置等一般性问题入手，然后是更具体的话题，从匈牙利的发明到匈牙利的特色，再到涉及具有政治和文化重要性的个人。另一方面，布达佩斯调查表的依据是，中国越来越成为匈牙利日常生活的一部分。问卷从饭店和商店开始，逐渐发展为促进中匈合作，并有机会参加中国古典音乐会和其他文化节目。因此，第一个问题集中在人们想到中国时首先想到的是什么，他们如何接触中国以及从何处获得信息。第二部分是针对具有政治和文化意义的中国人民受欢迎程度的问题。最后，每项调查均以有关中国与匈牙利之间双边关系的评估部分作为结束。另外，询问双方建立外交关系的时间，匈牙利是否是"一带一路"倡议的成员以及受访者是否愿意看到两国关系进一步加深。

值得注意的是，笔者将研究范围缩小到首都人口，因为在全国范围内进行调查可能会超出本研究的范围。为达到研究的目的，北京或布达佩斯的居民被定义为在调查时居住在给定城市中的人，而不论其最初的住所（对于北京居民则是户口所在）。笔者的推断是，在这两个城市中，特别是在中国首都，非本地出生的人所占比例很高，但由于他们居住在这里，因此受到的冲动与给定国家其他城市的居民不同。

为了补充问卷中的定量数据，笔者与布达佩斯和北京的外交官和文化机构工作人员进行了五次访谈：笔者与文化参赞绍尼亚·布斯利（Szonja Buslig）以及匈牙利文化研究所研究员 Nóra Guncz 分别在北京进行了访谈。而在匈牙利，笔者与罗兰大学学生处处长吴华（Wu Hua）和罗兰大学孔子学院的叶秋月（Ye Qiuyue）进行了访谈，我很好奇他们在布达佩斯如何看待中国。第五个采访对象是罗兰大学国际合作处副处长、中国区负责人伊姆雷·哈马尔（Imre Hamar）。伊姆雷·哈马尔由于其职务对北京和布达佩斯的公众观点有深刻的了解。口头访谈以半结构化形式进行，以全面了解受访者的意见；但是，在书面访谈的情况下，由于格式的限制，人们将更多的注意力集中在所提出的问题上，这样可以改进原始问题。

布达佩斯的访谈

最值得一提的是，布达佩斯的居民认为中匈关系良好而且正在加深，希望对中国人民有一种接受和开放的态度，以便更好地了解中国文化。此外，由于居民看到了对匈牙利经济的有利影响，因此欢迎来自亚洲的投资。伊姆雷·哈马尔指出，与西方的趋势相反，匈牙利的公众舆论从一开始就愿意与中国合作，并且没有任何变化的迹象。吴华和叶秋月的亲身经历为这一观点提供了支持。两人同时指出，自从他们定居布达佩斯（分别是五年前和十年前）以来，他们一直受到匈牙利同事、领导和周围每个人的欢迎。叶秋月强调说，他从未作为外国人受到歧视。他们俩都没有发现这些积极态度近年来发生了变化。实际上，根据叶秋月的说法，多年来，原来"积极但被动"的态度已经演变为"积极主动"，以寻求与中国的合作，这无疑有助于进一步加深关系。

两位受访者都强调，从高级别政治合作到教育再到经济关系，两国在所有领域的合作都在不断加强。叶秋月说，近年来，中国学生在匈牙利大学学习的人数急剧增加。2011年，罗兰大学仅有50名来自中国的大一新生（尽管这个数字已经比21世纪初要高得多），但到2019年，他们的人数增加了一倍，达到了100人。中国研究领域的博士生也是如此：以前申请人数很少，但2019年有五名新的博士生获得了奖学金。还应该指出的是，目前不仅在罗兰大学，而且在其他高等教育机构，如帕兹曼佩里天主教大学，很多人希望有学习汉语的机会。高校也有改善的趋势，有越来越多以中文为第二外语的院校，有兴趣的学生甚至可以选择中文作为毕业学位。匈汉双语小学已在布达佩斯开办多年，中国全国人大常委会委员长栗战书也曾到访小学。

除了语言课程的增加以外，另一个重要的衡量指标是开展文化讲座和活动的情况。近年来，布达佩斯的中国文化活动明显增多，从艺术宫的春节音乐会，到埃克尔剧院的歌剧表演，再到布达佩斯动物园的灯光雕塑展。这些活动的开展本身就代表着大量需求，而且吴华也强调，每次都有大批游客参加。

必须强调的是，据三位受访者称，近年来中国对匈牙利的兴趣也在迅速增长，而且还在继续增长。伊姆雷·哈马尔告诉我，一些中国大学的代表团每周都会访问罗兰大学以寻找合作方式。吴华也证实了这一点：2015年当他搬到布达佩斯时，大约只有500名中国学生在这里学习；而如今这个数字已经上升到2200人，其中500人获得了奖学金，其余的是自费学生。这是一个很好的现象，表明中国的年轻人认为在匈牙利学习是一项很好的投资。而且，他们不只是来这里学习，毕业后，其中部分在匈牙利或其他欧盟国家找到了工作，中国公司的数量也越来越多。这表明，从长远来看，中国的投资也促进了教育合作，为在匈牙利学习汉语的匈牙利人和在匈牙利的中国毕业生创造了就业机会。促使中国学生选择匈牙利语的另一个因素可能有些不同寻常，由于匈牙利幅员小，语言难懂，通常很少有外国人学习匈牙利语。但根据叶秋月的说法，中国有12所拥有匈牙利语课程的大学，而且数量还在不断增加。因此，每年有30名从事匈牙利研究的学生从中国来到匈牙利，以提高他们的语言技能。

除了匈牙利大学受欢迎之外，匈牙利作为旅游目的地对中国游客的吸引力也越来越大。布达佩斯市中心的中国旅游团越来越多。布达佩斯是2016年中欧第一个中国国家旅游局开设办事处的城市，而且在全世界只有20个这样的办事处，这些事实就清楚地证明了这一点[1]。由于游客兴趣日增，根据中国政府官方网站的数据，2018年有25万名游客从中国前往匈牙利旅游，比以往任何一年都要多[2]。笔者的亲身经历也证实了这些数据：在得知笔者来自匈牙利时，笔者在北京遇到的几乎每一个中国人都会立即提到这个国家的美丽，并表示他们会很高兴去那里。匈牙利作为旅游目的地

---

[1] 《段洁龙大使出席"中国驻布达佩斯旅游办事处"成立仪式》，驻匈牙利大使馆网站，http://www.chinaembassy.hu/chn/xwdt/t1346022.htm。

[2] 《2018年到访匈牙利的中国游客突破25万人次》，中国政府网，http://www.gov.cn/xinwen/2019-05/14/content_5391601.htm；《布达佩斯成为中欧旅游中心 中国游客增长了40%》，*United News*，http://jiu.lianhenews.com/news/?2475.html。

受欢迎的另一个因素是，大多数中国旅行社提供一些中欧国家的旅行团，这些旅游目的地对中国游客的吸引力与西欧相似，而且价格更便宜，是理想的目的地。中国的航空公司近期将开通三班直达布达佩斯的直航航班，这也证明了人们对中国的兴趣日益浓厚，这将进一步增加两国之间的旅游联系。[①]

匈牙利在中国的知名度也因为越来越多的中国电影在匈牙利拍摄而提高，这些电影向广大观众展示了匈牙利的风景，尤其是布达佩斯的市中心。

当然，除了到目前为止所列举的地区外，中匈关系最重要的推动力之一是经济合作，其中包括大型国有企业以及中小型企业，匈塞铁路就是最典型的例子。吴华强调，匈牙利的立场在经济合作方面非常务实，因此，即使是像华为或中国银行这样的大型企业也乐于在匈牙利投资。

随着合作的扩大，匈牙利的华人社区在几年内从9000人扩张到19000[②]人。匈牙利政府的一项举措极大地促进了人口增长，即允许投资者通过购买一定数量的匈牙利政府债券而获得匈牙利居住证。

北京的采访

在与北京的匈牙利文化研究所（PMKI）所长和一名教授的访谈中，谈到当地居民的态度和双边关系，得到了与在布达佩斯类似的答案。研究所的两名成员都强调，双边关系非常积极，对参

[①] "New flights launched to Budapest from three Chinese cities", turizmus. com, https：//turizmus. com/utazas-kozlekedes/harom-kinai-varosbol-indulhatnak-uj-legi-jaratok-budapestre-1163820.

[②] Vaskor, Máté, "Twenty thousand Asians show up in Hungary", 24. *hu*（blog）, https：//24. hu/kozelet/2018/01/16/megjelent-huszezer-azsiai-magyarorszagon/.

与匈牙利文化研究所的项目的兴趣越来越大。参赞绍尼亚·布斯利指出了一个特别令人兴奋的新发展,即两国之间的文化关系已经达到了一个更深刻的层次。两国人民不再满足于匈牙利人说的"远东"、中国人说的"匈牙利人是我们的远亲"等表面的说法,对实质性的文化价值观也越来越好奇。① 这些变化为更广泛的文化合作打开了大门。

因此,匈牙利文化研究所的项目范围很广,从音乐和舞蹈表演到传统的民间艺术展览和最新的创意设计。与国外其他匈牙利文化机构相比,他们的特别之处在于 4 年前推出了世界上第一个"高大宜"教学法培训点,几位匈牙利音乐教师在那里普及了"高大宜"教学法,并将其传授给儿童和中国音乐教师。Nóra Guncz 从 2015 年就开始讲授"高大宜"教学法,这个方法很受欢迎,因为"作为歌唱教学的原则之一的'高大宜'教学法是有趣的音乐教育,没有哪个孩子不喜欢玩"。② 除了玩,这种教学法也十分注重教学效率,几个使用"高大宜"教学法的匈牙利唱诗班纷纷成立,提供了一个介绍和普及匈牙利唱诗班文化的绝佳机会。

除了利用音乐的吸引力,匈牙利文化研究所还努力让更多的人接触到这个幅员辽阔的国家。例如,研究所已经开发了一款移动应用程序,允许用户从任何地方查看在研究所举办的展览,或访问宣传匈牙利的出版物。它还链接到中国最受欢迎的社交软件微信的网站,以及通过其邮件列表和印刷手册,方便人们访问当前栏目。由于室内容纳空间有限,研究所的大部分活动都是在室外举行的。

---

① Idézet a szerző 2019. augusztus 30-i, Buslig Szonja kulturális tanácsossal, a PMKI igazgatójával készített interjújából.

② Idézet a szerző 2019. augusztus 30-i, Guncz Nóraval, a PMKI Kodály Pont oktatójával készített interjújából.

正如研究所所长所说，外部场所对匈牙利文化研究所活动非常开放，而且很乐意主办。研究所与北京多所中小学和高校保持着密切的联系，协作率不断提高。

关于过去几年的发展，绍尼亚·布斯利强调，由于文化研究所是在5年前才成立的，所以很难进行长期的比较。然而，可以肯定地说在这段时间内，参加研究所项目的人数迅速增加。一方面，绍尼亚·布斯利指出这是因为北京公众对匈牙利文化越来越熟悉，所以"有越来越多的人定期参加我们的活动"，[①] 一些与会者甚至积极寻找活动。另一方面，"一带一路"倡议、"中国—中东欧国家合作"等高级别政治项目也促进了更广泛的合作，极大地提高了匈牙利在北京的知名度，这些都促进了匈牙利文化研究所的活动的普及。

最后，北京的访谈还有一个重要的内容：即在北京，当人们听到"匈牙利"这个词时，他们在日常生活中会想到什么？绍尼亚·布斯利指出，两国之间的关系已经超越了刻板印象，所以在和中国人谈论我们国家的时候，没有一个单一的话题。据她说，大多数人都知道魔方和圆珠笔的发明，也知道匈牙利足球曾经有多棒。更重要的是，中国人不仅认识匈牙利古典文学的伟大人物，例如裴多菲。有几位当代匈牙利作家的作品也被译成了中文。人们还越来越认识到"高大宜"教学法，这本身就是该教学法在文化研究所的成功证明。所长的这些观点完全符合笔者收到的北京居民填写的问卷：67%的受访者在提到匈牙利时想到了"高大宜"教学法，45%想到了魔方，而作家艾斯特哈兹·彼得（Péter Esterházy）被认定为几乎和裴多菲同等出名的文学家。除了名人之

[①] Idézet a szerző 2019. augusztus 30-i, Buslig Szonjával készített interjújából.

外，许多人也知道托卡吉阿祖酒，或至少听过这个名字。

诺拉·冈茨的访谈结果也有着相似的特点。诺拉·冈茨指出，北京人提到匈牙利时首先想到的肯定是布达佩斯。这其中的主要原因是中国著名演员陈强，他于1950年在匈牙利拍摄了电影《白毛女》，并给他一个儿子起名陈布达，另一个起名陈佩斯，合在一起就是布达佩斯的中文。所有人都一致认为布达佩斯和匈牙利真的很美。

根据以上五次采访，可以肯定地说，中匈关系是非常积极的。它延伸到许多领域，并正在迅速发展。两国首都的居民都对对方国家的文化有着浓厚的兴趣，双方的关系已经达到了一种深刻的层次，对项目的认识和需求已经超越了最初的刻板印象。下一节将根据对发给北京和布达佩斯的调查表的答复，详细介绍这种认识的具体内容。

调查结果

这些采访非常积极地反映了双边关系：双方相互了解，并愿意进一步合作。两国首都居民填写的调查问卷显示了相似的结果，尽管也都有令人惊讶的发现。这些问题主要集中在两个方面：受访者对另一个国家的了解，以及他们如何看待当前的中匈关系。下面介绍在这些方面进行的调查的结果。

1. 关于匈牙利与中国

北京的调查问卷清楚地驳斥了笔者最初的假设，即也许不是每个中国人都听说过匈牙利，因为它是一个如此小的国家。相反地，百分之百的受访者都听说过匈牙利，而且来源多样。三个主要的信息来源是教科书（70%）、新闻（59%）以及影视剧（51%）。

这表明，在中国的"地图"上，既有历史上的匈牙利，也有当代的匈牙利。匈牙利大使馆和文化研究所在被提及的资料来源中排名也很高，17%的人引用了这些资料。由于文化研究所刚刚成立5年，这样的反应的确令人十分欣慰。93%的受访者认为匈牙利是欧洲国家，79%的人认为匈牙利是中东欧国家，只有7%的人投了弃权票。

就双方对彼此国家的了解而言，尽管仍有改进的空间，但有些成果超出了预期。70%的北京受访者知道匈牙利曾经是一个社会主义国家，近70%的人也知道匈牙利的葡萄酒质量很好，30%的受访者知道匈牙利议会是世界第三大议会。而关于匈牙利的发明，百分比是相似的：67%的人知道"高大宜"教学法，45%的人想到了魔方，还有25%的人想到了维生素C。

两个城市的调查问卷都包含了以下问题，笔者的目的是了解受访者对对方国家在政治、文化或体育方面发挥重要作用的人的认识。

——在政治方面，布达佩斯居民表现得更好。在四个选项中，有45%的布达佩斯人正确地了解习近平是中共中央总书记。而只有29%的北京市民了解欧尔班是匈牙利现任总理。

——在文学方面，北京居民表现更好。三分之一的受访者知道裴多菲，甚至五分之一的人知道艾斯特哈兹·彼得。相比之下，匈牙利方面只有14%的人认为莫言或鲁迅是著名作家，有趣的是，知道其中一个并不代表着受访者会知道另一个。

——在体育方面，四分之一的受访者在四个选项中选择篮球运动员姚明和足球运动员普斯卡什（Ferenc Puskas），而接近20%的人知道Katinka Hosszu，这当然可能是由于她在杭州世界游泳锦标赛上的表现。

以上数据证明了文化参赞绍尼亚·布斯利的观点，即两国关系已经过了刻板印象阶段：虽然合作还有提高的空间，但双方都有不少人了解对方国家在各个领域的杰出成就。

2. 中匈关系

发给布达佩斯居民的调查问卷的答复清楚地证实了访谈的结果：近年来两国合作发展迅速，在匈牙利生活的中国人大幅增加。如图1所示，近90%的匈牙利受访者认为中国在匈牙利的存在有

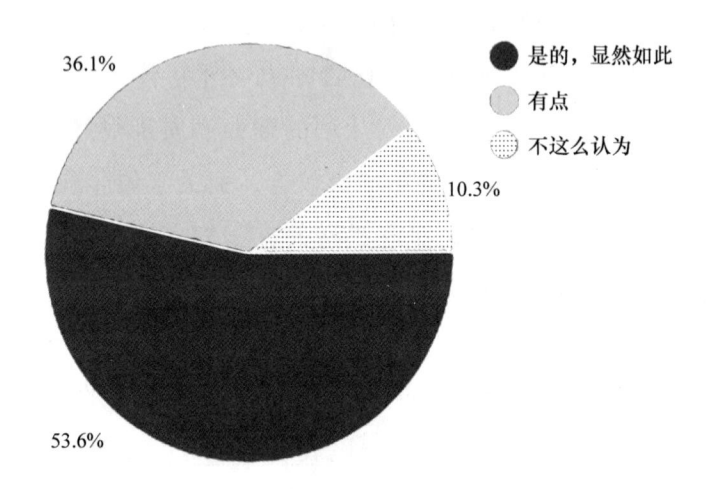

图1　你是否认为近年来中国在匈牙利国内的存在增加？

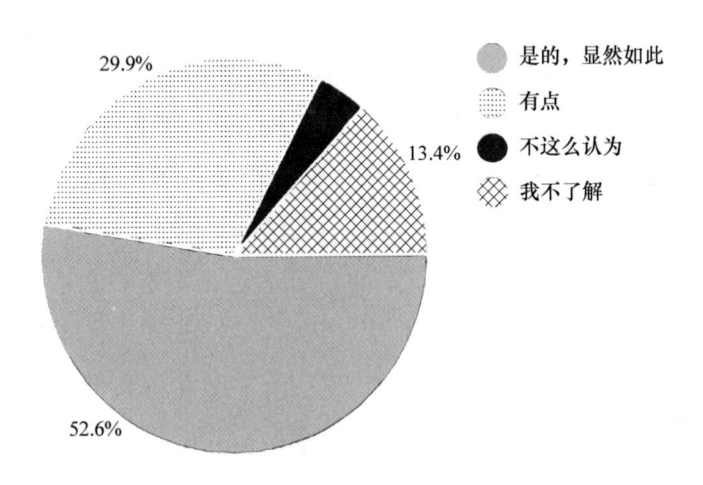

图2　你是否认为中匈合作近年来有增强趋势？

所增加，超过82%的人表示合作有所增强。

结果表明，关注中匈合作的人数略低于那些注意到中国存在变化的人数，但这仍具有很大的意义。近53%的受访者认为，两国合作大大加强，与知道匈牙利加入"一带一路"倡议的人的比例相同。这意味着，虽然大多数受访者认为关系增强，但只有略多于一半的人知道其确切性质。有趣的是，这个数字在北京受访者中并不高：只有66%的人认为匈牙利是"一带一路"倡议的一部分；21%的人表示不确定，13%的人认为匈牙利不是"一带一路"倡议的一部分。因此，两国仍有宣传推广"一带一路"倡议的潜力。

问卷结果最相似的问题之一是布达佩斯和北京人民是否了解两国建交的年份。双方在这个问题上表现相似：两个地区都有大约40%的受访者给出了正确答案——1949年。在布达佩斯回答1979年的受访者占据了33%，这表明布达佩斯纪念建交70周年的活动确实产生了影响，而且在许多情况下，这只是有关周年纪念日的确切数目。在中国的调查结果不同：票数随着日期往后而递减，这表明他们知道中匈建交可以追溯到很长一段时间，但不确定确切的日期。

由于匈牙利与中国相比体量相当小，像许多其他欧洲国家一样，公众关心的是如何与这样一个大国保持良好关系。该调查使用成对的句子来测试受访者是否认为这种不断加深的关系会持续。从结果中可以明显看出，中国文化的日益发展绝对是一个积极的发展：80%的被调查者对此感到满意，只有20%的人对中国文化的存在持消极态度。然而，在某一个方面上，这个比率是相反的。当涉及到经济影响时，57%的受访者认为中国资本的过度杠杆作用比投资对经济的促进效应更加令人担忧。这在一定程度上凸显了匈牙利与其他欧洲国家遇到的矛盾：虽然政治精英愿意与中国合作，但公众对中国的过度影响有些警惕。这在一定程度上表明，北京仍然需要努力发展自己的形象和软实力，以便使欧洲人真正对合作持开放态度。此外，只有28%的受访者明确欢迎双边关系的发展，46%的受访者对两国关系的深化持中立态度，26%的受访者认为两国关系发展不太有利。然而，正如中国文化的开放所表明的，随着合作的加强，这些担忧将来可以消除。从中国人民的角度来看，这个问题的答案是很清楚的，因为对经济没有这种担心，所以93%的受访者欢迎进一步深化两国关系，甚至剩下的7%不是负面的，而只是中性。

在旅游方面，两国似乎都很热情：90%的北京受访者希望访问匈牙利，10%的人持中立态度；71%的匈牙利人认为中国是一个有吸引力的旅游目的地，12%的人持中立态度。匈牙利还表现出另一个特点：17%的人对中国不感兴趣。这与上一段的数据一样，表明在匈牙利仍然存在某种形式的对遥远东方文化的厌恶。然而，随着布达佩斯居民更好地了解中国，这种情况可能会继续减少。

总　结

布达佩斯和北京的居民如何看待彼此的国家是笔者最初研究的问题，基于上述研究，结果表明相互的印象基本上是积极的，双方合作是一个良好的目标。近年来，两国在各方面的合作不断加强。从政治关系的深化到匈汉双语小学的建立，各种发展都证明了这一点。因此，两国首都的居民对彼此的国家的了解程度令人吃惊，布达佩斯一半以上受访者听过中国传统音乐，三分之一以上受访者熟悉中国文学。这些发现佐证了文化参赞绍尼亚·布斯利在北京接受访谈时的观点，他认为两国之间的关系已经超越了刻板印象，两国人民都要求对对方的艺术和文化有更深层次的了解。然而，目前两国面临的是一个结构性难题，即由于两国在规模上的差异，匈牙利公众对中国日益增长的经济影响力有些反感。随着时间的推移，这种情况可能会有所改善，通过建立更多的个人联系、扩大旅游，以及让匈牙利公众更熟悉中国。开通飞往北京和上海的新直航是朝着这个方向迈出的重要一步，但仍有许多其他途径和机会值得扩展。

（翻译：吴佳岳）

附录　圆桌会议讨论：我所经历的中匈交往岁月

（2019 年 7 月 10 日于北京）

2019 年对于中匈交往来说，是一个非常重要的年份，两国走过了 70 年的岁月。中国—中东欧研究院与北京外国语大学匈牙利研究中心于 2019 年 7 月 10 日联合举办圆桌会议，大家齐聚一堂，畅想峥嵘岁月，到会的有新中国成立不同时期的学者和行业专家，大家共同回忆不同时代与匈牙利交往的工作、学习经历，描绘两国外交、经贸、新闻、教育等方面关系的发展历程，通过这些记忆碎片，勾勒出别样的中匈交往岁月。

朱鹤龄[①]：

中匈两国人民有着传统友谊，由于民族起源关系，民族感情也较深，几十年来两国也没有根本的利害冲突。两国关系虽然也遇到过困难，但总的说，发展得还是顺利、较快并且日趋务实。高层互访是关系好坏重要标志。我想讲一讲 20 世纪 60 年代和 80 年代的有关情况。

60 年代，两国关系遇到困难。这不是中匈两国的问题，而是

---

① 朱鹤龄，1959 年毕业于上海外国语学院俄语系，同年进入外交部赴匈牙利学习，在匈牙利常驻 5 次，第一次是在新华社布达佩斯分社工作，前后共约 22 年的时间，曾任外交部总领事。

由于中苏关系公开化，他们站在苏联一边。头几年，争论相当激烈。两国政治性的往来大大减少，在中国台湾、西藏等问题上多次提出交涉。但是国家关系没有中断，还有一点经济、文化、体育等方面交流。我们当时在匈牙利的学习也未受到影响，顺利完成任务。和匈牙利同学友好相处，一起运动、打球、旅游，有时也能坦诚交流思想。

80年代，在我国1978年工作重心转移以后，改革开放、发展经济是首要任务，改革经济管理体制提上日程。匈牙利经济体量虽然不大，但较灵活，有一定效率。特别是农业搞得比较好，农民每户都有7—8亩自留地，市场供应充足。匈牙利和西方国家的关系较多，对人员来往的限制较少，进口不少西方生活用品，橱窗琳琅满目，政治环境也较宽松，人民满意。在这样的情况下匈牙利经济管理经验成为我国借鉴的重点之一。这期间我国派出的考察团有计委、经委、农业部、司法部、最高法院、人大、政协等单位。其中印象最深的是时任经委副主任朱镕基率领的代表团的访问。访问受到匈方好评，认为考察认真，也很专业。匈牙利方面也派了银行等代表团访华。我们主管中匈关系的人配合代表团互访做了大量工作，写了不少有关经济管理的调研报告，供国内参考。两国各层级代表团的互访，加深了相互理解。1984年匈牙利在东欧国家中率先派出副总理级代表团访华，进一步改善双边关系。80年代末实现了我国总理访匈和匈党第一书记访华，使双边关系达到新的高度。

刘文卿[①]：

我是1971年进入北京外国语学院（现为北京外国语大学）匈

---

① 刘文卿，曾在原文化部外联局工作，期间外派中国驻匈牙利使馆五任23年，历任二秘、一秘、参赞，在匈牙利罗兰大学留学两年，曾在国际广播电台做播音员工作十年。

◆ 附录 圆桌会议讨论：我所经历的中匈交往岁月

牙利语专业学习，从此与匈牙利这个国家结下不解之缘，经历了语言学习，通过广播向匈牙利介绍中国，到后来派驻中国驻匈牙利使馆工作，直接与匈牙利人交朋友，谈工作，体验到了匈牙利人民对中国人民的友谊，见证了两国关系的发展和变化。

1975 年大学毕业，我被分配到中央广播事业局对外部（现为中国国际广播电台）工作，做了十年播音工作。在那个年代，因中、苏两党关系恶化，中国与社会主义大家庭成员国之间基本没有交流，史上称为"坐冷板凳"。到了 20 个世纪 80 年代出现了融冰的迹象，东欧各国试探着与中国恢复关系，匈牙利走在前面。但出于对苏联的顾虑，这些国家还不能大步前行。在恢复中匈两国关系中匈牙利人用了两个词 "termosz, kacsauszás"，其意思是，他们像是暖水瓶，虽表面凉，可内心是热的，也如鸭子浮水，水面上看似平稳，水下面是在努力。不仅说得形象，行动也积极。匈方首先派来的是旅游团，随团的导游执行的不仅是带团任务，随后陆续派来了匈中友好生产合作社代表团、乒乓球女队教练等访华，随之两国交流逐渐展开。匈牙利女排与中国女排定期交流，代表团互访成为常态，两国间易货贸易额逐年增长。20 世纪 80 年代末，东欧局势出现动荡，导致 1990 年匈牙利社会制度发生了根本性的变化。中国政府尊重各国人民自己的选择，继续保持和发展与匈牙利和东欧各国的外交关系，持续至今，中匈经历了融冰—回暖—热潮，到全面战略伙伴关系，今年迎来了两国建交 70 周年。

我先后派驻匈牙利工作 5 任，累计 20 余年。在匈牙利工作期间，与匈方合作愉快，工作顺利，给我留下了深刻的印象和美好的回忆。如：在匈牙利友人的支持下我们赢得了申办 2008 年奥运会的支持票；在文化、教育、体育、卫生、社科、旅游、民间友好等领域开展了全方位的交流与合作；我们的各种展览和其他文化活动，不仅在布达佩斯主要城区举办，还遍及到匈牙利全国19个州几十个城市与乡镇。事例举不胜举，相信中匈两国关系会有进一步发展，取得更多的合作成果。

杨永前[①]：

我是1984年高考后进入北外匈语班的，这应该是"文化大革命"以后北外招收的首届匈语班。我报考大学时为什么选匈语呢？原因跟后来的学生不一样，后来的学生至少客观上有条件去了解匈牙利是个什么样的国家，因为可以通过网络去查找资料，我们那个时候没有这个条件，我们那个时候谁要想了解一个国家，除非看报纸，通过看报纸零零星星地积攒一些信息。

考大学那一年，本来想考英语专业。我的高中班主任是英语老师，他说你们都考英语专业的话，将来哪儿有那么多工作给你们做？老师的这句话就改变了我的想法，也改变了我后来的命运，尽管当时连匈牙利是社会主义国家还是资本主义国家都不知道。

那一年，北外从我们陕西招了5个英文专业、2个匈语专业、2个保语专业学生。我们班有个学生先报了保语，所以我就报了匈语，为的就是我们俩别互相竞争，最后我们都被录取了，他学保语，我学匈语。1985年我被派往布达佩斯留学。从1984年开始接触匈牙利到后来在布达佩斯两度当记者，30多年来耳闻目睹了两国关系的发展，感觉两国的关系尤其是高层交往越来越频繁。

我第一次被派去布达佩斯当记者是1995—1998年。当时，经历了江泽民主席访问匈牙利。2004年胡锦涛主席访问匈牙利，两国领导人一致同意发展友好合作伙伴关系。2015年是外交部长王

[①] 杨永前，1984年进入北京外国语大学东欧语系匈牙利语专业学习，后赴匈牙利罗兰大学留学，毕业后任职于新华社。曾任新华社布达佩斯分社首席记者。

毅访问匈牙利，两国外长签署"一带一路"合作谅解备忘录。匈牙利是第一个同中国签署此类合作文件的欧洲国家。2017年5月，欧尔班总理出席"一带一路"国际合作高峰论坛并正式访华，把两国关系提升为全面战略合作伙伴关系。

经济方面，我查了一下数据，1985年也就是我刚上大学第二年，两国的贸易额只有1.86亿美元，到2018年就达到108.8亿美元，其中中国对匈出口65.4亿美元，自匈进口43.4亿美元。值得一提的是，匈牙利是中东欧地区获得向中国出口农产品许可证最多的国家，优质农产品成为匈牙利对华出口的拳头产品。总之，经过30多年的时间，两国贸易发生了天翻地覆的变化。

投资方面，匈牙利积极吸引中国投资，已成为中国在中东欧地区最大投资目的国。中国目前在匈牙利的投资总额占中国在中东欧地区投资总额的近一半。中国对匈牙利投资涵盖化工、金融、电信、新能源、汽车、物流、中医药及安防科技等领域。

文化方面，由于我做的是新闻工作，政治、经济、文化、体育什么领域都要涉猎，感觉人文方面交流跟以前比发生了很大的变化，以前咱们去演一台节目，要找一个好的剧场演出非常难。近些年来，给我印象最深的是吴泽州、吴嘉童父子成立的"吴氏策划"，他们每年都把国内的民乐团推到欧洲，尤其春节的时候去欧洲巡演，包括匈牙利、奥地利、德国、瑞士等国，我最近几年基本上每年都去看，这是完全的商演，跟送票不是一码事。每年都是我自己买票去看，每次去都会做一些采访，有的观众第一次来，听着怪怪的，肯定耳朵还没听惯，有的人听着听着就入迷了，所以像这种在欧洲大的剧场的演出，演出日期半年前甚至一年前就排好了，观众就可以买票了。有的人把这个票作为圣诞礼物送给自己的亲友。"吴氏策划"的民乐音乐会每次去都是巴托克国家音乐厅，1800个座位每年基本上都能坐满。民乐走出去这方面还是靠民间力量推动可能更好，"吴氏策划"做得非常成功。在无形中培养了越来越多的对中国文化感兴趣的观众。

我从留学到工作，前后在匈牙利生活18年。我们那一届北外匈语班18个人，最后真正搞匈语的没剩下几个人。我觉得剩下来的人都是很宝贵的财富，大家所处的岗位不同，但是对两国关系的发展还是要发挥自己的余热。我一直热爱文学翻译，回国后翻译了一本《圆珠笔传奇》，今后也会继续在这条路上走下去。另外，一直想写一本介绍匈牙利的书，已经酝酿了好几年，准备2019年后半年开写，争取写出特色来。

黎敏[1]：我与匈牙利有缘

第一次到匈牙利纯属偶然，那是在1995年，当时是因为借道匈牙利去维也纳乘飞机回国。搭着朋友的车走"车"看花地游览了布达佩斯，英雄广场、渔人堡、皇宫、国会大厦……一天就看完了主要景点。至今还能记得的是英雄广场前士兵换岗时表演的舞枪仪式；在皇宫前逛小摊的时候，摊贩问我们是不是日本人，大概是因为那时候到匈牙利旅游的中国人很少。还有就是国会大厦旁的纳吉桥，当时我并不知道那尊站在桥上的铜像是什么人，因为当时我对匈牙利所知甚少，对匈牙利当代历史上那场重大事件只有模糊的知识。

第二次到匈牙利是2001年。那次是我丈夫开车带着我和女儿结束在克罗地亚的旅行后，来到布达佩斯。我们的行程很紧张，第一天中午到，第二天下午就要离开。那时，我的同事正在匈牙

---

[1] 黎敏，北京外国语大学中文学院教授，曾任匈牙利罗兰大学孔子学院中方院长。

利探亲，她的丈夫是中国驻匈牙利使馆教育组的负责人李新元，我们拜访了他们。他们的住处离英雄广场不远，在他们的陪同下，我们再次游览了英雄广场。晚上，我丈夫的同事夫妇带我们去了盖莱特山。他们夫妇也都在中国驻匈牙利使馆工作，丈夫是文化参赞刘文卿。我们饱览了多瑙河的夜景，感到布达佩斯真是座迷人的城市。第二天我们再次游览城堡山，记得还被一群中学生邀请跟他们照相，我当时想可能是因为到匈牙利的亚洲人不多。

2011年，我因为一个校际交流项目在南丹麦大学工作，我的同事在匈牙利任罗兰大学孔子学院第二任中方院长，她盛情邀请我到布达佩斯看看。可惜因故没能成行。

所有这些跟匈牙利的接触中，我只能算是匆匆过客，谈不上对匈牙利有什么了解。我这个中文专业出身、不懂匈牙利语的人根本没想到有一天会跟匈牙利结下不解之缘。但是，让我真正跟这个美丽的国家结缘的恰恰是我的专业——中国语言文学。2014年10月—2017年8月，我被中国国家汉办选派任匈牙利罗兰大学孔子学院第四任中方院长，在布达佩斯生活了近三年，对这个国家才有了更多的了解，这里的人和事也成了我记忆中最璀璨的一部分。

我对匈牙利的认识是跟汉语教学密切相关的。纵观世界汉语教育史会发现，总体来看，历史上的汉语教学，在"教"与"学"的关系上，"学"占主动位置的时期占了绝大多数。但改革开放后，特别是进入21世纪以来，随着中国政治经济的发展，汉语国际推广成了一大时代特色。这是全球化时代、多元文化并存的氛围中，中国文化策略的体现。它在对外汉语教学方面的表现就是中国第一次大规模地主动推广汉语及自己的文化。罗兰大学孔子学院也是在这个前提下诞生的。

孔子学院能在匈牙利建立，跟匈牙利良好的汉学基础分不开。从乔玛（Alexander Csoma de Koros，1784—1842）开始，不断有匈牙利学者来到中国或者从事与中国相关问题的研究。从汉语教学的角度讲，对匈汉语教学的第一个高潮是1950年至1960年代初。1950年，匈牙利派出了5位学生，以东欧交换生的身份留学中国，这是中匈教育史上的一件大事，在中匈外交、学术的发展上，都具有重要的意义。那个时期来华匈牙利学生学成回国后，都从事了跟中国相关的工作，除了在匈牙利外交部工作以外，还有在匈牙利大学和科学院从事教育与研究的。他们加入匈牙利的汉语教学与汉学研究队伍，给匈牙利带来了不小的影响。一方面，从汉语教学来讲，尤山度、高恩德等先生在教学中非常注重现代汉语和口语教学，改变了以往匈牙利汉学教育注重古汉语学习和阅读技能培养的特点，使学习汉语的目标转向实际交流的领域，其应用空间扩大了，对匈牙利人来说，汉语成了可以用来交流的语言；另一方面，这批留华学生的研究领域多集中在中国近现代的历史、政治、经济、国际关系、文学等方面，在文学翻译上注重对中国现当代文学的翻译，这是将现当代中国呈现在匈牙利人面前的一个重要转变，对他们的汉学发展也具有重要意义，即中国学的色彩加强了。

对匈汉语教学的第二个高潮是20世纪90年代以来，特别是罗兰大学孔子学院在匈牙利建立以来。这一次对匈汉语教学高潮又不同于第一次，它是以孔子学院为单位，大规模地开展匈牙利本土汉语教学，使学习汉语的人群不再像以往那样局限于大学生、传教士、汉学家等，而是走向民间，逐渐在大中小学、社会成人甚至幼儿园展开，汉语教学向着普及化的方向发展。

罗兰大学孔子学院就是这第二次匈牙利本土汉语学习高潮的推

动者之一。自 2006 年建立以来，在中国国家汉办、北京外国语大学校方、罗兰大学校方的大力支持下，在孔子学院中匈团队（包括中匈方院长、汉语教师、志愿者教师以及匈方管理人员）的共同努力下，取得了很多可喜的成绩。比如：在教学上，在孔子学院的推动下，2009 年汉语已经进入匈牙利国民教育体系，成为匈牙利中小学可选的第二外语，并成为高考的可选外语科目；到 2017 年汉语在匈牙利的中学已经晋升为可选的第一外语。在师资培养上，2014 年成立的"中东欧汉语教师培训中心"与罗兰大学孔子学院是一体两面，至今它已经举办过 7 期中东欧本土汉语教师培训，共计近 400 人次来自中东欧 13 个国家的本土汉语教师参加过培训，罗兰大学孔子学院在推动中东欧区域汉语教学的发展上发挥了核心作用，为汉语教学本土化创造了条件。由于成绩突出，2015 年，罗兰大学孔子学院被评为全球示范孔子学院，是全球近 500 所孔子学院中首批入选的 15 所示范孔子学院之一。

罗兰大学孔子学院之所以能够取得这样的成绩，是因为它借助了有利的历史条件。从传播学的角度讲，传播者的传播信息、目标明确，接受者有接受需求，传播与接受双方形成良性互动是信息有效传播的前提。从匈牙利开展的汉语推广工作看，中国是汉语的传播方，语言是文化的载体，借助文化"走出去"的政策，中国在汉语推广事业上投入了大量的人力、物力、财力；从接受方看，匈牙利实行"向东开放"的政策，加上对民族历史的不断追问，他们对东方、对中国一直有着特殊的情感和兴趣，因此在接受汉语教学和中国文化方面有着主动性，这样，中匈双方构成了交流上的良性互动，对匈汉语教学因此得以顺利开展。

事实证明，交流对于中匈双方都极为有益。以罗兰大学孔子学院为例，到 2017 年，孔子学院的注册学生已经超过 3000 人，其中包括大中小学学生以及社会成人。孔子学院通过汉办的孔子学院奖学金、新汉学计划、夏令营、汉语桥等项目，让越来越多的匈牙利人，特别是年轻人有更多的机会接触中国、学习汉语。这样做的结果，首先是很多年轻人借助汉语找到了比较好的工作，也有一些对研究有兴趣的年轻人由此走上研究中国的学术之路。当然，在这个过程中，孔子学院也成了中国了解匈牙利的一座桥梁，每年都有很多来自中国的学者、学术团体、出版社、文化教育机构受孔子学院之邀来到匈牙利，孔子学院也组织匈牙利的学者、文化团体赴华访问。给我留下深刻印象的是2015年，罗兰大学贝拉·巴托克合唱团的访华演出，那次我带着由80多人组成的合唱团在北京和上海举行了四场演出，每场都受到中国观众的热烈欢迎，人们为匈牙利艺术家表演的音乐而倾倒。在上海的一场演出结束后，那里的一个组织者对我说，她激动得流泪了，很久没有听过这么好的音乐会了。我还因此跟乐队的指挥、领队以及一些团员成了朋友，回到匈牙利后，我经常受到他们的邀请，观看他们的演出。现在，当时的一位副指挥在北京进行柯达伊音乐教学法的培训工作，我是他的忠实粉丝，每次他们演出我都到场欣赏。我感到这样的交流非常有意义，让中国人了解了其他民族的优秀文化。

汉语教学让我跟匈牙利结缘，也是穿起我匈牙利回忆的丝线。因为这项工作，匈牙利对我而言不再是一般游客记忆中的美丽风光和美食，而是有了很多更值得记忆的人和事：那些跟我一样为孔子学院工作的汉语教师、志愿者们；那些友好的匈牙利同行们；还有尤山度、戴伯纳、叶桐、古兰这些让人钦佩的、为中匈文化交流作出杰出贡献的老前辈们；当然，还有聪明、果敢、富有创造性的罗兰大学孔子学院匈方院长郝清新，博学敦厚的新一代学

◆ 附录　圆桌会议讨论：我所经历的中匈交往岁月

者邵来特、包甫博、贝山，等等。至于至今记忆犹新的事情就更多了，比如在一年一度的孔子学院日活动，我们请国内的巡演团来表演中国文艺；我们参与到布达佩斯市的博物馆日、研究者日、儿童节、地球日等活动，融入匈牙利人的生活；我们在米什科尔茨的教学点芬妮久拉中学所做的"中国日"活动已经成了该校一年一度的常规活动；我们请中外专家学者做高水平的研究报告，举办"一带一路"系列讲座，承办首届欧洲汉语教学研讨会……所有这些或恢弘、或渺小的人和事，汇成了我的匈牙利记忆。真诚希望匈牙利汉语教学事业能够蓬勃发展，中匈两国的交往有更美好的未来。

王学军[①]：

我从事对外传播工作20多年，算是个后来者。应该肯定地说，对外传播既具有媒体行业的典型性，因为让匈牙利受众了解中国当下发生的时事，也是一份满足知情权的责任，同时，又肩负着文化使者的使命，因为对外传播的本质是介绍一个真实的中国。从事这个行业，既是个观察者、记录者，又是个参与者，更是个创造者，对此，特别是对促进中匈关系的发展进步而言，我感到很光荣，也进行深刻的反思，我们做的还远远不够。

随着中国综合国力的不断增强，甚至呈几何模式增长，我们两个国家之间，更重要的是我们两国人民之间的联系和交往是过去不可想象的，民心相通，彼此向往之。这方面还有个有意思的小例子。在成都有一家咖啡馆叫布达佩斯咖啡馆，这个老板没有去过匈牙利，他纯粹是看了一部电影或者纪录片，就把所有的装饰

---

① 王学军，北京外国语大学匈牙利语专业1992级学生，现任中央广播电视总台导演、译审。

装修全都模仿布达佩斯,他理念上的布达佩斯什么概念,就在他那做了一个布达佩斯咖啡馆,我们还拍了一个短片。正是在这种背景之下,向匈牙利人民介绍一个真实的中国,讲讲中国故事,貌似也比过去要"动听"了,这里面最主要的原因不言而喻。

我们在过去的工作实践中,做了一些促进两国人民友好交往的事情,比如我们在2011年庆祝对匈牙利传播35周年之际,邀请了李斯特音乐学院的几位艺术家和匈牙利媒体同行前往西安、厦门进行音乐交流。活动引起了巨大反响,特别是两国的音乐家们彼此惺惺相惜、相见恨晚给我们留下了深刻印象,我想也通过我们的报道,为匈牙利的受众带去新的故事。

促进民心相通,最终走向的是文明互鉴。大唐盛世时期,东西方文明通过丝绸之路交汇在长安,无数的知识、文化和思想进行碰撞,促进了整个世界的繁荣昌盛。对于我们这些为两国之间友好事业搭建桥梁的从业者而言,久久为公也体现在促进两国之间的相互学习借鉴过程中。20世纪50年代,新中国足球事业刚刚起步,而在彼时,匈牙利是真正的世界无冕之王,也因此,二十几个年轻的中国足球运动员与其他运动队一起来到匈牙利学习。那段历史,挥之不去,历久弥新,在两国人民中,特别是在中国人民心中,留下了深刻的记忆。因此,我们与匈牙利NEXT STATION影像公司一起合作拍摄了《中国足球元老留学匈牙利往事》。那一段段回忆和一串串眼泪不仅是民心相通最好的诠释,更是对两国交流史册上重要案例的美好注解。

我们是传播者,与智库学者的研究课题还有一定的互补性。他们研究什么,我们节目的重心就在哪里,因为我们有满足知情权的义务。同时,我们的节目内容,特别是经典节目内容,也为研究提供了一定的方向。近年来,随着匈牙利人民和学界更倾向于

附录　圆桌会议讨论：我所经历的中匈交往岁月

其先民来自东方的说法，对于东方的研究越来越多。我们感到这不是空穴来风，是血浓于水的情怀。不论是"向东开放"的政策还是"一带一路"的倡议，既是政治家们在当今风云变幻的世界格局中重新寻找发展方向的体现，又标示着一个心怀彼此的初衷。在过去的这些年，我们的报道足迹也追随着这一研究方向。我们两次前往安徽东至县一个叫做南溪的小村落，村里的300户人家个个都是匈奴人的后裔，南溪村也被称作是"最后的匈奴部落"；我们还到过新疆、甘肃和内蒙的部分地区，寻找匈奴人的遗存；我们也赶到陕西靖边县，因为那里有匈奴单于赫连勃勃的统万城。丝绸之路是唯美的，她打破了"历史是任人打扮的小姑娘"的魔咒，创造了人类史上最恢弘的文化传播路径，她也孕育了我们今天很多国家和民族的祖先。因此，我们一直希望拍摄一部记录匈奴人西迁的大型纪录片，不忘初心，我们会一直为此而努力，也期冀着学界的有识之士和我们一起，能在中匈两国建交八十周年的时候实现这个愿望。

杨朝杰[①]：

刚才王学军说讲好中国故事，我给大家讲一个亲身经历的故事，从一个不同的视角来看中匈关系的发展。

我在匈牙利使馆经商参处常驻的时候是2009—2011年。刚才杨永前首席记者也提到，中国在中东欧的投资匈牙利占了绝大的部分，一半还要多。据我了解，中国在匈牙利的投资可能还要高，因为很多投资是通过第三国，包括其中一个最大的投资是我们烟

---

① 杨朝杰，1996年进入外贸部（现商务部），在部里工作了18年，在匈牙利两次常驻共7年，主管中东欧双边经贸事务，2014年辞职创业，从事互联网行业，现任北京互直通网络科技有限公司董事长。

附录　圆桌会议讨论：我所经历的中匈交往岁月

台万华在匈牙利收购的宝思德化学公司。

刚有这件事的时候，是烟台万华一名业务员到我们经商参处拜访，我恰巧又是烟台人。我问烟台万华是谁啊？他说以前是烟台合成革厂。这个我知道，因为烟台合成革厂以前在我们家边上，时常散发着臭气。他说现在我们不散发臭气了，现在很好了，整个烟台的纳税大户。我问你来干什么？他说匈牙利宝思德化学公司是全球排名第7生产聚氨酯的化工企业，正面临危机，准备重组，我们想把它收购过来。我一听感觉也不错，但是不是靠谱心里也没底，第一次就这么一个简单的交流。我带着他拜访了我的领导，万华详细向我的领导进行了汇报。

后来没过几天匈牙利报纸铺天盖地的是关于万华的负面新闻，说中国有一家企业要来把匈牙利化工企业收购，收购之后就会让它关门。于是我问万华的业务员，你们收购他又让他关门啊？他说我们是真正的战略投资者，要把宝思德发展起来。我问你们为什么要发展它？他说世界上最大的化工企业在中国是有投资的，我们也想在他们的腹地欧洲建立一个企业，这样大家力量就均衡了。我于是问，你收购人家，人家愿意吗？他说人家不愿意，宝思德是被英国很大的一个叫Permira的私募基金投资的，联合了多家银行财团，占了90%多的股份。而恰巧宝思德面临重组，市场上有他们发行的夹层债，万华了解到只要购买超过四分之三的夹层债，就可以否决Permira的重组计划。于是，他们当机立断，很快在市场上收购了超过四分之三的夹层债。紧接着就找Permira，说你们重组计划不能弄了，我们不同意。Permira当然急了，所以就在市场上散布很多谣言，说中国人要来，要让宝思德关门。

匈牙利政府很快听说了这个事，也很着急。这个企业大，在匈牙利的员工好几千人，如果企业关门了，工人下岗，那就变成社

◆ 附录 圆桌会议讨论：我所经历的中匈交往岁月

会问题了。匈牙利政府经济部的领导紧急约见我的领导了解情况。于是，我陪着领导，带上万华的人上门给他们做工作。我的领导解释说，Permira是一个财务投资者，他来这个地方是挣钱，烟台万华是战略投资者，是真正懂行的人，他们来是为了让这个企业发展得更好，肯定不会让企业关门。来这让企业关门对中国企业有什么好处？而且现在这个企业不好，这么多人要下岗，据说匈牙利政府还要给他兜底。烟台万华来了，匈牙利政府就不用操心了。听我的领导这么一说，匈方立刻不紧张了。后来经过我们的解释和做工作，匈牙利社会上关于万华收购的负面新闻就逐渐减少了。

万华和Permira谈判的时候，刚开始处于僵持状态。因为当时Permira的财团一直认为他们缺少的资金会由匈牙利政府兜底，匈牙利政府害怕企业工人下岗，会给他们贷款。那时候恰逢"十一"，我在使馆值班，突然发现匈牙利经济部的网站有一条新闻，明确表示匈牙利政府不会为宝思德的重组计划贷款，什么时候重组成功了，才会考虑给予一定的帮助。我立刻把这个信息转给了烟台万华，结果谈判形势立刻不一样了，很快双方达成了债转股的意向，并最终签署了协议。

万华刚接手宝思德化学的时候，宝思德的经营状况很糟糕，企业连年亏损。万华的一把手丁建生一看不行，把原来宝思德的CEO开掉，从烟台亲自到匈牙利，从企业文化到企业管理到产品生产进行了全方位的改革，很快就将企业扭亏为盈了。据我了解，现在宝思德化学发展得特别好，是我们在海外投资的最成功的项目之一。如今，万华在匈牙利的投资成为了双方经贸合作的一面旗帜。

回想万华投资的这个故事，我感觉到我们在海外的投资，天时地利人和缺一不可,而使馆商务处在里面发挥了重要的作用。

徐航[①]:

简单介绍一下匈牙利在欧盟中发挥的一些作用。匈牙利是中东欧国家最早入盟的国家之一,每个欧盟国家都会派员常驻布鲁塞尔,匈牙利本届派驻欧盟委员会的委员瑙夫劳契齐·蒂博尔,自2014年至2019年任欧盟委员会教文委员,主要负责教育、文化、体育等领域。瑙委员任期内对华友好,与驻欧盟使团也保持友好关系,多次作为主宾出席使团举办的"中国—欧盟文化艺术节""欢乐春节"等品牌文化活动及国庆招待会等活动并致辞。中欧文化、教育交流的很多活动都得到了他的支持和推动。2019年欧盟机构大选,瑙委员及其内阁将卸任回匈牙利,匈牙利将派驻谁、在欧盟担任何职务,现在还不知道(座谈会召开时为2019年7月10日,尚不知晓。——编者注)。

欧盟的大选结果最近刚刚见端倪。这次大选也非常有意思,中东欧国家在这次大选中发挥了作用。此次大选候任欧洲理事会主席是比利时联邦政府首相米歇尔,欧盟委员会主席人选是德国国防部长冯德莱恩,欧洲央行行长人选是法国拉加德,欧盟外交和安全政策高级代表人选是西班牙的外交大臣博雷利,欧洲议会议长人选是意大利的议员萨索利。整个竞选过程中,"小道"消息频现,曾传闻的候选人并非如此,传闻中最热门的两个候选人,一个是欧洲人民党团、德国人韦伯,还有一个是社会民主党团的荷兰人。但是匈牙利等中东欧国家坚决反对德国的韦伯和来自荷兰的候选人当选欧委会主席。当时欧盟领导层很关注欧委会主席的

---

① 徐航,北京外国语大学1993级学生,现在在文化与旅游部国际局工作,2001—2004年在驻匈使馆工作,2014—2019年担任驻欧盟使团一秘,负责文化旅游事务。

人选，这对于欧盟是很重要的，据说虽然默克尔支持上述两位候选人，但由于中东欧国家很"抱团"，所以德国韦伯和荷兰的候选人都没有成功。2014—2019年的欧盟机构领导中，欧盟理事会主席图斯克来自波兰。2019年大选的欧盟机构主要领导中虽然没有中东欧国家的人选，但是中东欧国家在欧盟中发挥的作用还是显而易见的。

最后，介绍一位友华的匈牙利籍欧洲议会议员乌伊海依·伊什特万。他是欧洲议会旅游交通委员会副主席、欧中"一带一路"文化旅游发展委员会主席，他还是匈牙利社会党的副主席、塞盖德孔子学院总院院长。2016年他与欧盟旅游协会执行主席圣坦德（西班牙籍）、比中经贸委主席德维特（比利时籍）发起成立并在布鲁塞尔注册了非盈利组织"欧中'一带一路'文化旅游发展委员会"（简称"OBOR"）。这个委员会的注册成立对于推动中欧关系的交流发展发挥了积极而重要的作用。为推动中欧关系发展，乌议员做了很多很务实的工作，OBOR与中国—欧盟文化艺术节组委会一起作为该文化艺术节的联合主办单位，2019年OBOR还在海南省设立了驻华代表处。在2019年欧洲议会大选中，由于他在欧洲议会为旅游文化的发展做了很多实实在在的贡献，所以最终他胜出连任！期待他此任为中欧文化旅游事业的发展、为中欧和中匈关系发挥更大更积极的作用。

郭晓晶[①]：

我是1993年进入北外学习，毕业后留校任教，至今已担任教

---

① 郭晓晶，1993年进入北京外国语大学学习，毕业后留校任教，至今担任教师已有22年的光阴，2007—2010年在罗兰大学孔子学院担任首任中方院长，现任北京外国语大学匈牙利研究中心副主任。

师22年的光阴，2007—2010年我曾经在罗兰大学孔子学院担任首任中方院长。下面我简短介绍一下罗兰大学孔子学院成立之初以及我做文学翻译的一些情况。

罗兰大学孔子学院是匈牙利第一所孔院，2006年12月7日挂牌成立，北外任命我当中方院长时，我还在罗兰大学文学院留学，就这样我就开始了在A楼上课，在F楼上班的生活。当时的孔院还是新生事物，全球第一家孔院2004年成立，到那时也才2年，所有人都怀着摸着石头过河的心理，展开探索。回首来看，已经过去10多年，孔院也从当初三四人的规模发展成几十人。孔子学院采用的方式是中外合作的模式，中外方各出一名院长，孔子学院总部是国家汉办。外方提供免费场地，中方提供教师和资金的支持。主要的任务是推广汉语，传播中国文化。

刚开始的时候，孔院只有我和外方院长郝清新（Hamar Imre）两个人，之后招了一个秘书（Varga Ágnes），后来到孔院工作的有汉学家邵莱特（Salát Gergely）、宋妮雅（Buslig Szonja）、阿奈特（Kozjek-Gulyás Anett）、辛莉薇（Szentmárton Lívia）等人，这些最初的人员现在也已成为匈牙利汉学届举足轻重的人物，外方院长郝清新成了罗兰大学副校长，宋妮雅成了使馆教育参赞以及北京匈牙利文化中心的主任，辛莉薇成了上海匈牙利文化中心主任，邵莱特成了帕茨玛尼天主教大学的中文系系主任和中匈关系研究专家。

我刚到孔院工作的时候，很多人连孔子学院的名字都不知道。但是在10多年的时间内，孔子学院已经进入了匈牙利的小学、中学、大学课堂，汉语成为中学毕业考试科目，甚至还为军人和公务员开设汉语课程。2007年孔子学院成为匈牙利教育与文化部的官方合作伙伴，参与文化季的前期准备工作，这也是匈牙利首次在欧盟以外的国家举办文化季活动。翻译家余泽民和我承担了《自由与爱情——聚焦匈牙利文化》（"Szabadság, szerelem"-Fókuszban a Magyar Kultúra）的翻译工作，正是由于这次翻译使我逐渐爱上了文学翻译。在中国国家图书馆首次成功举办了题为"津度——中匈书展"的展览，展出了数百本匈牙利出版的关于中国的书籍，以及中国出版的匈牙利书籍。都是非常宝贵的书籍。在北外举办的首次中匈翻译国际会议，中、匈学者、教师等近50人受邀参加了会议。作为一个匈牙利语的学习者，面对两国教育文化交往史上的诸多"第一次"，深刻感到这些文化交流活动对两国文化交流的深远影响。

为什么匈牙利的孔院能够得以很好的发展？原因何在呢？

匈牙利的孔院能够得以发展有很多独特的条件，其一是匈牙利人民对于中国文化的认同感，很多人说"我们是亲戚"，很多人来学习汉语是出于个人兴趣，这与其他西欧国家出于工作的目的学习有很大的差别。匈牙利东方学的产生也是由"寻根问祖"热催生的。潜意识中的"亲缘关系"使他们对中国、中国文学产生了异乎寻常的偏好，并表现出了极大的接受度。

其二，得益于中国文化在匈牙利传播的深厚土壤，几乎所有的中国古典名著、近现代名家的作品都被翻译成了匈牙利语版本，还出现了以出版中国书籍闻名的出版社。从出版的书籍再版的次数可以看出匈牙利人对中国的喜爱程度。比如1975年《诗经》第一版的1000册在半个小时内销售一空，后又再版也很快销售一空。许多中国古典小说多次再版、重印。诺贝尔奖获奖作家莫言的《酒国》和《蛙》在获奖后很快有了匈语译本。2018年4月20日，中国外语教学与研究出版社（外研社）与匈牙利科舒特出版集团共建"中国主题编辑部"也应运而生，在成立的短短一年间，已经出版了包括《米》《孔子的智慧》和《老子如是说》三部作品，在读者中引起极大反响。

其三，良好的两国关系是孔子学院发展最大的原动力。汉语学习需求旺盛，很多人愿意学习汉语，从事与中国相关的职业，这对他们来说是高收入的保证，或者发展个人的爱好，成为生活的有机部分。目前，匈牙利有 4 所大学开设汉语课程，包括罗兰大学、布达佩斯外贸学院、佛教学院、考文纽斯经济大学（2008 年开设）。目前匈牙利境内有 5 所孔院。

在 2010 年年初，我回到北外，继续我的教师生涯。回国后，先后翻译了两本书，分别是作家马洛伊·山道尔（Márai Sándor）的《伪装成独白的爱情》（Az igazi-Judit... és az utóhang）和《匈牙利新〈刑法典〉述评（第 1—2 卷）》（Új Btk. kommentár 1 - 2.），这两本译著分别于 2016 年和 2017 年获得了中国外语非通用语优秀学术成果译著类二等奖。

我想文学翻译是拉近两国人民之间距离非常有效的润物细无声的手段，很多读者因为喜欢马洛伊而关注匈牙利。翻译已不再仅仅是语言符号的转换，而且也是一种跨文化交际的行为。

马洛伊是 19 世纪末 20 世纪初古典主义作家，是诺贝尔获奖作家凯尔泰斯的"心灵导师"，他的作品的被发现，使 20 世纪文坛重新排序。每当给学生讲述马洛伊的创作时，讲到他的贵族出身，以及他平静的语言下蕴藏着的千军万马的力量，我都如数家珍。我们能够透过他的哲思语言，窥探 19 世纪末 20 世纪初的中产阶级生活画卷，窥探到整个匈牙利的民族风貌。通过破解这些考究的语言，不仅能够加深对作家、民族的了解，也能加深对于匈语教学的思考。

我在匈牙利时，常有人说会匈牙利语的人是 fél Magyar（一半的匈牙利人),对此我自己也同意,即使我们不在匈牙利当地,但是我们仍然从事和匈牙利相关的工作,关注着匈牙利,仍然希望两国关系能够更上一层楼。从某种意义上来说,我们已经成为了 fél Magyar, fél Kinai(一半匈牙利人,一半中国人)。

王炜[①]:

感谢今天的这个平台。我很高兴作为匈牙利语专业的毕业生,来粗浅谈谈个人在匈牙利的经历和感受。我于2009年派驻匈牙利工作,期间在中东欧及巴尔干半岛10个左右国家不同期限出差交流工作,有了对区域的感受,再回头来看匈牙利经济发展和中匈经贸往来,感触格外之深。刚刚各位前辈、同仁从外交、文化等角度介绍了很多,受益匪浅。我换个角度,从经济和金融的角度来谈一谈。为了方便梳理思路,我主要从三条主线来谈。

第一条线,我浅谈一下匈牙利的经济。我在匈牙利期间主要经历了三次较大的事件。第一件事是2008年国际金融危机。我去匈牙利的时候是2009年年初。2008年爆发了国际金融危机,2009年金融危机对欧洲的影响还没消褪,甚至对匈牙利经济的影响进一步扩散。当时国内新闻每天都在播放金融危机对中东欧乃至欧洲的影响,播报冰岛破产、以匈牙利为代表的国家货币大幅度贬值。当时就在想,匈牙利的经济形势对未来工作会不会有影响?到了现场,真实感觉到货币贬值幅度很大,匈牙利福林当时贬值大概1倍。金融危机之前美元兑福林汇率约为"1∶150",贬值后在"1∶300"上下浮动,最高的时候达到过"1∶350"。

---

① 王炜,2003年进入北京外国语大学匈牙利语专业学习,2007年毕业。毕业后一直在中国银行工作,在匈牙利工作8年,期间获得中欧大学研究生学位,目前在中国银行总行担任高级经理职务。

从我个人来看,当时的匈牙利经济结构不是很有弹性。看产业结构,第一产业非常强,尤其是农业。部份因为历史上对农业的政策支持一直没有间断过。第三产业,剔除金融业,其余服务业特别强,也是中东欧普遍特点。然而,第二产业的大部分和第三产业的金融业,由于20世纪90年代私有化比较彻底,基本上全是西欧国家、美国等发达国家投资和运营。所以一旦出现金融危机,对它的资金来源、偿债能力、政策措施和实体经济可持续性发展造成了很大的影响。

苏联解体之后,中东欧国家,包括匈牙利的经济一直处于恢复的阶段。经济发展缺乏足够资金,恢复进程相对缓慢。匈牙利政府从国际金融机构借入外债,用于基础设施建设,推动加快恢复发展本国经济。金融危机带来福林贬值,使得匈牙利债务实际翻倍,外债指标一下子大幅提升,流动性出现问题。同时,匈牙利福林贬值对匈牙利人民幸福美好生活产生巨大影响。在2008年之前,由于匈牙利福林利率较高,而像瑞士法郎等货币利率相对较低,很多匈牙利人为买房办理瑞士法郎等货币抵押贷款。这种瑞士法郎贷款是纯外汇借款,没有任何货币掉期而保值的措施。随着福林贬值,福林兑瑞士法郎的汇率也大幅贬值。造成一个很大的问题,居民发现存量贷款债务几乎翻倍。也就是说,借了100万匈牙利福林,在福林贬值后债务提升到200万。这次国际金融危机对匈牙利的实体经济和人民的美好生活造成相当程度的影响。

第二件事是2012年欧洲债务危机事件。欧债危机对匈牙利的经济没有直接影响。然而在匈牙利经营的金融机构,尤其是总部在法国、德国、奥地利、意大利的银行,在危机前购买了大量的希腊国债,债务危机导致银行流动性指标大幅下降。这一情况直接导致银行惜贷,同时加快变现在中东欧地区的优质资产,甚至退出匈牙利金融市场。金融机构的一系列行为，导致匈牙利的实体经济和参与实体经济的中小企业，更加难以获得信贷资金支持。

　　第三件事是难民迁移欧洲事件。看一下世界地图，不难发现匈牙利是西亚、非洲通向欧洲中心的陆路门户。实际上也是难民迁移首先抵达的国家之一。当时在匈牙利工作生活的人，现在可能依然会清晰地记得，布达佩斯东火车站的下沉广场，每天挤满难民，眼睛望到的地方全是难民。那段时间，在匈牙利布达佩斯到奥地利维也纳的高速公路上，开车行驶几十公里仍然能看到难民沿着高速应急道步行，陆陆续续，络绎不绝。实际上，难民沿着匈牙利五条高速公路向不同的国家迁移，奥地利是通向西欧的门户，这个方向也是难民迁移的主要方向之一。一个直接的结果是，匈牙利五条高速公路连接的边境全部封锁检查。在此之前，开车通过申根国家的边境基本不需排队，因为没有设置关卡，汽车可以减速直接通过。难民迁移事件发生后，从匈牙利前往奥地利、塞尔维亚、克罗地亚、斯洛文尼亚，通过边境最少需要一个半小时。

　　我们知道，欧洲一体化进程推进，包括人员在内的各种要素的自由流通给欧洲经济的发展带来光明的前景。然而，难民事件造成的要素流通障碍，势必导致中东欧，乃至欧洲的经济复苏迟缓，甚至经济再次衰退。另一个潜在影响是，大批难民进入后，政府需要拿出本国纳税人的钱接济难民，造成财政支出的压力加大。第三个潜在影响是，难民无序涌入可能会造成社会动乱。从我个人来看，如果仅从经济角度，而不考虑人道主义，本次难民事件没有对匈牙利的经济和人民美好生活带来影响，要归功于欧尔班政府的坚定决绝。从后来发生的事件来看，由于匈牙利政府采取的一系列应急措施，难民事件没有对欧洲一体化进程带来更为严重影响。后来从新闻广播中一直能够听到德国慕尼黑发生的上百起难民事件，之后，西欧国家一直在反思难民事件中的所作所为。

第二条线，我试谈一下亲历的中匈经贸与投资关系发展。我刚派遣到匈牙利工作的时候，本地华人较多且主要从事中匈之间贸易。这些华人已经拥有匈牙利长期签证或者入籍匈牙利，他们通过从事中匈之间的贸易对两国关系发展作出了很大的贡献。通过跟他们聊天，了解到他们中的大多数是20世纪80年代末90年代初，两国互相开放人员交流而不需要签证的时候，乘坐途经西伯利亚的铁路经过几周的时间抵达匈牙利的。中匈之间的贸易快速发展，这也就可以解释，为什么中国在中东欧地区设立的第一家金融机构选择设在匈牙利。

大约2010年之后，在两国经贸中，中国"走出去"企业投资经营比重快速提升。稳定的政治互信和良好的社会投资环境，促使中国"走出去"企业非常重视匈牙利投资。例如，早期康佳、海信投资，后来烟台万华投资宝思德公司，再后来中车探索与匈牙利传统汽车制造商伊卡鲁斯（IKARUS）合资造新能源汽车，以及深圳比亚迪投资建立电池汽车制造厂。

到了"中国—中东欧国家合作"机制深入推进时，渝新欧铁路开通，进一步促进中匈之间的贸易往来，两国贸易额稳步提升。中国改革开放以后，传着一句话"要想富，先修路"。随着全球化的深入，中匈经贸往来的稳步推进，匈牙利的基础设施亟需进一步完善。在这个背景下，中国建筑公司带资承建匈塞铁路，以及一些潜在市政建设项目，将为匈牙利进一步改善投资经商环境和深入推进匈牙利与西欧及巴尔干地区国家的贸易提供基础设施的保障，可以算是互惠共赢的示范。这里要提一下布达佩斯机场快速路，这条快速路据说是早前德国建的，用了很多年，很老旧。

这条路是机场通往市内的唯一主要道路，代表城市的形象，确实需要改进。

中资金融机构伴随着两国经贸的发展，发挥了重要的金融血液作用。无论是政策性金融机构，还是商业性金融机构，都发挥了重要的作用。实际上，不光是为中匈经贸提供金融服务，同时也参与到匈牙利本国企业的经营扩张发展中。中资金融机构支持了很多匈牙利本地的支柱性产业，促进了税收和就业。例如，MOL石油集团的融资和发债、匈牙利MVM电力集团融资等。此外，中国银行的中小企业撮合，搭建了两国中小企业沟通、合作的桥梁。我们把中匈经贸往来的一些片段像过幻灯片一样过了一遍。

第三条线，我想谈谈人文交往的亲身体会。刚到匈牙利的时候，有一点感受是匈牙利人很热情，主动跟你打招呼。但是打完招呼，就发现不对劲，因为他们用的是日语的"你好"。我是经常遇到这种情况。后来发现，不是匈牙利人歧视你，而是20世纪90年代，日本在全球经贸和投资趋势迅猛，穿着商务化的亚洲人，很可能被欧洲人认为是日本人。到2010年之后，这个情况明显变化了。很明显的一个趋势，匈牙利见到中国人开始用中文说"你好吗""谢谢"，有意思的是，他们见到日本人、韩国人也使用中文打招呼了，这是很大的变化。

说到这里，又让我想起了一件事。那时，有时会去匈牙利以及周边国家的小村镇里。有些人会问你是从哪儿来的？听到你回答是从中国来的，他们会显出很惊讶的表情，追问你中国现在还是共产主义国家吗？听到回答是社会主义国家，他会继续追问，那你怎么能随意出国？这说明依然有人对中国的认识还不是很够。但是从另一个侧面，也说明了中国改革开放的重要性以及给国家社会经济和人民带来的巨大福利。

还有一件事，是发生于我在中欧大学进修的那段时间。当时针对中国社会经济的发展，我的外国同学（这些同学来自于欧洲的各个国家）观点不同，可以分为三类。第一类是抨击，也不能说抨击，他们对当时中国经济发展的模式，即中国先发展经济，再治理污染是有成见的。那时，通过新闻播报和中欧人员往来，传播了中国的工业雾霾污染严重的情况。持这些意见的是一小部分人。部分到过中国的人提出，即使中国有雾霾污染，也愿意去中国工作生活，因为中国经济发展很快，很有活力，就业机会多，职业发展前景广泛；生活方便舒适，在中国生活有幸福感。持这些意见的也是一小部分人。第三类人是占大多数的，我发现他们关注中国，但是对中国还是不了解。他们愿意跟你聊，在聊的过程中说到雾霾污染。当时中国国内正好推广电池汽车政策，我就跟他们说了政府补贴等一系列针对新能源汽车的政策，补贴达到十几万人民币，他们很羡慕。再有就是那时正好是党的十六大提出环境治理和绿色执政，也跟他们聊一聊这些，他们很赞同中国政府为治理环境做出的努力。

在商界里有一个现象，有些外国人第一次商务会谈时，见到你会先用"你好"跟你打招呼，然后说我在哪里学过中文，或者我的爱人是中国人。上面说到的这些人文交流的现象表明，一方面是中国经济强大了，对全球包括匈牙利的影响力是很大的。另一个方面，是刚刚前辈们、同仁们说到的孔子学院的影响。现在，孔子学院在匈牙利有五个，东西南北中各有一个。孔子学院在推动中匈人文交流方面起到很大作用，让两个国家之间更多互相了解。这里在坐的刘参以及孔子学院两位前任院长对匈牙利孔子学院发展的贡献很大。

回顾了过去，对于未来还是要展望一下。匈牙利是最早承认新

· 279 ·

● 附录 圆桌会议讨论：我所经历的中匈交往岁月

中国并与新中国建交的国家之一，两国友好是历史上形成的。这些年，随着中匈互信加深，中匈经贸向纵深进一步发展。我有一些个人的感受，就是除了目前交往的领域，两国在农业、音乐、创新、人才等领域的交流和潜力还是很大的。为什么这么说，主要还是长期生活的几点感受。一是我记得很清楚，每次有人看到匈牙利的肥沃黑土地，都会说匈牙利的土壤真好，跟东北的黑土地一样，农业肯定发达。二是匈牙利卓越的音乐水平。这里提两个事情，一件是国内非常资深的音乐家和业内人士，到匈牙利国家大剧院听了一场音乐会，对匈牙利的音乐水平赞不绝口。这是专业人士的认同。另一件是很多德国人和奥地利人退休后，在匈牙利国家大剧院附近租一套公寓，每天去听音乐会。一方面是因为票价便宜，另一方面，他们会对你说很认同匈牙利的音乐水平。三是匈牙利人有层出不穷的创新观点，我在中欧大学看到匈牙利籍的学生们，他们有很多好的观点，通过交流项目，这些观点被华尔街拿去了。四是匈牙利人才辈出，想一想历史上匈牙利有30多位诺贝尔奖得主，为人类作出了杰出的贡献。除此之外，还有很多领域有待挖掘，例如医学、体育等。

最后，作为匈牙利语专业毕业的学生，对匈牙利是有感情的，值此两国建交70周年之际，盼望两国各领域合作能够更深进一步，祝福匈牙利能够发展得更好，人民生活更幸福。

王秋萍[①]：

非常感谢各位老师给我们一个机会，让我们小辈也有幸聆听到前辈们对中匈建交70年来风雨历程的回顾。我是从2003年开始学

---

① 王秋萍，北京外国语大学2003年级匈牙利语专业学生，2016年在匈牙利考文纽斯大学攻读国际关系专业的博士学位。

习匈牙利语的，至今也有十来年了。入行十多年来，我们能够深切地感受到中匈关系的变化：双方高层互访频繁，政治互信不断加深，各领域合作持续发展，人文交流日益丰富。尤其是近年来，中匈关系在"中国—中东欧国家合作"框架下以及"一带一路"倡议下焕发出了勃勃生机，真是可喜可贺。

我们刚上大学的时候，中东欧小语种是名副其实的冷门专业。我们那个班里二十来个同学，几乎没有人是自己主动报考匈牙利语的。大家在高考前各有各的人生理想，学习匈牙利语大多是阴错阳差，命运使然。那时候匈牙利在电视上的曝光率非常低，21世纪之初网络还不普及，所以我们来到大学的时候，似乎只知道这是一个遥远的国度，和平安宁；匈牙利人的祖先似乎是匈奴人的后代，仅此而已。所以开学第一课，当老师们问我们对匈牙利了解多少的时候，我们几乎答不上来。现在回想起来，觉得很不可思议，我们几乎是一无所知地开始了自己的专业学习。再看看我们近几届学生，情况和之前大有不同，他们很多都是主动报考匈牙利语专业的。这一方面归功于网络科技的发展，让大家有机会去了解这个国家；但是更重要的是"一带一路"倡议的确为互联互通提供了很好的保障。在"一带一路"的带动下，更多中国人了解到匈牙利是一个美丽、对华友好的国家；也正是"一带一路"，让莘莘学子能够在毕业之后，有更多的机会、更好的平台为中匈关系的发展做贡献。相信匈牙利的年轻人也同样受益于两国的友好关系，在中国倡导的"一带一路"以及匈牙利提出的"向东开放"政策的引导下，近年来有越来越多的匈牙利青年选择学习中文，期待来中国看看。

今天的主题是回顾中匈关系的发展历程。我们这批2003年上大学的人，也有幸见证了中匈关系近十几年来的发展变化。2003

附录 圆桌会议讨论：我所经历的中匈交往岁月

年 8 月 27—30 日，应时任中华人民共和国国务院总理温家宝的邀请，时任匈牙利共和国总理麦杰希·彼得对中国进行正式访问，他是四十多年以来首位访问中国的匈牙利总理。2004 年，在中国和匈牙利建交 55 周年之际，时任中国国家主席胡锦涛应匈牙利总统的邀请，对匈牙利进行国事访问。两国元首签署了《中华人民共和国与匈牙利共和国联合声明》，一致同意将双边关系提升为友好合作伙伴关系，这为两国日后关系的进一步发展奠定了基础。2017 年 5 月 12—16 日匈牙利总理欧尔班应邀来华出席"一带一路"国际合作高峰论坛，并对华进行正式访问。对华访问期间，中匈双方一致同意建立全面战略伙伴关系。至此，中匈关系经过几十年的风雨兼程，终于华丽开启新篇章。中匈关系行稳致远的发展，离不开一代代匈语人的努力。他们身体力行，在风云变幻的国际形势中，致力于推动中匈各领域的合作与发展。2019 年是中匈建交 70 周年，在这个值得纪念的重要年份，北外欧洲语言文化学院的老师们对曾经在 20 世纪 50—60 年代赴东欧国家留学的老前辈们进行了访谈，希望能够记录下当年的峥嵘岁月。通过这个项目，我有幸与外交部总领事（司局级）朱鹤龄老师，中国反兴奋剂的主要奠基人杨天乐教授，以及中国驻匈牙利大使馆前文化参赞（副局级）马玉琪老师进行了访谈，亲耳聆听他们与匈牙利结下不解之缘的故事。这些情感饱满而真挚的如烟往事，就仿佛把我们带到了那个炽热的年代。在那些条件极为艰苦的日子里，老一辈匈语人坚持不懈的奋斗精神感染着我们，激励着我们。这段峥嵘岁月的历程是很多"80 后""90 后""00 后"所不了解的，我作为一名青年教师，深感自己肩负着一份沉甸甸的责任。我们要把老一辈革命者的光荣传统传承下来，让匈语界的新人们了解到匈语人的优秀传统和深厚积淀。

中匈两国人民的友好情谊是前人们一点一滴积累下来的,我们年轻人可以说都是中匈友好关系的受益者。我们的学生,包括我本人以及中国各高校匈语专业的青年教师,都曾在国家留学基金管理委员会的资助下,去匈牙利留学深造。我曾经在 2013—2016 年到匈牙利留学。留学期间,我切身感受到老师、同学们对我的友好和关心。在我听不懂的地方,老师有时会停下来多说一句,对我解释一下刚才那句话的含义;每节课下课后,同学们都很乐意向我分享他们的笔记。课余时间,我会受到同学们的邀请,去他们的家里做客;去参加他们亲人的婚礼。这些难忘的回忆,让我更加感恩于中匈两国人民的情谊。我相信,不仅是我,其他赴匈牙利留学的中国学生也有类似的美好而深刻的回忆。两国人民的这份情谊需要珍惜,也需要传承和发扬。我们愿像在座的前辈们一样,努力把工作做好,把接力棒接好,为中匈两国及两国人民的友谊、为民心相通贡献自己的绵薄力量。

许衍艺[①]:

1988 年,我考入北京外国语学院(现名为北京外国语大学),开始学习匈牙利语。1992 年大学毕业后,我留校成为了一名匈牙利语老师。如今,我已经在匈牙利语教研室工作了 27 年,见证了 11 届匈牙利语班的学生从 ABC 开始模仿匈牙利语发音直至能够熟练运用匈语的全过程,也曾目送他们毕业后走上不同的工作岗位。

1. "你为什么学习匈牙利语?"

在与匈牙利朋友第一次见面时,我本人、我的学生经常会被问到这个问题。我并不知道所有人的答案。我的大学室友 Lilla 是一

---

① 许衍艺,北京外国语大学匈牙利语专业 1988 级学生,现任北京外国语大学匈牙利语教研室主任、匈牙利研究中心主任。

个浪漫的女孩儿,她当年之所以选择匈语专业,是因为电影里的茜茜公主说:匈牙利是个美丽的地方。许多中国人听说过茜茜公主、裴多菲,以及匈牙利的体育明星,向往蓝色的多瑙河,但大多数中国人对于匈牙利的了解并不深入。有的中国学生是出于对匈牙利的好奇而选择学习匈牙利语,有的学生只是想学习一门外语。无论当初如何开始,最终,我们都经历了从对匈牙利不了解到了解,再到深爱的过程。在北京的旅游景点,听到有人讲匈牙利语,我们会感到非常亲切,热情地想为他们提供帮助。飞机在布达佩斯落地后,我们听到几乎所有的人都在说匈牙利语,这简直是太美妙了。在中国,电视台偶尔播放一则有关匈牙利的新闻,会让我们屏气凝神地盯着电视屏幕;在奥运会上,我们会为中国队和匈牙利队加油,为出场的匈牙利运动员喝彩。因为有我们这些匈牙利语的学习者,世界上更多了一些真爱匈牙利的中国人。

2002 年,匈牙利作家凯尔泰斯·伊姆雷(Kertész Imre)获得诺贝尔文学奖,这则消息让中国的匈语学习者感到兴奋,也令我激动。我对于凯尔泰斯的作品很好奇,作家独特的苦难经历打动了我。作为匈语学习者,我们能够读懂原文作品,而将匈牙利的文化介绍给中国人民是我们的工作任务。我决定翻译凯尔泰斯的作品,并最终如愿以偿,将《无命运的人生》(Sorstalanság)译介给中国的读者。这些年来,我时时回想起作品中的艺境,作者对于苦难的体验和描摹常常在我的心中激起共鸣。

学习匈牙利语使我认识了那么多热情友好的匈牙利朋友,让我深深爱上了匈牙利。我和我的匈语同行正努力履行着用汉语把匈牙利介绍给中国,用匈牙利语把中国介绍给匈牙利的使命。

2. 我的匈牙利同事们

中国的匈牙利语教学得到了中匈两国政府的大力支持。从

1962 年起，匈牙利政府不间断地向北外派遣专家任教。历年来，北外匈牙利专业聘请的文教专家名单如下：

Hegyi Endre　海基·安德莱（1962—1966 年）

Beke Miklós　拜凯·米克洛什（1984—1985 年）

Gaál Gergely　加尔·盖尔盖伊（1985—1988 年）

Józsa Sándor　尤若·山多尔（1988—1991 年）

Szegő László　塞格·拉斯洛（1991—1993 年）

Gaál Gergely　加尔·盖尔盖伊（1993—1995 年）

Wirth Judit　维尔特·尤迪特（1996—1997 年）

Molnár Ilona　莫尔纳尔·伊伦娜（1997—1999 年）

Hajnal László　豪伊瑙尔·拉斯洛（1999—2006 年）

Kiss Enikő　基什·埃尼可（2006—2008 年）

Balázsi József　鲍拉什·尤瑟夫（2008—2010 年）

Molnár Ilona　莫尔纳尔·伊伦娜（2010—2015 年）

Debreczeni Csaba　德布勒森尼·乔鲍（2015 年—）

我们现任外教是德布勒森尼·乔鲍（Debreczeni Csaba）。他是一位令我钦佩的匈牙利年轻人。他来北外工作四年，在他的指引和直接参与下，匈牙利语教研室工作团队编写完成了一套高质量的教材：《新编匈牙利语教程》1—3 册，这简直是一个奇迹。北外编写的匈牙利语教材一直为中国各个高校所通用，但我们已经 20 年没有更新教材了。我知道这奇迹背后其实没有奇迹：我自认为是一个敬业的人，但乔鲍比我更为敬业。他极为热爱教学工作，常常工作到凌晨，周末也不休息。这再一次印证了我的一个观点：取得事业上的成功，除了需要很高的专业素养，还要付出十二分的努力，我在匈牙利年轻人乔鲍身上看到这两点。此外，一个配合默契、协同作战的团队也是必不可少的。目前北外匈牙利语教研室的中外教师就构成了这样一个黄金之队（Aranycsapat）。

学生们称乔鲍为"最好的外教"，表达了他们对乔鲍的喜爱。根据北京外国语大学2017年就业质量报告，匈牙利语专业本科生对本专业喜欢程度、对于课程设置满意度均为全校最高，对专业教师授课水平评价为全校排名第二。我很高兴，我们的工作得到了学生们的肯定。我知道，我们所取得的成就很大程度上归功于乔鲍所做的工作。

我们的前任外教莫尔纳尔·伊伦娜也是一位令人尊敬的老师。她虽然已经不年轻了，但在北京外国语大学、北京第二外国语学院工作时都很尽职尽责。看到她和乔鲍那样努力地工作，只是为了达到满意的教学效果，为了实现一种理想，我的内心里充满了崇敬。在她和乔鲍的帮助下，我们引入了ECL考试（European Consortium for the Certificate of Attainment in Modern Languages），这样，中国的匈牙利语专业学生就可以不用出国，在北外参加欧洲语言水平考试了。

历任匈牙利外教给我们的教学提供了莫大的帮助。外教们在北外工作认真敬业，不仅教授匈牙利语，同时也是匈牙利文化的使者。他们与中国教师合作融洽，深受学生们的喜爱。包括我在内的每一届毕业生，当回忆起大学生活时，除了宿舍、食堂与操场，脑海里都会有一幅图：匈牙利语教室，教室里的同学和正在讲课的外教。

3. 我的学生们

我为北外历届的匈牙利语毕业生而骄傲，他们大多就职于中国的外事核心领域岗位，如外交部、商务部、文化部、中联部、新华社、中国国际广播电台等。近年来，中国银行、烟台万华公司等一些大型国企、民营企业对于我们毕业生的需求也有所增加。北外培养的硕士研究生多就职于国内各大高校及中国社会科学院。北外的毕业生参与了中匈建交以来70年两国关系的发展。有的正在参与塑造历史。半个多世纪以来，中国的匈牙利语人才作为中匈友谊的使者、官方及民间交往的桥梁，在外交、外事各条战线上为推动中匈两国关系的发展作出了巨大贡献！共同推动和见证了中匈关系步入历史最好时期！

2019年6月，我刚结束了一门课的期末考试试卷批阅工作。这门课是为大学二年级学生开设的简明匈牙利通史。其中有一道题是这样的：假设你是一家历史杂志的记者，有机会穿越到过去，采访匈牙利历史上一位著名（或比较著名）的人物。请用中文书写，你希望回到哪个时代，为什么？你希望采访哪个人物，向他提出哪些问题？

我统计了一下学生的答案，得出了匈牙利历史人物的人气排行榜：一共有21名学生参与考试，他们的选择是：塞切尼·伊什特万（Széchenyi István）7票，霍尔蒂·米克洛什（Horthy Miklós）3票，卡达尔·亚诺什（Kádár János）2票，裴多菲·山多尔（Petőfi Sándor）2票，圣伊什特万（Szent István）1票，贝拉四世（Béla IV）1票，玛利亚·特雷莎（Mária Terézia）1票，约瑟夫二世（József II）1票，弗朗茨·约瑟夫（Ferenc József）1票，安德拉希·久洛伯爵（Andrássy Gyula gróf）1票。这个排行榜反映了我的学生们对于匈牙利历史人物的认识了解程度和喜爱/不喜爱程度。学生们的选择也受到一些外界因素的影响，比如他们更倾向于选择时间上距离我们更近的历史人物而不是远古的历史人物，因为后者形象比较"模糊"，关于他们我们知道的太少。另外，学生们更为倾向于选择老师在课堂上讲述比较细致、形象更为鲜活的历史人物。当然，学生们的选择也会受到个性的影响。

◆ 附录　圆桌会议讨论：我所经历的中匈交往岁月

在结束本文前，我想向大家分享同学们采访塞切尼·伊什特万（Széchenyi István）的几个问题①：

您作为一位大贵族，本来过着很好的生活，即使不做什么也可以衣食无忧，是什么促使您下决心改变匈牙利的现状？

您从英国的政治、经济中学到了很多经验，您认为英国模式有何缺陷呢？

您做了许多建设性工作，如捐出一年的收入建立匈牙利科学院、Nemzeti Kaszinió②，在佩斯建银行和工厂，修建港口和链子桥。这其中您认为最重要的是哪项建设，哪项是最成功的举措？链子桥建成大约一百年后被炸毁，您痛心吗？

您认为对于一个民族来说，哪种品质最为重要，为什么？

您认为现在的匈牙利社会存在哪些问题呢？

您对制度变革后的匈牙利满意吗？您希望匈牙利成为一个怎样的国家呢？

与您同时期的文学家中您最欣赏哪位？有哪部作品您认为可以代表您所处的时代？

如果请您向匈牙利的青少年推荐一些书籍，您会推荐什么呢？

后世的人称您为"最伟大的匈牙利人"，您怎么看待这个称号？

请您谈一谈对科苏特·劳约什（Koussuth Lajos）这一政治伙伴兼对手的看法，既可以是对其政治主张的看法，也可以是对个人的评价。你们私交如何？

这部分内容我们将进行后期加工，以得体的方式展现给读者，

---

① 以下问题选自 2019 年 6 月 26 日在北京外国语大学举行的简明匈牙利通史期末考试的答卷。

② 19 世纪上半叶由匈牙利大贵族塞切尼等人组建的协会，旨在促进匈牙利的有识之士就文教、公共事业开展对话，推动匈牙利国家和社会的发展。

您只需要 nyugodtan beszélni 即可。①

  中国的青年学生向"最伟大的匈牙利人"发起了对话。他们的问题穿越几百年的时空,将历史上的匈牙利与当今的世界连接在一起。新一代的匈语学习者,未来在他们的参与下,中匈交往中会发生什么样的故事,擦出什么样的火花,创造出什么样的奇迹,让我们拭目以待!

---

  ① 译注:畅所欲言。